以知为力　识见乃远

# 蒙古黄金史译注

札奇斯钦 译注

中国出版集团 东方出版中心

**图书在版编目（CIP）数据**

蒙古黄金史译注 / 札奇斯钦译注. -- 上海 ：东方
出版中心, 2025. 5. -- ISBN 978-7-5473-2523-0

I. K281.2

中国国家版本馆CIP数据核字第2024T42L35号

**蒙古黄金史译注**

译　　注　札奇斯钦
责任编辑　朱宝元
封面设计　余佳佳

出 版 人　陈义望
出版发行　东方出版中心
地　　址　上海市仙霞路345号
邮政编码　200336
电　　话　021- 62417400
印 刷 者　山东京沪印刷科技有限公司

开　　本　890mm×1240mm　1/32
印　　张　10.125
插　　页　2
字　　数　210千字
版　　次　2025年8月第1版
印　　次　2025年8月第1次印刷
定　　价　78.00元

# 出版说明

札奇斯钦（1915—2009）是著名蒙古学家，汉名于宝衡。1915年生于北京，祖籍内蒙古原卓索图盟喀喇沁右旗王爷府大营子（今内蒙古自治区赤峰市喀喇沁旗王爷府镇）。1933年考入北京大学政治系，师从姚从吾研究蒙古政治史。1938年赴日本早稻田大学大学院留学，得到白鸟库吉、乌居龙藏、矢野仁一等北亚史专家指教，并结识小林高四郎等学人。1939年回国。1949年移居台湾后，潜心研究辽金元史，致力于蒙古历史、语言、文化、民俗研究。1957年任台湾政治大学民族社会系（边政系）系主任、研究所所长；1958年兼任台湾大学历史系教授。1972年赴美，任美国杨百翰大学历史系教授，兼任英国伦敦大学亚非学院研究教授、日本东京外国语大学研究教授、德国波恩大学中亚学院研究教授。用汉、蒙、英、日等多种文字著述，学术著作颇丰。著有《蒙古之今昔》《蒙古与西藏历史关系之研究》《蒙古文化与社会》等专著十余部，译著有《蒙古秘史新译并注释》《蒙古黄金史译注》等，还撰有《说旧〈元史〉中的"秃鲁花"与〈元朝秘史〉中的"土儿合黑"（散班）》等中文论文九十篇、英文论文四十三篇。

札奇斯钦赴台后，与姚从吾费时七八年共同译注《蒙古秘史》，1960年至1962年以《汉字蒙音蒙古秘史新译并注释》为名连载于台湾大学《文史哲学报》第九、十、十一期。1975年，札奇斯钦又重新译注，1978年1月完成；1979年12月以《蒙古秘史新译并注释》为名由台湾联经出版事业公司初版，2020年4月二版。

《蒙古黄金史译注》是札奇斯钦在与姚从吾译注《蒙古秘史》时，历时四年多于1962年完成的，1963年发表于《中国东亚学术研究计划委员会年报》，1978年又作补充修订，1979年12月由台湾联经出版事业公司初版，2020年5月二版。

此次出版的《蒙古秘史新译并注释》和《蒙古黄金史译注》简体字版以台湾联经出版事业股份公司2020年二版为底本，仔细修正了该版本的标点、错字和引文等勘误处，进一步规范了前辅文和注释中专有名词的体例。同时，请中国人民大学国学院博士研究生哈达根据作者的蒙古文转写规则及两书的时代性，修订了部分转写方式，置于［　］内。

札奇斯钦先生的女儿于君慧女士为两书题写了书名。两书在出版过程中得到了姚大力、齐木德道尔吉、布仁巴图、贺圣遂诸先生的帮助。在此谨致谢忱！

希望两书的出版对蒙元史、明代蒙古史感兴趣的读者有助。

东方出版中心编辑部

2025年5月

# 目　录

1

# 原　序

　　这七八年来，斯钦追随姚师从吾先生，研究并重新汉译《蒙古秘史》，为了多从蒙古文献中寻求旁证，我们就尽量多用几本蒙古文的史书作参考。其中尤以罗卜桑丹津编著的《黄金史》（*Altan Tobchi*）一书，与《蒙古秘史》的关系，最为密切。所以断断续续的，前后共用了四年多的工夫，把它译成汉文，并加注解，这项译注工作，计分第一、第二两个部分。第一部分是《黄金史》与《蒙古秘史》有关系的部分，也就是自成吉思汗的祖先，述说到斡歌歹可汗（元太宗）时代的一段。第二部分是自斡歌歹可汗的时代记述到林丹可汗的败亡，和他儿子额哲归降清太宗的那一段。

　　当这一项工作开始的时候，斯钦只想把《黄金史》与《秘史》有关系的那一段加以翻译和注解，并没有想到译注全书。后来觉得既然着手，何不把它做完呢？于是就一鼓作气，把这《黄金史》全部译注出来。也因此第一部分与第二部分，在体裁上有些出入，请读者原谅。

　　在第一部分的工作中，因《黄金史》中保存了百分之八十五左右的《蒙古秘史》，且因全部《蒙古秘史》又与姚先生译注完了，不必再事徒劳，所以只把《黄金史》中所有，而为《蒙古秘史》

所无的部分，加以译注。至于其他传说，或与历史本身没有什么关系的诗歌等项，一律删略。因此把这一部分的译注工作定名为《蒙古黄金史》（*Altan Tobchi*）与《蒙古秘史》之关系及其异同。

第二部分则是全部的翻译和注解，尽力使用各种蒙文的史料来作说明。

自从与姚先生共同研究《蒙古秘史》以来，直至今日，均蒙"中国东亚学术研究计划委员会"的鼓励和资助，使我们完成了对于《蒙古秘史》的初步研究和若干有关《元史》的研究工作。其中这一部译注《黄金史》的工作，也完全是在这项资助和鼓励之下完成的。现在又承"中国东亚学术研究计划委员会"的协助把这一篇拙稿，惠予出版，衷心至感，在此谨表谢意。

**札奇斯钦一九六二年识于大屯山下**

# 再版序

此一拙作早于一九六三年曾蒙"中国东亚学术研究计划委员会"资助研究,惠予在其年报第二期发表。嗣以册数有限,多数读者未能阅及。此次拙作《蒙古秘史新译并注释》将行付梓,以《黄金史》一书与《蒙古秘史》关系最为密切,互相参证之处亦多,兹特补充订正,成为专书,以供同好参考。

此次再版,承王民信先生鼎力协助,联经出版事业公司同意出版,于兹谨致衷心的谢意。

这次付梓,因印刷上之便利,将罗马字拼音之 q,一律以 kh 代之,Γ 以 gh,Č 以 ch,Š 以 sh 代之。尚希读者谅察是幸。

**札奇斯钦识于一九七八年二月十日**

3

第一部

# 《蒙古黄金史》与《蒙古秘史》
# 之关系及其异同

# 第一节

# 《黄金史》题解

《蒙古黄金史》一书，原名是 *Erten-ü Khad-un Ündüsülegsen Törü Yosun Jokiyal-i Tobchilan Khuriyaghsan Altan Tobchi*，意思是 "记载古代〔蒙古〕可汗们的源流，并建立国家纲要的黄金史纲"，简称叫作 *Altan Tobchi*。Altan 是黄金。Tobchi 是纲要，也就是《元史》上所讲的"脱必赤颜"[1]，和《蒙古秘史》蒙语标题的"脱〔卜〕察安"[2]。在蒙文史书中，除此书之外，还有以 *Altan Tobchi* 为书名的其他史料，所以西方学者们多用 *Altan Tobchi Nova* 来称此书，以便分别。我们把它译作《黄金史》。

---

1  《元史·察罕传》称："〔察罕〕尝译《贞观政要》以献，帝（仁宗）大悦。……又命译《脱必赤颜》，名曰《圣武开天纪》，及《纪年纂要》《太宗平金始末》等书。俱付史馆。"（卷一三七）又《元史·虞集传》也说："……请以国书《脱卜赤颜》增修太祖以来事迹。承旨塔失海牙曰：'《脱卜赤颜》非可外人传者！'遂皆已。"（卷一八一）

2  全文为"忙豁仑·纽察·脱察安"（Mongghol-un Ni'ucha Tobchi'an）。

3

　　原书的编著人，名罗卜桑丹津（Lobsang-danjin）[3]。他是一位博学的喇嘛，可是研究这一本书的人，对于这一位学问渊博喇嘛的生平，所知道的都不甚多。他在著述这一部史书之外，曾参加编纂蒙文的《五台山志》（*Utai-in*〔*yin*〕*Tabun Aghulan-u Oroshil Süsügten-ü Chikin Chimeg*）[4]的工作。在本书的尾跋中，可以看到他有Güüshi[5]的尊称（详第二部分最后的发愿文及注3）。

　　据蒙古学者札木萨喇诺（Zamzarano）氏及比利时田清波（A. Mostaert）神甫的考证，罗卜桑丹津是十七世纪后半期至十八世纪前半期的一位硕学高僧[6]。别据田神甫的研究，我们知道这本书的写成，当在一六四九年至一七三六年之间[7]。

　　一九二六年，外蒙古学术委员会主席札木养公（Jamyang Güng），在车臣汗部的桑贝子（Sang Beise）旗〔即今巴彦图们（Bayan Tümen）地方〕，后来自察哈尔部的旧贵族永谢布台吉（Yüngshiyebü Taiji〔Tayiji〕）处，得到此书。其后于一九三七年，在乌兰巴托（Ulan Bator，库伦）出版。现在我们台湾可以看到的这一本，是一九四四年拉铁摩尔（O. Lattimore）教授自外蒙古库

---

3　若按正式藏文写法，当拼为blo.bzan bstan'jin。其汉译为"罗桑丹津"。但按蒙古人的读法则为"罗卜桑丹津"。

4　见哈佛本《黄金史》田清波神甫序文，第十三页〇。

5　对于Güüishi或Güshi一词，外人多有解为"国师"者（见田清波序文第十页），此字《蒙汉满三合》（第十二册第五十三页下）蒙文作"güshi bagshi〔baghshi〕"，同汉文作"师傅、儒、Shifu"（满文即师傅）。此字原来或有"国师"之意。bagshi一字在元代亦曾有帝师之义，但因人而异，不能一律视为帝师。清初青海蒙古之固始汗，即以此字为其尊称。蒙地高僧中，有此称谓者甚多，并非均为国师也。

6　见田清波神甫序文，第十页。

7　同6。

伦带回美国；一九五二年，哈佛大学的柯立夫（F. W. Cleaves）教授自己写了一篇序文，又请田清波神甫写了一篇介绍的文字之后，由哈佛燕京学社所影印出版的。原库伦版是分上下两册的，哈佛影印出版的时候，把它合成一册。定名为："蒙古古文典之一"（Scripta Mongolica I, *Altan Tobchi*）。全书，上册一百六十一页，下册一百九十三页，共计三百五十四页。

最初研读《黄金史》的是札木萨喇诺氏。在他的《十七世纪蒙古诸编年史》（*Mongols'kie Letopisi XVII Veka*，一九三六年莫斯科出版）[8]一书第五章中，曾详论此书。这才引起学术界的注意。在他的原书中，可以看到原手写本的照片（札氏书英译本有一段《黄金史》的蒙文，但非原手写本的一段）。这照相本现存于苏联科学院东方学部。原手写本则存于外蒙古科学院的东方图书馆中。

一九四一年，苏俄的蒙古语文及史学家郭增（S. A. Kozin）氏在 *Sokrovennoe Skazanie* 中，以拉丁字音译，发表了此书的一部分。一九五二年，柯立夫教授影印这本书的时候，田清波神甫写了一篇专文介绍这本书的内容。伯希和（P. Pelliot）氏的高足韩百诗（L. Hambis）氏也曾写书评，在《亚洲学报》（*Journal Asiatique*）第二四一号予以发表。一九二六年，札木养公曾将其本文之手抄本一件送给伯希和氏；但我们还未闻伯氏对于此书有何专论发表。今此书存于巴黎国家图书馆（Bibliothéque Nationale de Paris）中[9]。一九五四年，日本小林高四郎氏在他的《元朝秘史

---

8 一九五五年，Rudolf Loewenthal 将它英译，在德国 Wiesbaden 城的 Otto Harrassowitz 出版，书名为 *The Mongol Chronicles of the 17th Century*。

9 见田清波氏序文，第十二页。

之研究》中，曾辟一章论述此书与《蒙古秘史》的关系。东欧的
Shastina曾作译注，可惜笔者尚未读到。

现存《黄金史》的版本似乎只有两种：一是库伦本，也就是柯
立夫教授所影印的哈佛本；另一本便是郭增的拉丁字音译本。这
两本在文字上多少有些出入。田清波神甫在他为哈佛本所写的介
绍文中曾作一简单的比较[10]。

除我们现在所论的《黄金史》（*Altan Tobchi Nova*）一书之外，
学术界对于其他以*Altan Tobchi*——"黄金史"为名的史书之工作
颇有成就。现在简单地介绍于下：

早在一个世纪之前，一八五八年，帝俄喀山（Kazan）大学
教授喇嘛噶勒桑·棍布业夫（Galsang Gomboev）在圣彼得堡首
次刊印蒙古编年史——《黄金史》（*Altan Tobchi Mongol'skaya
Letopisi*），并附俄文译本。一九二五（乙丑）年，北京蒙文书社汪
睿昌氏（蒙名Temgetü，内蒙古喀喇沁右旗人）曾刊印《成吉思汗
传》（*Chinggis Khaghan-u Chidagh*）一书。后又于一九二七（丁
卯）年再版，改名为*Boghda Chinggis Khaghan-u Chidagh*。全书
本文计九十六中国页。自第一页至第六十四页下，与棍布业夫所
印的*Altan Tobchi*相同。自第六十四页以下则为数种其他史话的记
录。可惜汪氏在丁卯年版之序文中，只说在甲子（一九二四）年
获得这书的原文，而未说明它的来源。一九三八年，小林高四郎
氏把前述的《成吉思汗传》和棍布业夫氏的*Altan Tobchi*互相参
证译成日文，以《*Altan Tobchi*——蒙古年代记》为书名，由日

---

10　田氏序文，第二十页。

本外务省出版。三年后（一九四一），经改正后，再以《蒙古黄金史》之名重新刊印。一九五五年，英国鲍登（C. R. Bawden）教授又把它译成英文，在德国威斯巴登（Wiesbaden）城出版。书名为《蒙古编年史，黄金史》（*The Mongol Chronicle*，*Altan Tobchi*）。在这本书的绪论中，鲍登也曾提到他所译的 *Altan Tobchi* 和我们所要讨论的 *Altan Tobchi Nova* 两书的关系[11]。此外在西部内蒙古尚有称为《墨尔根活佛的黄金史纲》（*Mergen Gegeen*［*Gegen*］*Tan-u Jokiyaghsan Altan Tobchi*）一书。一九四二年，德王（Demchügdüngrüb［Demchügdongrub］）在张家口，把它刊印过。但这些著作多与我们所论的这本《黄金史》（第一部分）没有直接的关系。

我们所要讨论的这本《黄金史》的内容，按札木萨喇诺氏的分段法，田清波氏也曾在他的那篇论文中，作如下的排列[12]：

一、著者短序和印度、西藏诸王世系（卷一，一至六页）。

二、孛儿帖·赤那与其妻由西藏移来后之繁衍。阿阑·豁阿及其子孛端察儿，及诸汗之世系（六至十二页）。

三、自孛端察儿至成吉思可汗之诞生（十二至二十六页）。

四、自成吉思可汗之诞生至崩殂（卷一，二十六页至卷二，一〇五页）。

五、成吉思可汗之谱系，诸王、皇孙、公主、九将军、拙赤及察合台之所属，并诸王斡歌歹与拖雷。成吉思可汗的六个万户，及四大斡耳朵（卷二，一〇五至一〇七页）。

---

11 见鲍登（Bawden）书，第五页。

12 见田清波氏序文，第十三至十四页。原分段法见札木萨喇诺氏书英译本，第五十九页。

本书所记关于成吉思可汗之部分多与《秘史》相同，据田清波神甫的统计，《秘史》的记事，约有百分之八十左右，均转录在本书之内[13]。也有一部分是取自其他书籍，如《成吉思可汗传》等书，转录而来的。因此这一本书中的文体，也就很明显地看出有十三、四世纪和十五、六世纪之文体的混杂。可见罗卜桑丹津氏编这本书时，曾用过种种年代不同的史料。可惜他没有把所用过的史料书名写下。可能这些史料已经散佚得很多了。但自所保留的大部分《秘史》文句看来，极可能也曾利用过拿蒙文所写的或复原的《蒙古秘史》。关于这一点，学者们的见解不一，当另文论之。

---

13 田清波序文，第十八至二十页。札木萨喇诺书英译本，第五十九页。

# 第二节

# 《黄金史》与《蒙古秘史》有关系的部分

　　自前面所介绍的本书内容看来，其十六章之中，仅有二、三、四章与《秘史》所记的大致相同；但是这三章的页数，计二百六十页，计占总书的七分之五。据田清波氏的统计，《秘史》全书的二百八十二节之中，《黄金史》所转录的，计：一至三十八节、四十至一百七十六节、二百〇八至二百五十四节、二百五十六至二百六十四节、二百六十六节及二百六十八节。所缺的是：三十九节、一百七十七至二百〇七节、二百五十五节、二百六十五节、二百六十七节、二百六十九至二百八十二节。在《黄金史》中，所包括的计二百三十三节；所缺的计四十九节。在这二百三十三节之中，差不多都与《秘史》原文吻合，只有数节是经过修正的。同时在若干节中，也有不少录自其他史料的文字掺加进去。田清波氏也曾将《秘史》各节之见于《黄金史》者，按其页数列成一表。兹照录于左，以供参考：

蒙古黄金史译注

| 《秘史》节数 | 《黄金史》节数 | 《秘史》页数 | 《黄金史》页数 |
|---|---|---|---|
| 一 | 上卷六 | 二～四 | 七 |
| 五～九 | 八 | 一〇～一二 | 九 |
| 一三～一八 | 一〇 | 一九～二一 | 一一 |
| 二二～二三 | 一二 | 二四～二七 | 一三 |
| 二八～三一 | 一四 | 三二～三五 | 一五 |
| 三六～三八、四〇～四一 | 一六 | 四二～四五 | 一七 |
| 四六 | 一八 | 四七～五〇 | 一九 |
| 五一～五三 | 二〇 | 五四～五五 | 二一 |
| 五六 | 二二 | 五七 | 二三 |
| 五八 | 二四 | 五九 | 二五 |
| 六〇～六二 | 二八 | 六三～六四 | 二九 |
| 六五～六七 | 三〇 | 六八～六九 | 三一 |
| 七〇 | 三二 | 七一～七三 | 三三 |
| 七四 | 三四 | 七五～七六 | 三五 |
| 七七 | 三六 | 七八 | 三七 |
| 七九～八〇 | 三八 | 八一 | 三九 |
| 八二～八三 | 四〇 | 八四～八五 | 四一 |
| 八六 | 四二 | 八七～九〇 | 四三 |
| 九一 | 四五 | 九二～九三 | 四六 |
| 九四 | 四七 | 九五～九六 | 四八 |

续　表

| 《秘史》节数 | 《黄金史》节数 | 《秘史》页数 | 《黄金史》页数 |
|:---:|:---:|:---:|:---:|
| 九七~九九 | 四九 | 一〇〇 | 五〇 |
| 一〇一~一〇二 | 五一 | 一〇三 | 五二 |
| 一〇四 | 五三 | 一〇五 | 五四 |
| 一〇六 | 五六 | 一〇七~一〇八 | 五七 |
| 一〇七~一〇八 | 五七 | 一〇九 | 五八 |
| 一一〇 | 五九 | 一一一 | 六〇 |
| 一一二 | 六一 | 一一三 | 六二 |
| 一一四~一一六 | 六三 | 一一七 | 六四 |
| 一一八 | 六五 | 一一九~一二〇 | 六六 |
| 一二一 | 六八 | 一二二 | 六九 |
| 一二三 | 七〇 | 一二四 | 七一 |
| 一二五 | 七三 | 一二六~一二八 | 七四 |
| 一二九 | 七五 | 一三〇 | 七六 |
| 一三二 | 七七 | 一三二 | 七八 |
| 一三三 | 八〇 | 一三四~一三五 | 八二 |
| 一三六 | 八三 | 一三七 | 八四 |
| 一三八~一三九 | 八五 | 一四〇 | 八六 |
| 一四一 | 八七 | 一四二 | 八九 |
| 一四三~一四四 | 九〇 | 一四五 | 九一 |
| 一四六 | 九三 | 一四七 | 九五 |

| 《秘史》节数 | 《黄金史》节数 | 《秘史》页数 | 《黄金史》页数 |
|---|---|---|---|
| 一四八 | 九六 | 一四九 | 一〇八 |
| 一五〇 | 一一一 | 一五一 | 一一二 |
| 一五二 | 一一三 | 一五三 | 一一五 |
| 一五四 | 一一六 | 一五五 | 一一七 |
| 一五六 | 一一八 | 一五七～一五八 | 一一九 |
| 一五九～一六〇 | 一二〇 | 一六一～一六三 | 一二一 |
| 一六四 | 一二二 | 一六五 | 一二三 |
| 一六六 | 一二四 | 一六七 | 一二五 |
| 一六八 | 一二六 | 一六九 | 一二七 |
| 一七〇 | 一二八 | 一七一 | 一三二 |
| 一七二 | 一三三 | 一七三 | 一三四 |
| 一七四 | 一三五 | 一七五 | 一三六 |
| 一七六、二〇八 | 一三七 | 二〇九 | 一三九 |
| 二一〇～二一一 | 一四〇 | 二一二～二一三 | 一四一 |
| 二一四 | 一四三 | 二一五～二一六 | 一四五 |
| 二一七～二一八 | 一四六 | 二一九 | 一四七 |
| 二二〇 | 一四八 | 二二一～二二四 | 一四九 |
| 二二五～二二六 | 一五二 | 二二七 | 一五三 |
| 二二八～二二九 | 一五五 | 二三〇 | 一五七 |
| 二三一～二三二 | 一五八 | 二三三 | 一五九 |

续 表

| 《秘史》节数 | 《黄金史》节数 | 《秘史》页数 | 《黄金史》页数 |
|---|---|---|---|
| 二三四 | 一六〇 | 二三五 | 下卷一九 |
| 二三六~二三八 | 下卷二〇 | 二三九 | 二一 |
| 二四〇 | 二三 | 二四一 | 二四 |
| 二四二 | 二六 | 二四三 | 二七 |
| 二四四 | 三六 | 二四五 | 四〇 |
| 二四六 | 四四 | 二四七 | 六八 |
| 二四八 | 六九 | 二四九 | 七〇 |
| 二五〇~二五一 | 七二 | 二五三 | 七四 |
| 二五三 | 七五 | 二五四,二五六 | 七八 |
| 二五七 | 七九 | 二五八 | 八一 |
| 二五九~二六〇 | 八二 | 二六一~二六三 | 八四 |
| 二六四 | 八五 | 二六六 | 九一 |
| 二六八 | 九九 | | |

由上表看来,《秘史》的大部分,都可在《黄金史》中看得到;但是《黄金史》中所缺的部分,却是《秘史》中最精彩的部分。例如:从一七七节到二〇七节这三十二节的脱落,是把成吉思可汗征服客列亦惕和乃蛮,以及即可汗大位,封立九十五个千户等极重要的记事都丢掉了。这也就是把《秘史》卷六的大部分、卷七的全卷和卷八的大部分都丢掉了,实在可惜! 这一段是把《秘

13

史》卷六第一七七节里所记与客列亦惕主力军作战的主儿扯歹，和《秘史》卷八第二〇七节成吉思可汗加封给功臣时的主儿扯歹，联成一气，以致发生了上述的缺憾。二六九节至二八二节的脱落，使太宗斡歌歹可汗一代的记事等于阙如。

第三节

# 补充《蒙古秘史》的部分

我们这里所要谈的，不是在《黄金史》中喇嘛们因传教关系所制造的那些神话，也不是它所记载关于成吉思可汗崩后，直到满洲兴起时代的那一段，而是专指与《秘史》所记之时代相同的部分而言。最初札木萨喇诺（C. Z. Zamzarano）氏在他的《十七世纪蒙古诸编年史》（*Mongols'kie Letopisi XVII Veka*）第五章中，说《黄金史》的著者曾自其他古文献中抽选出若干资料来补充《秘史》。据田清波氏的统计共有二十七处，其中与《秘史》有关者计为二十四处[1]。田氏在他为哈佛版《黄金史》所写的序文第十四至十八页中，虽列出其在《黄金史》中的页数、行数及标题或大意，并未说明这是补充《秘史》中的哪些节，自然在一篇序文中也无法把它们都按原文翻译。笔者认为在这些补充部分之中，的确有些地方很有意义，特愿多占一些篇幅，把它们重新摘出（不

---

1 见田清波氏序文，第十四至十八页。惟其所列后三项似与《秘史》无关，从略。

一定合于田清波氏所摘的），一一汉译，并注明其所补充的节目
如下：

## 一、关于孛儿帖·赤那（Börte-Chino'a）的记载

见《黄金史》上卷第六页第十一行至第七页第三行，该当于
《秘史》第一节（即卷一首节）。《黄金史》说：

> 答来·速宾·阿勒坛·三答里秃汗（Dalai-Subin Altan
> Sandalitu Khan）有三个儿子。长为孛罗出（Borochu）。次为失
> 巴兀赤（Shibaguchi［Shibaghuchi］）。三为孛儿帖·赤那。因
> 为〔弟兄们〕不和，孛儿帖·赤那就向北走，渡过了腾吉思海
> （Tinggis Dalai），来到札惕（Jad）地方，取了一个还没有丈夫的
> 女子豁阿·马阑勒（Go'a［Gho'a］Maral）。就定居在札惕地方，
> 成为忙豁勒（蒙古）氏族（Mongghol Oboghtan）。奉上天之命，
> 渡过腾吉思海而来的孛儿帖·赤那和豁阿·马阑勒，就卜居在
> 不儿罕山〔下〕。由他们两人生了巴塔·察罕（Bata Chaghan）。

"札惕"（Jad）一字见《秘史》第四十节，卷一第廿三页下
第二行处。旁译作"世人"。当为"外人"之意。海尼士（E.
Haenisch）、伯希和（P. Pelliot）诸硕学均曾论及此字。伯氏认为
与突厥语Yat有关，乃"外族"之意（见伯氏法译《蒙古秘史》第
一二六页）。海氏则误为"世家"（见海氏德译《蒙古秘史》第
六页）。鲍登（C. R. Bawden）氏于其英译之《黄金史纲》（*Altan
Tobchi*）第一一三页第四节注五，亦曾提及之。《成吉思可汗传》第

二页下第八行，作 Jid。《喀喇沁本蒙古源流》则作 Bete，见藤冈胜二氏罗马字转写日本语对译本第二部第一页第十行。藤冈氏误作 Bata。今以十九世纪蒙古文豪伊吉纳希（Injinashi［Injannashi］）氏的《青史》（Köke Sudur）证之（见开鲁石印本第一册第一页第十一行），知其当为 Bed。盖均为 Jad 的讹误。

拿这一段的记述，和《成吉思汗传》（第二页下第六至十行）、《蒙古源流》（《笺证》卷三第一页下）及《秘史》第一节来对照，可知孛儿帖·赤那和他的妻子豁阿（埃）·马阑勒之为蒙古族远祖，和他们从一个大海的那边来到不儿罕（Burkhan）山〔肯特（Kente）山的支脉〕居住的传说，都是蒙古民间的一个共同承传。若以蒙古人称"里海"为 Köke Tinggis 及"札惕"（外族）一个字看来，孛儿帖·赤那一系，可能是来自中央亚细亚的一个氏族，也可能是从贝加尔湖西北地区来的。从成吉思可汗远祖与居住在贝加尔湖以东的巴儿忽真（Barghujin）族的来往看来，这一个假设也许有它的可能性。至于《黄金史》《蒙古源流》及《成吉思可汗传》等书所说，在孛儿帖·赤那之前，其祖先与西藏并印度之关系，显然是喇嘛为普及佛教而假做的虚构。陈寅恪先生在他的《彰所知论与蒙古源流》（见中央研究院史语所集刊第二本第三分，一九三一年四月刊印）中，已详论之，兹不赘述。

## 二、古歹·薛禅（Güdei Sechen）对俺巴孩汗（Ambakhai Khan）诸子的谈话

见《黄金史》上卷第二十四页第四行至第二十五页第十行。这一段的记事可附于《秘史》卷一第五十八节之后。

古歹·薛禅说：

"俺巴孩可汗的十个儿子，你们听着！

你们在荒山野地围猎；

你们杀获雌雄羱羊；

你们为分雌雄羱羊的肉；

你们互相厮杀死拼，破裂！


你们在有浓雾的山地围猎；

你们杀获牡鹿、牝鹿；

你们为分牡鹿、牝鹿的肉；

你们就互相骚扰，死拼，离散！


你们在有岩石的旷野围猎；

你们杀获黄羊、野驴；

你们为分黄羊、野驴的肉；

你们互相砍杀，争夺，破裂！


〔可是〕合不勒可汗的七个儿子是如此和睦的。

他们在古儿巴罕—合察儿（Gurbakhan Khachar）地方围猎；

他们杀获野马驹和小鹿；

分野马驹和小鹿肉的时候，他们聚会着分配；

他们互祝幸福、好运，然后散去。


他们在有烟雾的山地围猎；

他们杀获麝香鹿；

分麝香鹿肉的时候，他们彼此恭敬谦让；

他们互以吉利的话语祝福，然后散去。


他们在有浪涛的河川围猎；

他们杀死雉鸡、野兔；

分雉鸡和兔肉的时候，他们彼此礼让尊重；

他们互以欢悦的话语祝福，然后散去。


你们这俺巴孩可汗的十个儿子呀！

〔你们〕性格都不大好。

怎能抚有众多的属民和臣下呢？

他们合不勒可汗的那七个儿子呢？

他们由于和衷协力。

将做万民的可汗，国家的主人！

你们不要因我这愚昧的老人说了这话就忿怒！

你们众兄弟们，可要互相亲睦，好自为之啊！"


　　这一段原是用韵文写的，由这一段的史诗，我们可以看出在也
速该的时代，蒙古族中的两大统治贵族集团——合不勒汗系（也
就是也速该所属的那一系）与俺巴孩汗系（也就是泰亦赤兀惕系）
之间已生矛盾，互争雄长，以期统治全族。当然这诗的写成，显
然是颂扬也速该所属那一个家系；但在这种描写中，我们可以看
出围猎是十二、三世纪蒙古人的一种重要行事。围猎和分取获物

*19*

及离去等等，均有一定的习惯法。同时也常有因分配不均，演成氏族分裂的悲剧。这种叙述对我们了解当时的围猎和社会制度，都是有所裨益。

这一段韵文，不知《黄金史》的编著人罗卜桑丹津氏从何书所采录的。但这一段韵文中的动词语尾，都以 m 为尾音，似乎是十五、六世纪的体裁。也可能是经过后人润饰的结果，札木萨喇诺氏曾在他的书中把这一段译成俄文，后来 R. Loewenthal 又把它英译了，见札氏书英译本第六七至六八页。

### 三、关于成吉思可汗生年月日时

《黄金史》在相当于《秘史》第五十九节之处，也就是在它的上卷第二十五页末二行处说："成吉思可汗是壬午年（一一六二）孟夏（四）月十六日的日月红圆之日（Ula'an tergel edür）卯时所生的。"这与《蒙古源流》[2] 所说的相同，可能这都是根据蒙古的一般传说所写的。

### 四、关于别勒古台母亲的名字

《黄金史》在它的上卷第二十八页第九行说："从也速该勇士的另一个妻子，速赤格勒母亲（Süchigel eke）生的，有别克帖儿（Begter）和别勒古台（Belgütei）两个人。"这一段是加在《秘史》第六十节之中的。别勒古台之母的名字，不见于《秘史》。这是一个很好的补充。但墨尔根活佛所著的《黄金史纲》（*Mergen Gegeen Tan-u Jokiyaghsan Altan Tobchi*）则称其名为忙合剌（Mangghala）

---

2　见《蒙古源流笺证》卷三，第六页下。

（见张家口版第六十七页第七行），似属不确。

## 五、成吉思可汗的尊称、御玺的传说及即位年代

《黄金史》上卷第七十一页第二行至八行及下卷第二页第一行，都有记载。它们应列于《秘史》第一二三与一二四节（卷三）之间。《黄金史》上卷七十一页的记载是：

〔可汗〕用马渂向长生天洒奠祭祀，立起九斿白纛，龙王[3]向〔可汗〕献〔美〕玉宝玺。同时一个黑灰色的鸟飞临穹庐的天窗之上，叫了两声"成吉思，成吉思"。因为这鸟叫的缘故，就称为成吉思，奉为可汗。他在四十五岁，丙寅〔一二〇六〕，在斡难河源，立起九斿白纛，即了可汗大位。

这一段里所说"四十五岁，丙寅年……即可汗大位"一事，显然是把征服乃蛮后第二次即大汗位之事，与第一次即汗位之事，混为一谈。《秘史》第二〇二节所记帖木真即大汗位之事，为《黄金史》所遗漏（从第一七七至二〇七节）。《成吉思可汗传》第十一页上第三行所说的，也是四十五岁，丙寅年，即大位。只有《蒙古源流》说："特穆津年至二十八岁，岁次己酉（一一八九），于克噜伦河北郊，即汗位。"（见《笺证》卷三第十页下）这当然是指帖木真第一次即汗位之事。

---

3　"龙王"，蒙古语作Loos〔Luus〕，乃地方神祇之称，蒙古各地之"敖包"（oboo）即其神社。

*21*

关于可汗御玺和灵鸟的传说，《黄金史》除此处之外，在它上卷第二十六页第三行至第二十八页第四行也有记载。此外亚美尼亚史家葛里高尔（Grigor of Akanc'）所著的《弓手国族〔蒙古〕史》（*The History of the Nation of Archers*）也说："上帝的使者化作金鹰，将上帝的旨意传给了他们的领袖帖木真。"（见《哈佛亚洲学报》第十二卷第三、四两期合订本，一九四九年十二月，第二八九页。）可见神鸟的传说，在葛里高尔著书的年代，一二七一年，已经是一个在蒙古帝国中普遍的传说，而非《黄金史》和《蒙古源流》（见《笺证》卷三第十页下）的著者们后日的杜撰[4]。

## 六、成吉思可汗和他六个将军与泰亦赤兀惕族鏖战的英雄史诗

这段韵文在《黄金史》上卷第九十六页第十一行至第一○六页第七行之处，该当于《秘史》第一四八与一四九节之间（卷五）。这一段诗虽然没有什么历史的意义，但的确是描写古代英勇战士们的一幅逼真的图画，姑且把它译在下边：

有洪福的成吉思可汗在边境上扎营，带了九个将军去查看〔敌〕情，主公降上谕说："不知道究竟从哪一个方面将有敌人〔来袭〕？我的九位将军，〔你们〕分成三班吧！"于是就按照上谕，者勒篾（Jelme）、搠·蔑儿坚（Chuu-Mergen）[5]、

---

4 《蒙古源流》关于神鸟、玉玺更多润饰之处，足证这是比较以后的记载了。

5 搠·蔑儿坚之名不见《秘史》，但见于其他蒙文史料之中。在蒙古学人中，有人认为可能是指耶律楚材说的，似乎不甚可靠。

失吉·忽秃忽（Shigi Khutugh）三人成为一班。孛斡儿出（Bo'orchu）、孛罗忽勒（Boroghul）[6]、木华黎（Mukhali）[7]三人成为一班。速勒都思氏的锁儿罕·失剌（Suldustai-yin Sorkhan-Shira）[8]、别速惕氏的者别（Besütei-yin Jebe）、斡亦剌惕（Oirad［Oyirad］）〔族〕的合剌·乞鲁（Khara-kirü［kiru］）[9]，三个人成为一班，在营中留守。可汗就领着六个将军前去侦察情况。经过察合来汗（Chaghalai Khan）山后面，快走到札勒蛮汗（Jalman Khan）山的时候，有〔一只〕带斑点大角野山羊从可汗前面跑过来。可汗就放开〔所骑的〕铁青马疾奔，从后边追上前去。拉圆了弓，拿金叉箭立即〔把它〕射死了。六个将军们就下了马，要把它拴在马鞍子后面〔驮〕走，可汗说："你们把它剥了皮，用火烤烤。我到失剌—答卜桑（Shira Dabsang）[10]山上去看看。"可汗上了失剌—答卜桑〔山〕去瞭望，忽然瞌睡，就把马鞭子支在那铁青马的鬃颈上，睡了一下。在恍惚之间做了一个梦。可汗就降上谕给他六个将军说：

"我这个梦，

叫我的心怦怦跳，

我的肋骨都发抖！

---

6 孛罗忽勒，原文作Bogurol［Bugurol］(《黄金史》多处是如此的)。《蒙古源流》《成吉思汗传》则均与《秘史》相同，作Boroghul。

7 木华黎（Mukhali），原文作Mukhalitai。其他蒙文史料中亦有作Mukhulai者。

8 速勒都思氏的锁儿罕·失剌，原文作Suldurtai-yin Torghun-Shira。Suldur乃Suldus［Süldüs］之讹，《成吉思汗传》及若干书籍多有将Sorkhan一字写作Torkhan者。

9 合剌·乞鲁（Khara-kiru）之名不见《秘史》，但散见于其他蒙文史书中。

10 失剌—答卜桑（Shira Dabang），山名，字义为"黄色的膀胱"。

在三个山岗[11]那边的失剌—答卜桑〔山〕上，

立起了三面黑色大纛旗，

〔我〕遇见了三百名顽强的劲敌！

他们的先锋骑着枣骝白鼻梁的战马，

〔战马头上〕套的是〔金光〕灿烂的銮辔，

〔战马胸前〕挂的是洁白发亮的缨络。

少壮的战士[12]，

留着连鬓短密的黑胡须，

穿着全身的红铠甲。

〔我〕看了他一眼，

光芒刺目，好像针尖；

缠绕紧凑，好像线团！

假如我做的梦属实，我这六位将军们，你们将要怎么办呢？"

失吉·忽秃忽说：

"〔我〕能瞭望遥远的地方，

〔我去〕看看〔他们〕是不是蒙古人，

查查〔他们〕是不是篾儿乞惕人，

认辨〔他们〕是不是泰亦赤兀惕人。"

者勒篾说：

---

11 原文作 güteri［köteri］，不知何解。《成吉思汗传》之第十三页下第五行首字，及
《喀喇沁本蒙古源流》（藤冈本）附录第二页第二行第七字，均作 gütel［kötöl］，
始知其为"山岗"或"丘陵"之意。

12 原文作 khara kümen［kümün］。按现代语这是"俗人"或"在家人"之意，似与此
处文意不合，故译为"黑脸色的战士"。

24

"人生有死，何必为几头家畜劳神！

〔阻于〕横索，就手持环刀杀进去；

直向前进，把一条大路砍出来！

〔我去〕把那三个手持黑色纛旗的，一个个砍死；

〔杀上前去〕，把他们的纛旗俘虏过来！

跑到山顶，把他们的纛旗倒插下来；

我要把像大海一般的圆阵给你拉紧！"

搠·篾儿坚说：

"我虽然懦弱，却能突然走脱，你们管辖我，责难我，使唤我，我也要去一趟回来，〔绝〕不能丢掉我主命令我做事的好机会！"

孛斡儿出说：

"〔迎战〕由前面〔杀〕出的人；

阻挡由后边〔袭〕来的敌人！

保卫你那畏惧中的性命；

绝不离开我主的黄金统驭！"

孛罗忽勒说：

"有箭射来，我当盾牌；

箭声啾啾，我当遮护；

不使敌箭，中我主的金躯！"

木华黎说：

"把你的〔众〕敌人给压制住；

把你的战利品给掳获来！

要从〔我们〕的马尾骑起云雾；

要从〔我们〕的马鬃升出太阳！

杀得敌人，战马失途；

尽忠效力，不避艰苦！”

可汗听了六位将军们的话，赶紧吃了一些烤好的野山羊肉，就叫失吉·忽秃忽骑上自己的淡黄马，说：“在这三个山岗的那边，就是失剌—答卜桑〔山〕，你去照我的梦查看来！”说着就叫他走了。

失吉·忽秃忽，骑上〔那〕淡黄马，放开了步，拉紧了缰，跑到失剌—答卜桑〔山〕上，猛然一看，那持有三面黑纛的敌人已经逼近了。他们一直把失吉·忽秃忽追赶到可汗所在的地方。主上问失吉·〔忽秃忽〕说：“怎么样？”

失吉·忽秃忽说：“到了失剌—答卜桑〔山〕上，刚一看，就不料有三百个敌人突然来袭。

是不是泰亦赤兀惕人，不及认辨；

是不是篾儿乞惕人，不及查看；

是不是蒙古人，也不及看清；

我赶紧向后看了一眼，果真与可汗所梦见的一般！

如果是篾儿乞惕人，必是那尚未知名的勇士；

如果是蒙古人，必是那勇不可当的勇士；

看来好像是泰亦赤兀惕人，〔他们〕紧紧的逼上来了！”

于是那六个大臣立刻整备战马，此时敌人已经迫近，孛斡儿出骑上了他的白战马追上前去，问：“你们是什么人？我们是正主〔可汗〕的〔部属〕！你们若是讲礼节的人，赶快讲明你们的道理。如果有姓有名，报上名来！”他们说：“我们还会

26

有什么响亮的名字，赶快交战！"孛斡儿出压着〔阵〕，呵责〔他们〕说："那话对你们不适合。有什么本领，〔我们〕可以在太阳〔西〕斜以前较量一番！"那边的敌人说："我们没有什么响亮的名字，〔我们〕是捉鱼的，是捉土拨鼠的！"

失吉·忽秃忽说："向他们有什么好问的！〔他们〕就是顽敌泰亦赤兀惕人。杀进去吧！"

〔于是孛罗忽勒下了马，拿下棕色马鞯，拿起他的盾牌，毫不顾忌的站在可汗的前面。〕（这一段不见《黄金史》，却见于《成吉思汗传》第六十五页上第七至九行，《喀喇沁本蒙古源流》（藤冈本）附录第四页末行至第五页第二行，兹转录于此。）

者勒篾拿着刀，冲进了横在面前的敌阵里，砍出〔一〕条血路，杀进阵去，把那拿着三面黑旗的人，一个一个的砍死，抢过来他们的军旗，跑到高处，把军旗头向下〔倒〕插起来。果然拉稳了海洋般的大圆阵。

搠·蔑儿坚〔这时候〕已经逃走了，孛斡儿出正在向前冲杀，一回头看见了搠·蔑儿坚就喊着说："喂！搠·蔑儿坚站住！在咱们主人面前，就这样效力吗？你怎么能像刚出洞的松鼠一样逃跑呢？"搠·蔑儿坚转过来笑着说："我主啊！我还没有插上箭头呢。主上，从你的箭筒里〔给我些吧〕！"可汗就从他金箭囊中，抽出朱红色的箭给了他。搠·蔑儿坚就挟在胁下，疾驰〔向前〕，用力拉满了弓，把可汗所指给他的，不曾错过一个，全给射死了。

射中〔那〕敏捷的颔下咽喉，叫他翻滚〔落马〕；

射中〔那〕矫健的头盔鄂纽，叫他身受重伤。

追上前去把那匹枣骝白鼻梁的战马夺来，叫可汗骑上。可汗一骑〔果然〕是个如飞似风的〔快马〕，可汗也笑了。

交绥的敌人已经穷促了；冲杀的敌人只剩了一半。正在这个时候，孛罗忽勒的头忽然被〔流〕矢所中，坠下马来。〔他〕站起来之后，用手摸着〔头〕，用弓支着脸，拿着盾牌慢慢的走。孛斡儿出向前冲杀，回头看见了，他就说："喂！孛罗忽勒！男子汉是一箭就能射倒的吗？你怎么能像犄角挨了打的山羊羔一般，脆弱的倒了下去呢？在主人的前面就这样效力么？"孛罗忽勒〔听了〕这话，就从左边翻上马去[13]，拿起盾牌，不顾一切的〔冲入阵中〕。

那时候已经把敌人杀得拖着尸体转身逃跑。可汗降圣旨说："把败退的敌人怎么办呢？"孛斡儿出说："俗语说：'拿福分来送成佛的善人，拿利箭来送败退的敌人。'追吧！"〔可汗〕同意他的话，就去追赶。追到察亦秃—察罕（Chayitu Chaghan）平原，就像狼进羊群似的砍死一百名敌人。有二百名逃出去了，掳获战马百匹，铠甲五十具。

木华黎紧紧的追赶敌人；

不断的掳获战利品。

叫战马的鬃上升出太阳；

叫战马的尾巴腾起云雾。

杀得敌方战马迷途；

---

13 上马都是从右边，所谓从左边上马，就是表示不等转到右边，就急忙地从左边上了马的意思。

尽力效忠不避艰苦！

这次战役，连一根已断的线头，一把已折的匙子，都没有损失。平平安安将要回家的时候，可汗说："叩〔谢〕在上的天父吧！"就上了山岗，展开鞍鞯，把衣带挂在颈项上，祝祷说：

"我并非靠我体力过人做了〔国〕主；

我是靠着〔我〕父上天的〔恩〕命才当的。

我不是靠我贤明异常做了可汗；

我是靠着皇天我父的〔恩〕命才当的。

〔上天〕给〔我〕制服了外族敌人！"

这样说着就〔拜〕谢〔上天〕，出发的时候，可汗依次夸奖他的六个将军。首先夸奖失吉·忽秃忽说：

"给〔我〕辨认泰亦赤兀惕人，

察出篾儿乞惕人，

看清蒙古人的，

是我塔塔儿的失吉·忽秃忽。"

夸奖者勒篾说：

"猎狡兽，〔你〕当熏烟[14]；

临强敌，〔你〕做先锋。

没有战马，〔你〕给找来坐骑；

〔喉咙〕干渴，你给拿来乳酪[15]。

宵旰勤劳不息，

---

14　打猎时用烟把躲在洞中的野兽熏出来，谓之"熏烟"。

15　见《秘史》第一四五节（卷四）。

赤胆忠心不变。

在众人以前首先出力的，

是我兀良合（Uriyangkha）族的好者勒篾！"

夸奖搠·蔑儿坚说：

"按我旨意所指示的，

你不丢掉任何机会。

射穿敏捷人的咽喉；

射穿矫健人的盔纽。

把交绥的敌人杀成残兵的，

把冲杀的敌人杀成半数的，

是我主儿乞惕（Jürkid）的搠·蔑儿坚。"

夸奖斡罗忽勒说：

"敌矢飞来，你做盾牌，

箭声啾啾，你做掩护。

头部虽受箭伤，

仍能不失鞍鞴。

不惊不慌，

无所畏惧。

〔这〕是我古申（Güshin）[16]族的好孛罗忽勒。"

夸奖木华黎说：

"急追众敌的，

---

16《成吉思汗传》第六十七页上第七行第七字作 Ügüshin。《喀喇沁本蒙古源流》（藤
冈本）附录第八页第八行第七字作 Küküshin 或 Kügüshin。惟按《秘史》，孛罗忽
勒应为主儿乞惕族（见卷四第一三七节）。

掳获战利品的，

叫马鬃上升出太阳的，

叫马尾上吐入云雾的，

使敌人战马迷途的，

使我军平安凯旋的，

是我札刺亦儿（Jalayir）族的好木华黎。"

夸奖孛斡儿出说：

"在寻找八匹银合马的时候，

在太阳才〔射〕出晨光的时候，

相逢以来，

终生效力的，

是纳忽·伯颜（Nakhu Bayan）的儿子，我的俊杰，好孛

斡儿出！

与邻人往来，性情〔驯顺〕，好像一只花牛犊，

和敌人厮杀，向不顾及自己性命身体的，

是我的俊杰孛斡儿出；

与人交友，性情〔驯顺〕，好像一只黑牛犊，

一遇外敌，就像猛鹰飞奔冲进的，

是我的俊杰孛斡儿出。

互相谈笑，性情〔驯顺〕，好像一只全黑的牛犊，

遇见劲敌，就像猛鹰突入飞出的，

是我的俊杰孛斡儿出。

游玩嬉笑，性情〔驯顺〕，好像刚出生的小马驹，

四面冲杀，就像海青冲袭而下的，

是我的俊杰孛斡儿出。

遭遇强敌，

绝不回顾；

侍奉可汗，

毫无隐讳；

且有良谋善策的，

是我的俊杰孛斡儿出！"

可汗把他的六名将军夸奖完毕，〔继续〕前进，在可汗的前边，孛斡儿出骑着他的白战马，拖着他的朱红箭，一边放开马小跑，一边唱歌赞美可汗，说道：

"父亲是也速该勇士，

母亲是诃额仑夫人，

有九个英勇的臣佐，

统御五色四邻诸国，

是我主，有洪福的成吉思可汗。

母亲是诃额仑夫人，

儿子是斡歌歹、拖雷，

有非凡杰出的子嗣，

把仇敌踩在脚下的，

〔是我主，有洪福的成吉思可汗〕[17]。

---

17《黄金史》原文脱落了这一句，《成吉思汗传》第六十八页上第二行有半句，全句见《喀喇沁本蒙古源流》附录第九页第十二行。

〔只要〕有洪福的可汗〔永〕在，

我们自身有何挂虑！

只要与〔可汗〕同行，

外邦众敌有何可惧！

不要像天鹅的雏儿踌躇不决；

不要被虚伪恶人的说话欺骗！

不要像鸳鸯的雏儿〔畏缩〕闭眼；

临敌厮杀不要吝惜性命身体！"

这就是俊杰孛斡儿出所唱的歌词。

有洪福的成吉思可汗，和他六个将军，七个人，前去打败了旧日的仇敌，三百名泰亦赤兀惕人，平安归来。把〔所掳〕敌方战马二十五匹，铠甲十五具，献给母亲诃额仑夫人。在那以后，就安安定定、快快乐乐的住了下去。〔这就是有洪福的可汗的一件轶事〕。[18]

这一段记事诗，除见于《黄金史》第九十六至一〇六页之外，并见于《成吉思汗传》第六十三至六十八页，《喀喇沁本蒙古源流》（藤冈本）附录第一至十页，且名之为"成吉思可汗行军谈"。大陆出版的，谢再善译，外蒙古达木丁苏隆氏的蒙文《蒙古秘史》第一〇三至一二六页，相当于《秘史》卷五第一四九节之处，也

---

18 这最后的两三行，《黄金史》不及《成吉思汗传》和《喀喇沁本蒙古源流》详尽，故按后者译出。

有这一段的翻译。(在它第一二六页的第四行,注有A. T.两个字,意思是说明采自 *Altan Tobchi*——《黄金史》。)可惜译文与原文相距太远。

这一篇史诗,多用m做动词语尾之处。有人说这是十五、六世纪蒙文的特征,原文也有与《秘史》时代文字相同,而与定形后的蒙文相异之字。例如:assagkhu〔asaghu〕——"问"字的写法,与正字法或文字定形后的写法相异。因此可能是离元代不甚久远之时所写成的,也可能是把元代旧文加以更改的。在这全篇之中,有一处提及"佛"字,使人相信这必是蒙古人接受佛教以后所写的;惟不知这是在元代接受佛教之后的著作,还是在十七世纪阿勒坦(俺达)汗接受佛教以后所改写的;但全文中,除这一个字之外,仍是充分表现对长生天的崇敬。因此可以暂定是佛教影响尚未十分普及时代的作品。其时间当比充满喇嘛色彩的《蒙古源流》等书要早一点了。

这一篇有许多地方类似今日的白话体,可能是按照当时的白话写的。所以在研究蒙古语言史方面,确是一件极有价值的材料。

## 七、成吉思可汗重视生日和他对斡歌歹的喜悦

这一段见《黄金史》下卷第二页第三行至第三页第十一行之处,译文如下:

> 有洪福的成吉思可汗问他的儿子察阿歹说:"在宴会〔中〕最重要的宴会是哪一种?"察阿歹说:"旧岁离开我们,新年临到我们,为互祝吉庆幸福而开的宴会,是宴会中最重要的。"

圣成吉思可汗说：

"不对，如果没有生出，也未给〔你〕命名；

如果没出〔母〕腹，也未看见光明；

你能过谁的新年；

你能给谁命名！

今后，要记住在父亲创造，母亲产生的日子，恭恭敬敬的一起饮宴，才是你们最好的宴会。"可汗曾经下过这样的上谕[19]。

斡歌歹可汗的生日，斡歌歹可汗自己却忘记了，圣成吉思可汗说："嗳，斡歌歹，〔你〕明天早点来！"斡歌歹在〔第二天〕清早来的时候，路上遇见了好几个宴会，都有给可汗预备的美酒。为了尝一尝，就在那里下了马。圣成吉思可汗给斡歌歹预备好了〔酒〕食，等了很久。可汗就很不高兴的说："嗳！斡歌歹想不起来父亲母亲曾经〔怎样〕为〔他这个〕子嗣，身心憔悴啊！"正在说的时候，已经把晚餐的美酒和马头肉[20]送上来了。〔此时外边有人来〕，可汗问："外边是谁？"〔回答〕说："是斡歌歹。"可汗说："进来！"可汗就降上谕说："唉！斡歌歹，我告诉你早点来，你反倒来得〔更〕晚！"斡歌歹说："我来得早，路上遇见了几个宴会，因为以前我的

---

19 这一段见《圣成吉思汗格言拾遗》第四十九页第六行至第五十页第四行。

20《蒙古源流》卷七（见《笺证》卷七第二页上）说："彻辰诺延云：'从前我在父母膝下着棋为戏，我母赐给马颈，正在欲食之际，手中所持小刀忽向上跃起，似中内臁，落下，刀尖插于地上。拔刀仰视空中，有一穿青衣少年嗔责之曰："尔为何竟食马肉耶？"倏忽不见，由是我即戒食马肉。今审视圣喇嘛即其人也。'"足证在十七世纪佛教普及之前，蒙古人是吃马肉的。今日大部分蒙古人都不再吃马肉了。但《秘史》只记吃羊肉和杀牛的事（见第二一四及二八〇两节），并未提及杀马的故事。

汗父〔你〕曾经说过:'遇见现成的饮食,若是躲避的话,将要丢掉福分。'因此来晚了。"经〔这样〕回答之后,〔可汗的〕怒容稍霁,用刀子剜了马头一块右腮,吃着说:"唯有斡歌歹把我所有的法度圣旨全都实行了,以后你仍要这样才好!"

这一段中称斡歌歹为可汗,可知这是后人补加的。《秘史》第一九八节(卷八)也有对尚未即位的斡歌歹称可汗的地方。就文字形态来看,如:第二页第五行的 Asaghbasu,第三页第一行的 udaghdar-un,都是与《秘史》文字相同的地方,可能这是一篇早期的文献。

从这一段中,我们可以看出可汗重视生日,是为了纪念父母的恩德。《秘史》曾再提及可汗对他父母的尊敬和追念,对他母后诃额仑夫人更是如此。例如:第二四四节(卷十)记载可汗受了阔阔出(Kököchü,即萨满,帖卜·腾格里)的挑拨,将处置合撒儿(Khasar)的时候,母亲诃额仑赶到,痛加叱责。可汗毫无辩驳的,服从了他母亲的教训,并且说:"叫母亲生气,我怕也怕了,羞也羞了!"又第二四二节(卷十)说,可汗因他的叔父答阿里台(Da'aritai)曾经叛变,想要除掉他。孛斡儿出、木华黎、失吉·忽秃忽三个人谏止他,说答阿里台是他父亲唯一生存的幼弟,不应叫他营盘烟消火灭。说得成吉思可汗像被烟呛了一般的鼻子酸了,流下泪水来。可见成吉思可汗本人是很孝敬父母的。这可能是当时草原游牧社会道德标准的一环,也可能是成吉思可汗的言行在草原游牧社会中鼓励孝行的一个例证。

据《秘史》第二五四节(续卷一)的记载,斡歌歹被立为汗储是因术赤、察阿歹二人相争不下,结果共同推举他来做可汗的继承人。但从若干小的节目来看，可汗对斡歌歹确实是特别爱顾和信赖。斡歌歹对他父汗的应对也很得体。例如：第一七三节（卷六）说，在遭王汗突袭之后，可汗看见孛罗忽勒把负伤斡歌歹驮回来，可汗就心里难过流下泪来。之后，可汗对孛罗忽勒封赐的时候（第二一四节，卷九），也特别提到这一个功劳。《秘史》第二五八节（续卷一）说可汗西征花剌子模，命术赤、察阿歹、斡歌歹三个儿子进攻兀笼格赤的时候，可汗曾叫术赤、察阿歹两个人听斡歌歹的提调。在第二五五节可汗在术赤、察阿歹两个儿子推举斡歌歹做汗储的时候，他的答对也深得可汗的嘉纳。这些地方足证可汗早就有选立他做自己继承人的意思了。在《黄金史》中还另有记载，其事详后。

此外成吉思可汗所立的法律，大致可分为三种。一、"札撒黑"（jasagh）就是最高的基本法。二、"札儿里黑"（jarligh），是圣旨或上谕。第三类是"必里格"（Bilig），可以译为"箴言"。这虽不一定是法律，但是一种行为的准则，要人自动遵守的。成吉思可汗对法律的执行，非常严格。在《秘史》中常见可汗每说了一件重要事情之后，都要他的子子孙孙切实遵守，永勿更替。《秘史》第二〇三节，警告他子子孙孙，都必须严格遵守奉可汗之命，失吉·忽秃忽写在青册上的法律，便是极好的例子。在这一段里，可汗提到斡歌歹忠实地遵守他的法度（这里所说的这一条似应属于必里格——箴言的范围之内），自然也是他特别喜悦斡歌歹的一个原因了。

## 八、关于成吉思可汗训女的故事

### 1. 教训阿剌合·别乞（Alkha-Begi）的故事

这一段见《黄金史》下卷第十九页第十行至第二十页第七

行，相当于《秘史》卷十第二三五节之处。记载可汗遣忽必来"那颜"（Khubilai Noyan）征合儿鲁兀惕（Kharlu'ud）部，其汗阿儿思阑（Arslan）不战而降。忽必来带他来谒见，可汗因他不战来归，大加恩赐，且把女儿下嫁给他。《秘史》与《黄金史》的记载，除《秘史》卷十第十一页上第二行第二、三两字作ese bulghaba——"不曾厮杀"，《黄金史》下卷第十九页第十一行末二字作eye bolghalduba——"缔结和平"之外，其余文词完全相同。《秘史》只说可汗降旨把女儿嫁给阿儿思阑，未说她是谁。《黄金史》则说她是Alkha Begi。按《秘史》第二三九节，说阿剌合·别乞下嫁汪古惕部，第二〇二节称汪古惕部的阿剌忽失·的吉惕·忽里（Alakhushi-Tijid-Khuri［Khori］）为"古列坚"（Küregen［Kürgen］），即驸马之谓，显有讹误。《元史》卷一〇九《诸公主表》赵国公主位称："赵国大长公主阿剌海·别吉，太祖女，适赵武毅王孛要合（Boyokha）。"即阿剌忽失·的吉惕·忽里之子，见百纳本表第四第一页下。可证《黄金史》所说的Alkha Begi之名是错误了。但《黄金史》所记可汗训女的一段话，除称成吉思可汗为圣成吉思可汗外，其余词句与《秘史》章法殊无二致。因此怀疑这一段话，是阿剌合·别乞下嫁孛要合时可汗教训她的话。《黄金史》的编者（或其他保存这一段古话的人），将它插入在这里，却是一个明显的谬误。外蒙古策·达木丁苏隆氏曾把这一段加在他所写的蒙文《蒙古秘史》之内。大陆谢再善氏在他的汉译达木丁苏隆本之中，虽曾译出，但与原文颇有出入（见谢本第二三一至二三二页）。兹汉译于下：

在阿剌合·别乞出嫁，将被迎娶的时候，圣成吉思可汗降上谕，教训〔她〕说：

> "要立志去做我的一只脚；
>
> 出征的时候做我的倚靠；
>
> 驰骋的时候做我的良驹！
>
> 还要〔记住〕，
>
> 身体是暂短的；
>
> 名誉是永存的！
>
> 没有一个好友，比自己一颗聪明、智慧的心更好；
>
> 没有一个恶敌，比自己忿怒、歪曲、毒恶的心还坏！
>
> 可以信赖的虽多，总不比自己的身体更可靠；
>
> 称为心腹的虽多，总不比自己的良心更可亲；
>
> 值得爱惜的虽多，总不比自己的生命还宝贵！
>
> 洁身自好，自然性习良好；
>
> 注意学习，必定永远成功。
>
> 谨慎坚定，
>
> 无所畏惧！
>
> 这些，〔你〕都要小心谨守啊！"
>
> 如此训示了一番。

## 2. 教训阿勒·阿勒屯·别乞（Al-Altun Begi）的故事

这一段见《黄金史》下卷第二十一页第九至十三行，相当于《秘史》第二三八节（卷十）的末尾。是记载畏吾儿亦都兀惕（国王）归附，请为可汗第五个儿子，可汗很嘉纳他的请求，并且把女儿阿勒·阿勒屯·别乞下嫁给他的故事。《黄金史》的记载

*39*

与《秘史》相同，文词也相似，不过把阿勒·阿勒屯·别乞（Al-Altun Begi）的名字，写成 Ilkhaltun Begi 或 Ilghaltun Begi。若按人名读法，亦可读作 Ila-Altun Begi。这明显是 Al-Altun 的讹写，但却与《元史》所记的音很相近。按 Al 是"大红"或"赤"。Altun 是 Altan 的转音，就是"黄金"之意。Begi 乃是汗女或贵族的尊称。《元史》卷一〇九《诸公主表》高昌公主位称："也立安敦公主，太祖女，适亦都护，巴而术·阿儿忒·的斤（百衲本表第四第四页下）。《元史》卷一二二列传九《巴而术·阿儿忒·的斤传》称："亦都护遂以金宝入贡。辛未（一二一一）朝帝于怯绿连河奏曰：'陛下若恩顾臣，使臣得与陛下四子之末，庶几竭其犬马之力。'帝感其言，使尚公主也立安敦，且得序于诸子。"也立安敦公主就是《秘史》的阿勒·阿勒屯·别乞，也就是《黄金史》的 Ilghaltun Begi。《黄金史》在记述畏吾儿王归附，与尚公主的一段经过之后，又说：

> 当畏兀惕的亦都兀惕迎娶阿勒·阿勒屯·别乞的时候，成吉思可汗降上谕说："有福之人有三个丈夫，是哪三个丈夫呢？第一，国家是丈夫。其次，名誉是丈夫。再其次，娶你的是〔你的〕丈夫。所谓三个丈夫就是如此。如果能把国家〔做为〕丈夫，小心谨守，自然就得到了〔第二个〕丈夫——名誉。如果能把名誉〔做为〕丈夫，好好保守，那么娶你的那个丈夫还能够离开〔你〕到遥远的地方去吗？

这一段策·达木丁苏隆氏曾加入在他的蒙文《蒙古秘史》之

内，谢再善氏也曾把它译过（见谢本第二三三页）。

## 3. 可汗叫孛斡儿出对扯扯亦坚所说的教训

　　见《黄金史》下卷第二十三页第五至十行，相当于《秘史》第二三九节（卷十）之末。这一段先说，兔儿年（丁卯，一二〇七），可汗命长子拙赤去征林木中的百姓，斡亦剌惕等族不战而降，可汗以斡亦剌惕族的忽都合·别乞（Khutukha-Begi）首先归附，并影响许多部族来归，把自己的女儿扯扯亦坚下嫁给忽都合·别乞的儿子亦纳勒赤（Inalchi），把拙赤的女儿豁雷罕（Kholuikhan）嫁给亦纳勒赤的哥哥脱劣勒赤（Törelechi〔Törelchi〕）。《黄金史》和《秘史》的记载相同，只是若干部族名称略有相异之处。但《秘史》没有提到可汗训女的这一段话。《元史》也没有记载。《诸公主表》里也查不到扯扯亦坚的名字。扯扯亦坚（Checheyigen），《黄金史》作 Secheyigen Aghai。Secheyigen 是 Checheyigen 的变音，今作 Chichigen，就是"花儿"的意思。aghai 等于 agha，是贵族女子的尊称或"婴儿"的意思。

　　《黄金史》说：

　　　　成吉思可汗把扯扯亦坚·阿该（Secheyigen Aghai）嫁给斡亦剌惕的亦纳勒赤，当迎娶的时候，叫孛斡儿出那颜教训。孛斡儿出那颜就教训说："扯扯亦坚·阿该听着！因为你是你父汗亲生的女儿，就叫〔你去〕镇抚斡亦剌惕百姓，扎营在〔那里〕。要早起晚睡！不要把你婆家的长上见外！昼夜要一心一意的谨慎。说话要有智慧，持身必须贞节，把学而不成的

*41*

短处留在家里；把学好的一切带着前去。把斡亦剌惕百姓组织起来，加以管束！”如此教训了一番。

由以上三段的记载，我们多少可以看出，一个汗女出嫁外族的确负有重要政治上的任务。很明显的，是要通过公主的姻娅关系，加强对该族的联系，使他们成为蒙古黄金氏族所建立之王朝的不可分的一部分。但一个汗女应该如何处世为人，我们也可从这三段教训中，窥知一二。尤其是对阿剌合·别乞的训示，正是出嫁到一个内部曾有问题——亲蒙古和反蒙古两派斗争，叛乱不定的汪古惕部[21]的皇女，应当特别注意的事项。可惜《黄金史》误将这一段谈话，写到合儿鲁兀惕部阿儿思阑汗的名下了。

## 九、成吉思可汗的诸弟和他后妃们所出的子女

《黄金史》下卷第二十五页第十三行至第二十六页第四行说：

圣主的四个弟弟是：合撒儿、别勒古台（原文作 Belgetei）、斡惕赤斤（原文作 Ochigin〔Odchigin〕）和合赤温（原文作 Khachighu）。由孛儿帖格勒斤·豁阿（Börtegelin Go'a）皇后所生的是：拙赤、察阿歹、斡歌歹、拖雷这四个儿子，和阿勒合·别乞、阿勒·阿勒屯·别乞（原文讹作 Il ghaltun Begi）、扯扯亦坚（原文作 Secheyigen）三个公主。忽阑皇后所生

---

21 见《元史》卷一一八《列传第五·阿剌兀思·剔吉·忽里传》。日人樱井益雄所作的《汪古部族考》，论该部的内部冲突甚详（见《东方学报》，东京，第六册，一九三六年二月，第六五九至六八四页）。

的是忽鲁格（Külüge）公主。由也遂皇后所生的是拙赤伯（Jüchibei）公主。由也速干（Yesügen）皇后所生的是合儿赤儿（Kharchir）、合儿合秃（Kharkhatu）和赤豁儿（Chikhor）这三个〔儿子〕。

这里所说的皇弟、后妃，及孛儿帖皇后所生的子女，都见于《秘史》，惟其他后妃所生之子女，则为《秘史》所未提及的。所以这一段是补《秘史》的不足。《元史》卷一〇七《宗室世系表》称："太祖皇帝六子：长术赤太子；次二察合台太子；次三太宗皇帝；次四拖雷，即睿宗也；次五兀鲁赤，无嗣；次六阔列坚太子。"（百衲本表第二第六页上）惟未注明兀鲁赤及阔列坚太子系何所出，亦无法与《黄金史》所记的人名对音。

## 十、成吉思可汗对诸子诸弟和大臣们所指示的话

见《黄金史》下卷第二十七页末行至第三十四页第十三行，该当于《秘史》第二四三节（卷十）之后。按其所记之事来说，时间应在可汗把全百姓封给母亲、诸弟、诸子之际，所以很值得史家注意，可汗所说的这一段话，似乎是属于"必里格"的范畴之内。《黄金史》说：

有洪福的圣成吉思可汗教训他的四个儿子，曾降上谕说：
"攀登高山的山麓，
指向大海的渡口。
不要因路远而踌躇，

只要走，就必达到；

不要因担重而畏缩，

只要扛，就必举起！

吃肉的牙，长在嘴里；

吃人的牙，藏在心中。

体力坚强，只能战胜独夫；

意志坚强，才能战胜万众。"


有洪福的成吉思可汗曾恩赐他的四杰[22]降上谕说：

"被三部篾儿乞惕人围困，逃到不峏罕山上，

前面受着逼迫，

后面受到包围，

〔我〕几乎被俘，幸蒙长生天给敞开了门锁。

〔如今〕把这些百姓聚集一起，

用你们来执掌长辔。

〔我〕开始创业的时候，不过〔有亲信〕一两个，

〔如今〕我做了万众的可汗、国家的君主！

自今而后，我的子子孙孙，

要把我苦斗得来的可汗名号谨慎爱护，

要把我奔波得来的无缺河山[23]永系稳固！"

---

22 四杰是孛斡儿出、木华黎、孛罗忽勒、赤老温等四个将军，见《秘史》第一六四节（卷五）。

23 原文为 törü，乃社稷、国家、王朝及江山之谓。

有洪福的圣成吉思汗曾教训他四个儿子，降上谕说：
"从日出之地到日落之地，收抚了〔许多〕国家百姓，
我曾把许多心肝不同的，叫心肝合一；
我曾把头脑完全相异的，叫头脑一致。
叫那些心地不良的人们去懊丧，
叫那些顽劣庸愚的人们受折磨。
我的子嗣们啊！
你们不要意志不坚；
不要内心沮丧；
但要谨慎坚定！"


又训示诸弟、诸子，降上谕说：
"从日出之地到日落之处，
蒙天恩赐，享有大地，
叫执掌社稷的诸弟、诸子出生，
将协同治理国家的众长老赐我，
叫我成为万邦的中心[24]，
诸国的纲纪[25]。
我自应充当中心，维护社稷安定，
充当纲纪，谨慎执掌国家。
我的诸弟、诸子啊！

---

24 原文为khadasun〔ghadasun〕，意思是"钉子"。蒙语称此极星为Altan Khadasun，
　意思为"金钉"，言其定而不移，故译为"中心"。
25 原文为arghamji，意思是"纲绳"。

你们要谨守正当传统，为了社稷，要作毕生的努力！"

"我的众长老们啊！

你们不要顾虑自己，为了国家要劝进谏言，提醒〔我〕！

得着贤能，不要使〔他们〕远离自己；

得着贤能，使用宝贝换取〔他们的〕喜悦，对你们仍有大利。

汗腾格里[26]把一切邦国都赐给我了！"

"我的儿子和子子孙孙们啊！

今后要小心，谨守我辛辛苦苦建立的社稷，

艰艰难难创立的功业！

创业虽难，如不谨守，崩溃就在瞬间。

〔我〕受尽艰难，开创基业，你们切要注意此点。

比起创业，守业更是要紧！"

"我的子子孙孙们啊！

你们与其自大，无宁记住旧训格言，

周立大志，莫如好自治理各方！

你们如果能抑制冲到嘴边的怒气[27]，

〔暴〕力和愤怒又制得住谁呢？"

---

26 原文为 Khan Tenggeri，可以译为"皇天"，但多少与原意不合。Khan Tenggeri，至今仍是崇拜的对象，是人格化的长生天。

27 原文做 aghushgi，即"肺"字，系指"气"字而言。

"我的子孙们啊！

不要心志高傲像一座〔高〕山，

山岳虽高，野兽仍可爬上它的峰巅。

即使心志〔宽阔〕像一片深海，

〔洋海虽深〕，人在其上仍可〔横渡〕不死。

不为他人所胜，这才是生而为人的指标！

你们的嘴虽然多，如果你们〔听见〕的声音少，仍是没有

益处[28]！

拿任何一种道理来比照，都可以敦品励行！

真言劝谏的人，比任何一件事体，都应受到尊重。

一个明瞭治国之道的人，胜过亿万的〔凡〕人。"


"我在黑林里行猎，为你们把雄野猪给抓得尽绝，

如果不能把雄野猪的族类彻底关住，

叫〔他们〕逃回黑林，必将成你们身体的祸患！

我在高山上行猎，为你们把熊子给抓得干净，

如果不能把野熊的子嗣管理得法，

叫〔他们〕逃回高山，必将成你们身体的忧虑！"


"旧衣服破碎了就刮在草丛上[29]。

礼法〔？〕若是断绝，可汗就和黔首齐观等量。

---

28　是指部属虽多，有口无言，不肯诤谏，有何益补的意思。

29　原文为 Kharghana，是一种矮小脆弱的木本小树丛。

新衣服裂开了就刮在蒿子上。

礼法〔？〕若是断绝，可敦就和婢女不分高下。

若无智慧能力，就是连胯下的山羊羔子，也不易杀着吃；

若有智慧能力，就是连山下的青羊羔子，也不难杀着吃。

针尖儿虽小，曾使许多可敦痛哭。

鲹条鱼虽小，曾把不少手掌划破，

抑制骄傲和暴力，运用智谋，才能充当众人的君主。”


“岩石多处，不易擒狐；

草丛多处，不易罗兔；

灌柳多处，不易寻牛。

可汗贤明，庶民之光；

红石多处，山羊群聚。

四善俱备，可汗之乐；

可汗贤明，庶民之乐；

丈夫良善，妻子之乐；

和平亲睦，万众之乐。”


“不知道可汗的恩典，等背离了正主之后，就会想起你可汗的恩典；

不知道丈夫的恩爱，等离弃了亲夫之后，就会想起你丈夫的恩爱。”


“可汗若是学庶民的性格、德行，必将失掉他的全国；

庶民若仿效可汗的品格、行为，必将毁坏他的头颅。"

"汗腾格里是可以崇拜的；

白水是不能煮成〔干〕饭的；

妇人女子是不可依靠的！"

有洪福的成吉思可汗曾教训合撒儿等诸弟，降上谕说：

"我把斡难河的河湾砍成渡口，

这是为了子子孙孙和斡儿朵所造成的渡口；

我把客鲁涟河的河湾改成渡口，

这是为了成器的亲族和房屋、车辆所造成的渡口。

今后我的诸弟、亲族，

切莫折断我所安放的渡口！

若听众人的闲话，想要折断呵，

就是砍断你们自己如乔木一般的身体了！

切莫违反蒙天佑护所定的制度！

若听心怀贰意之人的话，想要废掉呵，

就必被我的圣旨和法律所灭除！

切勿成为弟兄们的耻辱！"

圣成吉思可汗又降上谕叫蒙格秃·薛禅[30]说话，他就禀奏说：

---

30 蒙格秃·薛禅（Menggetü Sechen）的"薛禅"一辞是尊称，乃"贤明"之意。"秃"字是接尾语，表示"具有"之意，也有时是人名的一部分。此人可能是九十五个千户中的蒙格（Mengge 或 Möngke）或篾格秃（Megetü 或 Menggetü），均见《秘史》第二〇二节（卷八）。第二七〇节有蒙格秃，太宗遣作西征的搠儿马罕的后援，惟不敢断定是否此人。

*49*

"从前有一条千头独尾的蛇，它的头想各走各自的方向，互相牵制，被车给轧死了。还有一条千尾独头的蛇，它的尾巴都跟从那唯一的头钻进一个洞里，而没有被车轧着。正像这条蛇一般，我们来做你一千个尾巴，谨慎效力!"

之后，他又说:(也可能是别人说的，原文不清楚。)

"破坏宴会的是风雨;

破坏围猎的是悬崖;

破坏网罟的是狐狸;

破坏〔好〕梦的是恶行。"

当宴会终了之后，斡惕赤斤那颜离别的时候，他很感佩的对圣成吉思可汗奏禀说:

"追随着我的可汗哥哥，

充当你囊中的〔利〕箭，刹那之间也不落后[31]，

充为你〔准备〕的从马，砍杀之际从不踌躇。

向敌冲杀之前，〔我们〕共同放马吃草;

纡回而上之前，〔我们〕共同放马饮水;

围猎苍狼的时候，〔我们〕共同围猎;

狩猎黄狐的时候，我们一齐狩猎;

我们那般一致的行动，才镇抚了万邦万民!"

---

31 关于斡惕赤斤从不落后之事，请参照《秘史》第一九五节（卷七），札木合赞佩他的一段话。

圣成吉思可汗，感谢上天，降圣旨说：

"你使大地之上，除了我自己的社稷，别无其他〔国家〕。在我之上，不叫再有其他权力；但是我的帽子还要〔戴〕在我的〔头〕上。"说着就摘下帽子，放在后边，叩头〔祝祷〕。那天〔可汗〕很尽兴的喝了〔许多〕葡萄酒[32]。

如此有洪福的成吉思可汗，把百姓〔分封〕给诸弟、诸子；把〔全〕国希望〔所系的〕社稷的要领，提纲携领的降下圣旨教训了〔他们〕。

在这一段长篇的谈话之中，除去一些蒙古俗谚之外，有不少地方显示出成吉思汗和当时蒙古贵族们的政治思想和性格，以及若干维系蒙古帝国统一的原则，这都是值得注意的。

在《黄金史》下卷第三十页第八行第九字Shitü，与同页第六行第七字metü相对等，证明它们都是"像""如"或"类似"之意。Shitü一字在元代以后很少见。柯立夫（F. W. Cleaves）教授曾在《论大元敕赐故诸色人匠府达鲁花赤竹〔温台〕神道碑》（"The Sino-Mongolian Inscription of 1338"）一文中论到此字（见《哈佛亚洲学报》卷十四，第一、二两期合订本，第八十页注五十四）。

---

32 原文作darasu，系突厥语"黍米酒"之意，今乃蒙语黄色酒类之总称，当时也可能是指葡萄酒而言。《秘史》续卷二第五十六页上有"孛儿—答剌速"一词，旁译是"葡萄酒"。

《秘史》从未提及可汗饮酒（马湩除外）之事。《元史·太祖本纪》也没说过。惟卷一一八《阿剌兀思·剔吉·忽里传》说："阿剌兀思·剔吉·忽里……（遣使）奉酒六尊……时朔方未有酒，太祖饮三爵而止。曰：'是物少则发性，多则乱性。'"可知太祖是饮酒不过量的。《多桑蒙古史》中也有可汗劝人少饮的嘉言（见冯承钧译本上册第一六二页）。

## 十一、豁阿·薛禅（Go'a-Sechen）向可汗末弟斡惕赤斤那颜（Odchigin Noyan）讲治国的要领

这一段见《黄金史》下卷第三十四页第十四行至第三十六页第五行之处，与前面可汗与诸子及功臣们谈话的那一段相接，该当于《秘史》第二四三节（续卷二）可汗分封诸弟、诸子，并派勋臣襄助管理百姓的记事之后。

《黄金史》说：

斡惕赤斤那颜向成吉思可汗话别。出来之后，就问忙忽惕（Mangghutai）氏的豁阿·薛禅〔原文作唐古惕台（Tangghutai），乃 Mangghutai 之误〕[33]说："我如今受分〔封〕离开了可汗哥哥，〔请问〕可汗治国之道是什么？"

豁阿·薛禅说："你问的有理，可汗治国的道理是像太阳一般的无差别，像湖泽一般的能容物。其〔真正〕意思三天也不容易弄明白。"

斡惕赤斤那颜说："豁阿哥哥，你〔这〕话的意思，我不明白是什么话？"

豁阿·薛禅说："我说可汗要像太阳一般无差别，就是说太阳升出来对于好的、坏的、活的、死的，都一律平等的，送出它的光和热。可汗若是存心这样的平等，国民怎能不满意

---

33 《黄金史》中字母讹误之处甚多，这就是一个实例。同书在下卷第五十三页第四行，也将忙忽惕氏的忽亦勒答儿·薛禅，误为唐古惕氏。这是蒙文字母 m 与 t 的讹误。

呢？我说要像湖泽一样的能容物，就是说无论好的、坏的都进入湖水之中，好坏畜类都进去饮水，〔且把湖水〕弄脏，湖泽却毫不介意的，把它们都容纳起来。做可汗的人也要那样存心〔宽大〕，听到好话、坏话之后，就以真诚来察听它的真伪，不采纳〔有意〕挑拨破坏的话。公公平平的听取〔各种意见〕，〔这样〕伟大的国家怎会破裂呢？"

斡惕赤斤那颜对忙忽惕氏〔原文作 Tangghutai〕的豁阿·薛禅说：

"用冰冻的枯树枝拨火，

能把熊熊的青焰弄灭；

将〔国〕事委托给不足信靠的人，

整个国家都要吃苦。

用有水的枯树枝拨火，

能把炽炽的火焰弄灭；

将〔国〕事托给器量狭小的人，

国家人民全遭伤害！"

就这一段（尤其是斡惕赤斤所说的这一段韵文）的用字来说，它与《秘史》多半是一样的，例如：一、"枯树枝"作 khochighula=khochi'ula〔khujighula=khuji'ula〕，就是《秘史》卷一第十七页上的"豁只兀剌思"，旁译作"枯树"。二、"整个"或"全体"作 gür，就是《秘史》卷四第三十一页下的"古儿"，原汉译作"普"字。三、"人"字作 aran，就是《秘史》卷一第三十五页上的"合剌泥"，原旁译作"人行"，其音为 kharan-i。字首的喉头摩擦音

kh，在元代中叶之时，似已消失。i是役格（accusative case）的格助词。今之arad（人民）就是它的复数形；但aran一字早已不见使用[34]。这几个字都是除《秘史》以外不常见使用的字。因此可以推测这一段必是《秘史》时代或其略后的一个残篇断简，与喇嘛教兴盛后的文词迥然不同。

斡惕赤斤以可汗末弟之身份，在可汗出征时，多任大本营留守，且与其母后共分得一万百姓（《秘史》第二四三节），居诸弟之首。又《元史》卷一〇七《宗室世系表》中，列有铁木格·斡赤斤国王位（见百衲本表第二第四页上）。又卷二〇八《高丽传》亦有称斡惕赤斤为皇太弟国王之处（见百衲本列传第九十五第二页上下）。所以他询问治国之道，当然是有他的道理了。

又《秘史》第二四三节（卷十）说，可汗给斡惕赤斤所委派的辅佐是曲出、阔阔出、冢率、豁儿豁孙四个人，不见豁阿·薛禅其人。薛禅是贤明之意，可能是这人的尊称，但不知这一位忙忽惕氏的豁阿究竟是谁，颇为遗憾。

## 十二、成吉思可汗封木华黎为国王、丞相、太师和忽亦勒答儿之子对他的劝诫

这一段见《黄金史》下卷第五十三页第二行至第七行之处，原文是：

---

34 元顺帝元统三年（一三三五）所立之《蓟国公张氏先茔碑》之蒙文中有此字并其复数形，见《哈佛亚洲学报》第十三卷一、二两期合订本（一九五〇）之蒙文影片，及柯立夫（F. W. Cleaves）教授有关该碑文之研究，第七十九页。

　　有洪福的圣成吉思可汗君临全国，在斡难河源建立九斿白纛旗，〔赐〕给札剌亦儿氏的木华黎国王、丞相、太师的封号。忙忽惕氏忽亦勒答儿（Mangghutai Khuyildar，原文误为 Tangghuttai〔Tangghudtai〕）[35]之子，忙哥·合勒赤兀（Möngke-Khalchi'u）说：'不要因国子而自尊，不要因王爵而骄傲，不要为丞相的名分而盈满，不要为太师的名分而造次[36]，不要为恩赐的饮料而陶醉，不要为〔葡萄美〕酒[37]而颓废！要更加倍的效忠！"

　　木华黎封国王事，见《秘史》第二〇二节（卷八）。这节是《黄金史》所遗漏诸节之一。《秘史》只说可汗封给他国王的名分、千户（第二〇二节）和左翼万户（第二〇六节），没有提到太师和丞相。《元史》卷一一九《木华黎传》说："丁丑（一二一七）八月，诏封太师、国王、都行省承制行事，赐誓券、黄金印，曰：'子孙传国，世世不绝。'"（见百衲本卅七册列传第六第四页上）可知太师的封号是有的，惟丞相（chingsang）之称，无从查考，或即丞制（chingji）的讹转。

　　忙哥·合勒赤兀见《元史》卷一二一《畏答儿（即忽亦勒答儿）传》，那里说："太宗思其〔父畏答儿〕功，复以北方万户封其子忙哥为郡王。"（见百衲本列传第八第十五页上）忙哥就是这里所说的 Möngke Khalchi'u。

---

这一段的文字中，如"国王"（Güi-ong）和"造次"（deleme），都是合乎《秘史》用字形态的。

## 十三、可汗对子嗣或亲族的教训

见《黄金史》下卷第五十三页第八行至第五十四页第三行。这里说：

成吉思可汗教训他的众亲族，降上谕说：
"滚滚江河〔中〕的鱼，
在不注意中，冷不防的，会被〔鱼〕网捞去；
若是聪明警醒呵，就应藏在江河的深水里。
要了解体会智慧人的话语，作为〔你的〕箴言；
若是愚昧人说话，就可看〔他〕一眼，赶快走开！
不涸深潭〔里〕的鱼，
在不注意中，冷不防的，会被〔鱼〕叉捉去；
若是警醒聪明呵，就应藏在不涸的〔潭〕水里。
要警惕思考正直人的话语，作为你的箴言；
若是虚伪人说谎，就可望〔他〕一眼，急速走开！
你们要明白切记在心！"

这一段我们还没有见于他书，无从判断它是否由后人所作，或真是可汗所说的箴言（bilig）的一部分。不过在佛教普及之后，蒙古人不再捕鱼，也不大注意鱼，则是事实。所以至少这一篇是在佛教普及以前的记录。

## 十四、札木合被俘后所说的话与可汗处决出卖札木合的人

这一段见《黄金史》下卷第五十四页第十行至第五十五页第八行之处，在《秘史》中，这一段原是记载在第二○○、二○一两节（卷八）的。《秘史》第二○○、二○一两节为《黄金史》所脱落的重要各节之一，这里所记的，可以说是《秘史》第二○○及二○一两节的要略。其原文如下：

> 札木合心怀贰意，背离成吉思可汗而去，他的伴当把他擒住，送来了。可汗降旨说："札木合安答说吧！"札木合说："被贤明的安答所胜，〔倒〕没有什么。〔只是〕灰色的鹰出翔不利，折毁了它的羽翼。黔首顽奴与可汗为敌，应砍断他的头颅。我札木合心怀贰意，如今我的伴当们把我给捉来了。〔他们〕没有散开的时候，已经把我〔像〕猪仔〔一般的〕捉捕了，〔他们〕若是各个自立，〔岂不〕捉捕鸿鸟仙鹤吗？快把我斩决！我的伴当〔由你〕处置！"成吉思可汗降圣旨说："对！以此为众人的法度（khauli）！我们在这里的伴当们，今后可要以此事为鉴！"于是把他的伴当们都处死了。

这一段，可能是《黄金史》的编者，由一部散失的蒙文史书中，或从一个片段的残简中抄来的。

## 十五、成吉思可汗对他诸子志趣的批评

见《黄金史》下卷第五十五页第九行第五十七页第十一行，这

里说：

　　成吉思可汗和他四个儿子一同饮酒，首先拙赤醉了，其次察阿歹醉了，再其次拖雷醉了，最后斡歌歹与可汗兴尽而散。翌晨聚会的时候，谈到昨天喝醉的原因，可汗说："我儿！你们坐在这里谈谈昨天你们所想到的，我先到前边去和长老们商谈国事。"到了前边〔可汗〕就派一个扫地的人去，〔对他〕说："去看看我儿子们说什么？"

　　那时〔皇〕子们正在谈论什么是最快乐的事。拙赤说："我想谨谨慎慎的牧养家畜，挑选最好的地方叫斡儿朵安营，大家在一起宴会享乐，就是最快乐的事。"察阿歹哥哥说："在我想来，克服敌人，击溃反叛，叫有骆驼羔儿的人们能给幼驼穿鼻孔。长征去把戴固姑冠的〔美女〕掳回来，是最快乐的事。"斡歌歹说："我想使我们有洪福的汗父艰艰苦苦建立的大国，得到平安，叫〔百姓们〕手有所扶，足有所踏[38]，使国家人民长治久安。公平的执掌国政，使年老的长辈们享安乐，叫生长中的后生们得平安。这才是最快乐的事。"拖雷说："〔骑上〕调练好的良驹，驾着训练好的猛鹰，到深泽行猎，去捉布谷鸟。〔骑上〕调练好的花斑马，驾着红色的海青鹰，到山谷行猎，去捉花斑鸟儿，是最快乐的事。"

---

38　就是安居乐业的意思，原文为 Kölanu köser-e gharanu ghajar-a talbi'ulju jargha'uluya。同语见《秘史》第二七九节（续卷二第四十七页上）太宗所说的一段话之内。

那个扫地的，去把这些话完全告诉了成吉思可汗，可汗说："拙赤从小就喜爱家畜，所以他那么说。察阿歹从小就和我一同〔从征〕建立国家，所以他那么说。拖雷说了不成大器的话。斡歌歹的话实在好！"

在《圣成吉思汗格言拾遗》第五十页第四行至第五十一页之处，也有相同的记载，只是文字比较简练。可知《黄金史》所保留的是比较原始的材料。在这一段中，称察阿歹为Chaghatai akha，即"察合台哥哥"之意。这是斡歌歹可汗（太宗）对他的称呼，也是太宗时代一般人对察阿歹的尊称。《秘史》续卷二的第二七〇、二七一、二七六、二七七等节，对察阿歹的称呼都是如此。现在在可看到的蒙文文献中，极少有说拖雷之缺点的。以前纵然有过，恐怕也因拖雷的系长期掌握蒙古大权而都给改窜了。这篇除记载成吉思可汗对拖雷的不满意之外，并记述他对斡歌歹的嘉纳。可能这也是可汗愿意立他为皇储的原因之一。由于称察合台为哥哥（akha），并且这里记成吉思可汗对拖雷之不满和对斡歌歹的喜悦，都使我怀疑这一段原文是太宗时代所追记的史料。

## 十六、成吉思可汗的几句格言

见《黄金史》下卷第五十七页第十二行至第五十八页第十二行。其中前一段见《成吉思可汗传》和《圣成吉思汗格言拾遗》，后三段则为《黄金史》所独有，兹汉译之如下：

奉上天之命，生而有洪福的，圣成吉思可汗降上谕说：

59

"心怀贰意的男子算不得男子，可以唤做女人；

一心一德的男子不再是男子，可以称为宝器；

一心一德的女子，不再是女人，应当视同丈夫；

心怀贰意的女人，也不是女人，不过是一只狗[39]，

像这样的人怎能做为伴当呢？"

（这一段见《成吉思汗传》第七十五页上第八至十一行，文词全部相同。《圣成吉思汗格言拾遗》第四十二页第二至五行也有同样意思的四句格言，但是文字略有不同。）

成吉思可汗降旨说：

"庶民若是喝了纯酒（khara darasu），就认为比什么都强。

苛政若是临到头上，那将要比猛犬还坏。

老鼠若是尝了粮渣（ghorusun, ghorsun?），就像做了可汗一般，

狐狸若是逃脱跑来，就要彼此争夺洞口。"

成吉思可汗又降上谕教训〔人〕说：

"在门上〔划破〕出血，屋边的土可以来救；（意思是用土止血）

厮杀死战〔陷于〕敌中，故旧亲族前来营救。

---

39 《秘史》卷七第一八八节，说王汗之子桑昆逃离旷野，他的马夫阔阔出要弃他投奔成吉思汗，阔阔出的妻子责备她的丈夫，并且把桑昆的金碗给桑昆，好叫他在路上喝水。这时她曾说"人家说女人有狗脸皮"，不得其解。想这一段格言必是按当时的俗语所说的，足以作那句话的解释。

前额上流出血来，向阳的土可以来救；

冲杀死斗〔陷于〕敌中，年老精锐的亲族前来营救。

平静的年份，巩固和平，储备激变时的应用。〔你们〕要谨慎节省！"

## 十七、成吉思可汗与豁阿·薛禅（Go'a Sechen）的谈话

见《黄金史》下卷第五十八页第十二行至第五十九页第八行。

成吉思可汗叫豁阿·薛禅说话，豁阿·薛禅说：

"我的才能，上了山岗；我的聪明，进了原野，早就不在我记忆中了。

锋利的钢，若是钝的，不用磨石，不能割物；

快马良驹，若是瘦了，不生筋肉，不能奔驰；

猛狮力强，若是老了，仅能防护〔它的〕颈项；

良驹骏马，若是老了，惟有听从人的指使。"

（这一段话见《圣成吉思汗格言拾遗》第四十五页第五至十行，只是末一句作"豪杰老了，也要听他儿子的话语"。）

〔可汗〕还叫他说，他就奏禀说：

"最好的衣服莫过铠甲，但不能在宴会上穿它。

最好的字句莫过数字，但不能把它完全数尽。"

〔这一段见《圣成吉思汗格言拾遗》第四十六页第一、二两行，只是后一句的"数字"（togha=to'a）作为"清朗"（tungghalagh）。《成吉思汗传》第七十七页下第三行至第

七十八页上第一行之处文字相同。〕

可汗说："把话里边当说的都说了，也没有〔什么〕再可以说的了。"

由本节第九项和这一段来看，我们可以推知豁阿·薛禅必是一位善于言词的宠臣。

## 十八、成吉思可汗和忽亦勒答儿的一段谈话

见《黄金史》下卷第五十九页第九行至第六十页第十行，《黄金史》说：

忙忽惕氏的忽亦勒答儿·薛禅对成吉思可汗禀奏说：
"与其保有〔堆积〕如山的黄金，
莫如谨守〔小〕似口腔的智慧。
身外之物不及性命重要。
说出一百句话，莫如守住一种德性，
说出一万句话，莫如做好一件正事。
万句话中，〔能说〕对的〔不过〕一件，
百句话里，〔好的〕品格〔或〕有一种。"（意思是为政不在多言。）
（《成吉思汗传》第七十八页上第一行至五行的记载相同，只是末句的"品格"——jang 作 janggi，意思是"结"字。也就是说，话有百句，要旨则一。）

成吉思可汗说：

"我黄金的身躯若得安息呵，恐怕我伟大社稷就会松懈。

我伟大的身躯若得休息呵，恐怕我的全国就会发生忧虑。

我黄金身躯劳碌，便叫它劳碌吧，免得我伟大的社稷松懈。

我伟大的身躯辛苦，便叫它辛苦吧，免得我的全国〔发生〕忧虑！"

成吉思可汗问忽亦勒答儿说：

"动物之中不能追的良驹是什么？〔人〕所不能及的智慧是什么？"

忽亦勒答儿回答说：

"野山羊是动物之中〔不能追及〕的良驹。

省察品德，量力而行，是人所不及的智慧。"

《黄金史》原文误作 Tangghudtai Khuyilder〔Khuyildar〕Sechen，前此亦有相似的讹误，斯钦已于本节第十一项注 33 加以说明。忽亦勒答儿在王汗冲袭帖木真时，身先士卒，负伤而死。事在帖木真第二次即大汗位之前，见《秘史》卷六第一七〇及一七五节。不过这两节都属于《黄金史》的缺漏部分，这一段谈话可能是对往事的追述，现在我们无从考证它是《黄金史》的编著者罗卜桑丹津氏从哪里抄录来的。我们从《元史》卷一二一《畏答儿传》来看，他所以被称为"薛禅"的原因，可能是因为他聪明且善于言词之故。《元史》说："畏答儿，忙兀人……与兄畏翼俱事太祖。时大畴（Taichi'ud〔Tayichi'ud〕）强盛，畏翼率其属归之。畏答儿力止

63

之，不听。追之，又不肯还。畏答儿乃还，事太祖。太祖曰：'汝兄既去，汝独留此何为？'畏答儿无以自明，取矢折而誓曰：'所不终事主者，有如此矢。'太祖察其诚，更名为'薛禅'，约为'按达'。'薛禅'者，聪明之谓也。'按达'者，定交不易之谓也。"（见百衲本列传第八第十四页下）

## 十九、成吉思可汗及察阿歹，对处分擅离宿卫"怯薛"职守 的失烈门的意见

见《黄金史》下卷第六十二页第十行至第六十四页第十行。《黄金史》说：

兀忽儿台〔氏〕的失烈门（Ughurtai-yin Seremen, Shiremün）擅自离开了他在宿卫中应值的班。当可汗父亲还没有对那些庶民说什么的时候，察阿歹哥哥就说："处决失烈门，给众人作个警惕！若是不能处决失烈门，那还怎样治理众百姓呢？"

兀忽儿台〔氏〕的失烈门说："在还没有生你察阿歹的时候，在还没有收抚众百姓的时候，我就向你汗父效力。

〔我曾〕用腿拨开〔那〕令人发颤的寒雪，

在腋下夹着满了汗污的马鞴，

用牙缝的一点肉充饥过宿，

用嘴里的一点唾沫来解口渴。

在你的宴会[40]，〔我〕曾竭力侍奉，

---

40 原文为 dui（《黄金史》下卷第六十三页第六行），旁注为 Khurim（宴会）。

对你的人民，〔我〕曾尽力效劳，

在你血战中，〔我〕曾立下血汗〔战〕功。

坚韧像熟好的牛皮条，红涨着脸，似红的柽柳条[41]。

你的可汗父亲，曾叫我的祖先，

骑上他的战马，

拿着他的兵器。

赏给他自己的衣服，

分给他自己的食物，

叫做他部属的首长，

赐给优渥的恩宠。

当我还小的时候，

叫我睡在他的腿旁，

叫我骑在他的马上，

用手摩抚我的头，

视我如同他亲子。

你的汗父虽然生而愚憨，〔可是〕把所收抚的少数百姓渐渐变成了海洋[42]。你生来比你父亲明敏，但愿你能长久掌握所收抚的百姓！快把我处决吧!”

成吉思可汗降圣旨说:“把谁建立的谁来拆散呢？把谁收抚的谁来折磨呢？等我离开之后，再折磨〔他们〕，在我还活

---

41 原文为 sukhai（同第六十三页第八行），是一种柽柳或柳条子。《蒙汉满三合》第七册第七十三页下，说:“sukhai mod，树名，似柳而坚，色红可做鞭杆，打有胎的马，马脱胎。”

42 原文为 na'ur（同第六十四页第一行），乃“湖泽”之意。兹暂译为“海洋”。

着的时候，不要叫他们受折磨了！"

等察阿歹哥哥出去之后，成吉思可汗降圣旨说："察阿歹对！失烈门，你错了！因曾多次出力，〔这〕一次饶恕了你，可是要小心别人效尤！"

关于"怯薛"无故不值班的处分，《秘史》第二二七、二七八两节言之详尽，并无擅离职守立即予以处决的规定。可能失烈门所犯的过失较为重大。据这一段的记载，失烈门本身似为勋臣之子，且为可汗特别恩宠。可惜在其他史料中，一时查不出他的经历。《多桑蒙古史》有三处记载察阿歹执法甚严（冯承钧译本上册第二一五、二一七、二一八页），颇合此处所描写的性格。这一段写察阿歹的执法严正，正好托衬出其父成吉思可汗却是一位极富人情味的君长。他曾赦免失烈门，但仍在察阿歹的背后，称赞他的严正。这种描写，可以增加我们对于成吉思可汗的认识。

## 二十、成吉思可汗对断事官们的训示

这一段记事见《黄金史》下卷第六十四页第十行至第六十五页第二行。这里说：

成吉思可汗关于词讼之事〔任命了〕断事官员，降旨教训他们说："可汗的社稷，不能在黑暗中得圆满，不能被友伴们所侵蚀[43]。要一心一德的去做事。小心不要偏袒了任何一方，

---

43 意思是要光明正大，不得徇私。

所说的不得有差别。未犯重〔罪〕的，不得从重〔刑罚〕。不
要让有所声辩的人哀号。不要让善于言词的人闪烁诡辩。你们
不要在底襟上系了铃铛，不要在〔裤〕裆里带上雪橇！"⁴⁴

《秘史》第二〇三节（卷八）记述可汗任命失吉·忽秃忽为
全国大断事官之事，第二三四节（卷十）记述可汗命宿卫在失
吉·忽秃忽审案时听词讼之事。这一段训示足补上述两节的不足。
《元史》卷八十五《百官志一》称："太祖起自朔土，统有其众，
部落野处，非有城郭之制，国俗淳厚，非有庶事之繁，惟以万户
统军旅，以断事官治政刑，任用者不过一二亲贵重臣耳。"（见百
衲本志第三十五第一页上）这一段可能不是对失吉·忽秃忽，而
是对宿卫中一般听词讼者的训示。

## 二十一、老妇人乃马勒真（Naimaljin）论王汗⁴⁵

见《黄金史》下卷第六十六页第八行至第十行末字，这里说：

　　成吉思可汗〔与〕王汗两人称为父子，互相亲睦的时候，
老妇人乃马勒真曾论客列亦惕的王汗说：
　　"若有两个太阳升上〔天空〕，
　　所有井水都要干涸；

---

44　意思是不要掩耳盗铃，绊着自己的腿脚。
45　田清波再在他写的《黄金史》序文中，按札木萨喇诺氏的看法，认为这位老妇人
　　是克烈亦惕族人，并且这一段话是给王汗说的。似乎是疏忽之处。见札氏书英译
　　本第七十六页及哈佛版《黄金史》第十七页。

> 若有两个可汗即了〔大〕位,
>
> 整个国家就要遭殃!"

这一段可以与《秘史》第一八九节(卷七)对照。《秘史》第一八九节称塔阳汗说:"如今他们也存心要做可汗吗?在天上有日月两个有光的,这是为了要照亮〔人间〕而有的日月。〔可是〕在地上怎能有两个可汗呢?"(以上是斯钦新译。)原译是"天上只有一个日月,地上如何有两个主人?"(见《秘史》卷七第十三页上。这是意译与原文略有出入。)可知十二世纪末叶,在蒙古所谓"天无二日""民无二君"的说法,已是极普遍的思想。这种思想对成吉思可汗统一蒙古的运动,必有相当的影响和帮助。

"乃马真"原文 Naimaljin,看来很像 Aimaljin,但是《黄金史》若干部分是用古体字的写法,a 和 na、j 和 y,都不加分别。今日写在"那"(-na)字之前加一标点,以示与"阿"(-a)字的区别,古写则无此一标点。kh 与 gha 的标点也正相反。所以容易误认。札木萨喇诺氏就把它读作了 Ayimaljin。(见田清波氏序文,哈佛版《黄金史》第十七页,及札氏书英译本第七十六页末尾。)按《元史·后妃传》称:"太宗昭慈皇后,名脱列哥那,乃马真氏。"(百衲本列传第一第一页下)乃马真氏就是这里所说的 Naimaljin。

## 二十二、几句谚语

见《黄金史》下卷第六十六页第十一行首字至十四行第二字。这几句话,和它后边一大段,在排印上看起来,好像都是老妇人乃马真所说的;可是文意不相连贯。头一段是说两个可汗不能并存。这一段是叫为政者警惕的几句话，似乎是当时的谚语。再下面的一大段，应当是可汗对万户、千户、百户们的训词。所以我分它为三个不同的段落[46]。这几句话虽没有什么重要性，但为连贯起见，也把它译出于下：

拿雄驼来当骆驼用，就会挣断了穿〔它〕鼻孔的缰绳[47]。
奴隶若是当了"那颜"（长官），就会不顾他的今后。

湿的被子可以灭火，用无知恶汉当使臣，就要使全国遭受损害。
山羊、绵羊的羔儿虽小，可以吃光河湾洼地的茂草。

## 二十三、可汗对万户、千户、百户"那颜"（长官）们的训示

见《黄金史》下卷第六十六页末行至第六十八页第二行。《黄金史》在这里虽然没有说明这是成吉思可汗的训示，但从文字上我们可以断定它是一篇上谕原文：

〔出征时〕连〔老〕父都不挂念，一齐〔杀〕到〔敌前〕的千户"那颜"们听着！血腥的敌人进犯，像岩石一般的坚定不移，迫退〔强敌〕的百户那颜们听着！〔想〕从太阳的后边抓住云彩，一出生就想得到权柄的人们，〔要知道〕那吃掉山

---

46 田清波氏就把它们都列在一起，看来好像都是老妇人乃马真所说的，似与原来的文意语气不合（见哈佛版序文第十七页）。
47 通常所用的骆驼都是去势的，不去势的雄驼，只留做种驼用，凶猛力大，不能使用。

羊羔的原是在它自己身上的蝇虻。每一单位（khari）想比其他单位还骄傲，那就要毁灭他的自身了！

不要为了被公黄羊的角顶了一个洞，就破坏国家！

不要为了被公羊的角顶了一个洞，就离弃故旧！

不要为了被牡牛的角顶了一个洞，就与恶人挽杂！

不要揪坐着的胡子，

不要动躺着的大腿。

居家之时要比花牛犊还温顺，到了战场要比青鹰还要敏捷。

对待人民要比□牛犊还温顺，到了阵地要比猛鹰还凶猛。

在热情中要比黑牛犊还要温顺，遇到厮杀要比黑海青还强硬。

居朝谨慎虽觉卑微，若能努力效劳，〔我〕就叫〔他〕做万户的那颜。

身穿难看的白磏皮袄[48]，若能好好的尽力，我就叫〔他〕做有席位的那颜！[49]

这一段文字非常古老，即使不是《秘史》时代的记录，恐怕也不会是太晚的作品。在《黄金史》下卷第三十八、三十九两页和《成吉思汗传》第十一页，都有可汗指示速别额台的一段话。告

---

48 蒙古一般百姓，冬季的皮袄，都不调绸缎或布的面子，华北称为"白磏皮袄"。蒙地有时用烟或染料把皮板染成淡黄色，就是这里所说的sarisun。

49 在可汗面前能有席位，当然是勋臣的殊荣。关于席位，请参照《秘史》第二〇四及二一六两节。

70

诉他平时应当如何，战时应当怎样。文词与这里所说的三句话大致相仿，不过那是插入在一段不大可靠的记事之中（见本文第三节第九项），可能是这一段话的转录。在这本《黄金史》上卷第一〇四页，有可汗嘉奖字斡儿出的一段话，大致也与这段话相仿（见本文第三节第六项）。斯钦怀疑那是《黄金史》编著者把较晚的一篇诗歌加杂进来的，也可能是这一段的转录。按多桑书称，成吉思汗曾云："在和平时士卒处人民中，必须温静如犊；然在战时击敌，应如饿鹘之搏猎物。"（见冯承钧汉译本上册第一六〇页）可证这一段话确实是有它的来历。

## 二十四、有关成吉思可汗时代重要言行的记录

见《黄金史》下卷第六十八页第二行末字至第四行末尾，这里说：

> 如今为留给后世作为规范（khauli，也可译作"法律"），把有洪福的成吉思可汗时代贤能们押着韵所说的话，都写在册上。

以上寥寥的这几个字，显然是说明在可汗崩御之后所作的记录。这似乎是应当属于箴言（Bilig）的范畴之内的。关于"册"（debter），《秘史》第二〇三节（卷八第三十一页上）作"迭卜帖儿"，"青册"作"阔阔一迭卜帖儿"（Kökö〔Köke〕debter）。在《秘史》第二〇三节中，成吉思可汗任命失吉·忽秃忽为大断事官之后，降旨说："把全国百姓分成份子的事，和审断诉讼的事，都写在青册上，造成册子，一直到子子孙孙，凡失吉·忽秃忽和

我商议制定，在白纸上写成青字，而造成册子的规范，永不得更改！凡更改的人，必予处罚！"可见《黄金史》上的这几个字，足证在蒙古确曾有不少类似的残篇断简，也足以证明《黄金史》中所转录的若干格言，确有它的来历，同时也使我们因此而提高对《黄金史》的评价。《成吉思汗传》约有三分之一（后部）的篇幅，也多类此的记录。可能也是来自同样的原始史料，只是当时的著者并未说明它们的出处，实在可惜！

　　《黄金史》在记录这一段重要文字之后，就写羊儿年（一二一一）成吉思可汗征金的故事，也就是转入《秘史》续卷一的首节，即第二四七节，直至第二五三节之尾，文句上大致没有什么出入。（《黄金史》下卷第六十八页第四行末字至第七十六页第五行之末。）

## 二十五、成吉思可汗自撒儿塔兀勒（Sarta'ul，即花剌子模）凯旋，以战利品赏赐诸子及孙儿忽必烈

　　这段见《黄金史》下卷第八十六页首行至同页第九行，正是加在《秘史》第二六四节（续卷一）末尾一句之前的。《黄金史》在述说巴剌（Bala）那颜自印度凯旋，并成吉思汗在额儿的失河过夏之后，就说：

　　　　已经七年了，〔可汗〕带着撒儿塔兀勒人众凯旋的时候，派使者到各斡儿朵去，叫把王子[50]们带来〔谒见〕。经过兀塔

---

50　原文在"王子"（Kübegün〔Köbegün〕）之上有khorghughtai一字，字义不详。（下卷第八十六页第二行）

儿（Otar）岭的时候，又派使臣去叫右翼诸王急速来〔会。他们〕听到就赶快动身。当成吉思汗在合剌—札亦儿（Khara Jayir）地方的时候，就〔都〕来了。在那里成吉思可汗按颜色分类，把海青鹰、战马，并撒儿塔兀勒的儿童，赐给王子们。〔右翼〕诸王尚未走完，亲王忽必烈[51]等〔也〕全都来到。〔可汗〕就从撒儿塔兀勒的战利品中，把大部分赐给亲王忽必烈。鸡儿年（一二二五）秋天，〔可汗回〕到土兀剌（河）黑林的斡儿朵住下。

这一段记事中只称太祖为成吉思可汗，未用"有洪福的"（Sutu）和"圣贤的"（Boghda）等尊称，笔法一如《秘史》。不知这一段是否为当时的记载，而为《秘史》所脱落者。关于可汗到达土兀剌河黑林大本营的时间，《秘史》说是鸡儿年的冬天。《黄金史》说是在秋天。这一点是有出入的。但多桑根据拉施特书（《史集》），说是一二二五年的春天（二月），时间则又更提早了一些。

按《多桑蒙古史》称："一二二四年夏冬二季，成吉思汗全在道中，其二孙儿忽必烈、旭烈兀，即后来君临东西两国之名主也，自叶密立河附近，及乃蛮、畏吾儿旧日分界之地来见。忽必烈时年十一，射获一兔，旭烈兀九岁，获一鹿。蒙古俗儿童初猎者，应以肉与脂拭中指，兹成吉思汗亲为二孙拭之。复行至不哈速赤忽（Bouca Soutchicou）之地，设宴犒赏其军。一二二五年二月还

---

51 原文作"忽必烈可温"（Khubilai Kübegün）。"可温"（Kübegün），《秘史》译为"大王"，即亲王或宗王之意。

其斡耳朵。（注一：见《世界侵略者传》第一册。——《史集》。）"
（见冯承钧汉译本上册第一三三至一三四页）足证这一段记事，与
《史集》相同，或为《秘史》所遗漏。

## 二十六、成吉思可汗对拙赤及察阿歹的分封，以及可汗与孛斡儿出对拙赤的教训

见《黄金史》下卷第八十六页第十行至第八十九页第八行，这里说：

有洪福的圣成吉思可汗遣其子拙赤出镇乞卜察兀惕〔即钦察〕，察阿歹驻撒儿塔兀勒人〔即回回〕之地。〔可汗〕叫他的两个儿子拙赤、察阿歹前去驻〔守〕的时候，降上谕教训他们说：

"我不是要把你们分出去，派到自己以外的国里，乃是好意分〔封你们〕，

去管理我所占领的，

镇抚我所得来的。

开疆拓土，

辅佐社稷，

成为我连栋的房舍，

连肢的身体。


怎能说已由家里分出，就生离怨的心呵；

〔其实〕仍是住在〔老〕家的右舍，互通音问。

怎能说已从老群分出，就要各行其是呵；

74

〔其实〕更须团结一致，才合马群的性格。

我的<sup>52</sup>子子孙孙们啊！
兄弟之间，务要〔和谐〕，
为我前驱冲破〔敌阵〕！
呐喊呼唤，务必谨慎，
前驱冲过几重海洋！

彼此邀请，你们如何互相援助！
高声呼唤，你们岂能不相团结！
举帽相招，你们怎能望而不救！

彼此住在遥远的地方，
你们还争谁是谁非〔吗〕?
争论的时候要多多思虑！
彼此住在远隔高山的地方，
你们还说谁是谁非〔吗〕?
各要互相支援、团结、和睦！
叫伟大的国家人民，都按着智慧，和社稷的道理去做！
立下好名誉，正是〔你们〕首务之急！"
如此降下了圣谕。

---

成吉思可汗叫拙赤哥哥出镇乞卜察兀惕人的时候，叫孛斡儿出"那颜"教训〔他〕。孛斡儿出就说：

"拙赤亲王[53]听着！你的可汗父亲叫你出镇土地广阔的外邦百姓，你要谨慎！

觉得有不能越过的山岭，

不要想我怎能过得去呢？

若想〔没〕有什么不能越过的，

那就定能越过〔它〕去。

若能毫不畏缩的〔去〕攀登，

那么山前的声色[54]，岂不都现成的摆在你面前〔么〕?

〔觉得〕有不能横渡的江河，

不要想我怎能过得去呢？

若想〔没〕有不能横渡的，

那就必定能渡过〔它〕去。

若能丝毫不紊的〔去〕横渡，

彼岸的车马，岂不都现成的摆在你面前〔么〕!"[55]

---

53 "可温"（kö'ün、ke'ün），原文作 kübegün〔köbegün〕，即 kö'ün 之文言形，原意是"儿子"，但在元代则为亲王或宗王之意。《秘史》及《元史》多作"大王"解。《元史》见卷一〇七《宗室世系表》。《秘史》则见第二六九节（续卷二第十三页下）及第二七二节（续卷二第二十二页下）。其复数形为"可兀惕"（Ke'üd），汉译均作"大王"。

54 原文作 daghun khughur，字义是"声音和胡琴"，暂译为"声色"。

55 《圣成吉思汗格言拾遗》中，载有成吉思可汗说"越不可越之山，则达其巅；渡不可渡之河，则达彼岸"一句话（见该书第四一、四二页），可能是把孛斡儿出的话记在可汗的名下，也可能这是当时流行的一个谚语。

（与下文似不衔接，原文恐有脱落之处）

经这样教训之后，拙赤哥哥说：

"有洪福的汗父[56]请〔你〕教训〔我〕，我以为你必是要叫我去到未曾到过的百姓，征伐未曾征服的人民，去开拓疆土呢，可是你说管理现成的百姓，料理作好的饮食，〔这〕是什么意思？"

成吉思可汗说：

"如不能治理部分的百姓，焉能建立〔邦〕家[57]？善于分配食物的司厨[58]，不使〔前来〕聚会的百姓落后，不叫在宴会中的〔人们〕感觉缺乏，〔回〕去吃自己所预备的食物。治理〔一个〕大国，正像〔这样〕料理作好的现成食物[59]。孛斡儿出的话〔很〕对！"

成吉思可汗又降上谕说："父子的情义[60]是什么？〔我〕似乎不应当〔把你〕派到这么远去。〔这〕是叫〔你〕去住在〔那里〕，占领〔我〕所占领的，保守〔我〕所保守的！成

---

56　原文作 khaghan ejen，即"可汗主公"之意。

57　原文作 bülügen-bölü。bülügen 或即 bülüg（部分）之讹转。bölü 是家并壮丁之谓。今称"抽壮丁"为 bölü tatakhu。

58　原文 ba'urchi，即《秘史》之"保兀儿赤"，原译作"厨子"者。《秘史》第二一三节（卷九）记可汗特别命汪古儿、孛罗忽勒、脱仑等三位勋臣做司厨，专事管理聚会及大宴会时分发食物之事，同时也提到惟有他们来做这事，可汗才可以安心，足证司厨和在会中分发食物是如何重要了。

59　言其均分不得有所偏差之意也。

60　原文为 eye，乃情分及和睦之处。

为我相连的房舍，连体的身躯！注意维护正义[61]！切勿破坏和平[62]！切莫割裂统一[63]！小心谨慎，做我观看的眼目，察听的耳朵！〔你〕如能这样去做，才是〔我〕生儿子的益处！"

《秘史》在记述斡歌歹（太宗）践位后之历史时，多半称察阿歹为"哥哥"，这当然是由斡歌歹对他兄长的称呼，而转成的尊称[64]，但《秘史》并无在斡歌歹汗时代追记拙赤而称之为"哥哥"的地方。这一段用"哥哥"来称呼拙赤，显然是一篇斡歌歹可汗时代所追记的故事。纵然不是原文，至少也是根据当时的记录所写的，似应无任何疑问。

按《秘史》第二五五节（续卷一）曾述拙赤、察阿歹二人各受封疆，并可汗对他们的教训。但这一节不见《黄金史》内。所幸它的编著者罗卜桑丹津把这一段收进来，使我们不仅看到可汗对他长子的训示，也可看到汗子封疆、汗女下嫁（见本文本节第八项）都要请孛斡儿出教训他们的故事。可见可汗对于他一个少年时代的战友，是怎样信赖敬重。同时也可看出孛斡儿出的地位，确实是远在群僚之上。

---

61 原文有 saran 一语，乃"月亮"之谓，当为 sayin（"好"）字之讹，故译为"注意"。
62 原文为 engke，乃"平安"之意。
63 原文为 büküi gi〔büküi-yi〕borchin，乃"把现有的切成碎片"之意。
64 现代蒙古仍有以其幼子（女）或幼弟儿时对其父兄之称谓，为其绰号或尊称之习惯。

## 二十七、成吉思可汗派遣忽难那颜驻扎斡儿速惕（即俄罗斯）并薛儿客速惕（即北高加索）时，君臣间的对话

这一段见《黄金史》下卷第八十九页第九行至第九十页第九行。《黄金史》说：

> 成吉思可汗又在〔遣〕忽难（Ghunan）"那颜"〔原文作 Khugin 或 Khukin Noyan〕前往斡儿速惕（Orsud）〔和〕薛儿客速惕〔Serkesüd，原文作 Cherkisüd〕人之地时，降上谕恩赐（他）说：
> "忽难，当我在浓雾之中，你从不使我迷途；
> 为我出力直到了你须发苍白。
> 当我无水可饮，你从不叫我口渴；
> 为出我力直到了你须发苍白。
> 〔按〕命运你是主格阑（Jügelen）哥哥的子嗣，
> 〔按〕行列[65] 你是拙赤右边的木筏。
> 不要想曾把鳣鱼射穿而自大；
> 不要因他人不肯听从而自卑！
> 在立起帐棚的时候，你要当它主要的墙壁[66]。
> 在〔迎杀〕群敌的时候，你要当那主要的将领。"
> 在忽难那颜向成吉思可汗辞别的时候，〔他很〕感激地说：

---

65 原文作 mör，即《秘史》第二一六节的"抹儿"，原旁译为"道子"，实即踪迹、行列或途径之意；但另外有指为吉祥或征兆之意，见《辍耕录》卷一之"白道子"条。

66 是指支搭穹庐时所用之木制活动墙壁而言。

　　"因为追随可汗哥哥所指示的方向，所以在浓雾中不致迷途，无水时〔才〕不致口渴。如今百姓有吃的，国民有喝的，〔又〕给我八千百姓，叫我镇抚广袤。我〔必〕不使国人的食物匮乏，不为百姓的酒类所沉醉。愿〔您〕金心得安。〔一切〕但凭我可汗哥哥的圣聪引导！小心谨慎，为〔您〕效劳！"如此回答了。

　　《黄金史》原文作Khukin或Khugin，字首的kh也可能是gh，但从《秘史》中，我们找不到这样的一个人名。在古文献中，表示n音的"、"，通常是不写的，因此这两个字在形态上相差无几。Ghunan的字义是"三岁虎"或"三岁牡牛"之义。他属于格你格思（Geniges）氏，是可汗与札木合分道扬镳时就来追随的功臣。在《秘史》第一二二、二〇二、二一〇、二一六、二四三等节都有他的事迹。他是九十五千户之一，也是被可汗特别赞誉的一位，事见第二一〇节。且在同节中，可汗降旨说："拙赤是我诸子之长。忽难领着你格你格思〔族〕，在拙赤之下，做万户的'那颜'！"（用斯钦新译）又《秘史》第二四三节也说可汗派忽难、蒙客兀儿、客帖三人为拙赤之傅。正合此处所说的"〔按〕行列你是拙赤右边的木筏"这一句话。且《黄金史》把这一段插在两段记述可汗教训拙赤的记录之间（其一已见前第二十六项），也合乎忽难的身份，因此斯钦大胆的断定Ghukin是Khunan——忽难的误植。

　　在这一段中可汗称他为主格阑·阿合的子嗣。"阿合"是哥哥。"主格阑"字义为"柔软"。因其与下一句的拙赤对称，当

为人名无讹；惟不知所指究竟是谁。在忽难的答词中，称可汗为
"可汗哥哥"。这一点亦难找出其他旁证。不过可汗既可与忽亦勒
答儿结为"安答"（结义弟兄）（见《秘史》卷九第二一七节，及
《元史》卷一二一《畏答儿传》，百衲本列传第八第十四页下），那
么与忽难结为"安答"之事，亦非绝不可能。或者这就是他称可
汗为哥哥的原因。在这一点上，我们可以看出可汗和他部属之间，
颇有类似父子兵或兄弟兵的味道。

可汗既分封拙赤以钦察之地，则斡鲁速惕及薛儿客速惕（北
高加索）当然是拙赤的右翼了。但此处所指的斡儿速惕，可能
是指可汗在西征时，派速别额台（Sübe'etei，即《元史》之速不
台）与者别（Jebe）环绕里海远征，所征服的一部分接近南俄的
俄罗斯人（见《多桑蒙古史》汉译本上册第一三五至一四四页）。
薛儿客速惕（Serkesüd），原文作 Cherkisüd。按 Se 在读音上常转
为 Che。"薛禅"——Sechen，多有读为"车臣"（像外蒙古的车
臣汗——Chechen Khan），故知其为 Serkesüd 之讹。Serkesüd 即
Cireassian 之转[67]。《秘史》第二六二节亦记可汗在西征时遣速别
额台征康邻、乞卜察兀惕、斡鲁速惕、薛儿客速惕之事。因此这
一段的记事，其年代自然当在这一战役之后。这使我们联想前第
二十六项所说，分封拙赤于钦察的年代，自然也得后退到这一个
时期。但这年代问题，不是在这里可能解决的，容再作详细的
考证。

---

67《元史·地理志·西北地附录》"月祖伯"（封地）条，称为"撒耳柯思"（百衲本
　卷六十三志十五第二十三页上）。

## 二十八、成吉思汗派遣蒙格秃勇士（Möngketü Ba'atur）出发时的敕语

见《黄金史》下卷第九十页第十行至第九十一页第六行。《黄金史》说：

成吉思汗又在派遣蒙格秃勇士[68]出发的时候，降上谕恩赐他说：

"我□□□的弟弟忽难（原文作Khukin）离开我们，到达〔戍所〕之后，派〔人〕来上奏，〔说〕：'我想起哥哥[69]就觉得头发冷，肝发热，胯骨发沉重一般[70]！'"

"蒙格秃，我捉捕骏马的套马竿[71]，我要用你了。好好的出力吧！

戴破你染泥的帽子，

---

68 蒙格秃曾见本节第十项注30。但一时不敢断定他究竟是谁。《秘史》第二七〇节（续卷二）有蒙格秃其人。他是斡歌歹汗派遣去做远征西亚的搠儿马罕（Chormakhan）将军的后援。但《秘史》所记成吉思可汗的时代，不见其名。可能不是此人。又《秘史》第二〇二节（卷八）所记九十五个千户中有蒙可（Möngke）之名，第二四三节（卷十）说成吉思可汗命蒙可为察阿歹之辅佐，正合《黄金史》这一段的记事。按此段《黄金史》与前第二十七项所论可汗分封拙赤、察阿歹二子是一个连贯的部分。可能《黄金史》所说的Möngketü Ba'atur，就是《秘史》第二〇二及二四三节所说的蒙可千户。

69 是指成吉思可汗而言。关于这一节的称谓，请参照本节第二十七项。

70 意思是：心裂难过，坐卧不安。

71 套马竿是用一丈多长细桦木竿做成的。顶端用牛皮绳一条，做成一个套子，专为捕马之用。蒙古牧业区的习惯，马匹都是散放在马群里。用马时，一人乘马持套马竿去捉来，然后才骑用。所以这句话的意思，是比喻擒获敌人的良将而言。

伸出你铁〔打〕的马镫，

你去走遍天下，

苍天指示途径。

横断洋海，你要声息相通；

冲碎岩石，你要呐喊持重！

袖子断了，衣襟破了，你也照样前进！把‘怯怜口’的一部分〔原文作 kilinchayin jigür〕[72]，送回后方来！”

## 二十九、成吉思可汗对长子拙赤的另一段训示

见《黄金史》下卷第九十一页第六至十一行，这里的记载是：

成吉思可汗又训示我的哥哥拙赤[73]说：

“不可罔自尊大！受到言语的磨炼，〔自然〕成为贤者。经过刀枪的磨炼，就能成为勇士。那〔才〕称得起聪明。心志要

---

72　kilincha-yin jigür。kilincha 是囚犯、罪人之意。yin 是所有格助词。jigür 是"羽翼"，暂译为一"部分"。这句话的意思就是"囚犯或战俘的一部分"。斯钦以为 kilincha 就是《元史》中所说的"怯怜口"。"口"字可能是汉语人口之"口"。"怯怜"两字是语根 kilin 的对音。按《元史》中的"怯怜口"，多属于工匠的范围，正合对战俘的使用。蒙古兵攻陷一城，首先分取工匠的原因，也是为了使用他们的技能。因此大胆地把它译为"怯怜口"。惟元朝元统三年（一三三五）所立之《张（应瑞）氏先茔碑》蒙文第三十五行首有 ger-un〔ün〕köbegüd（家中使用的后生们）一语，相当于汉字碑文中的"怯怜口"〔见柯立夫（F. W. Cleaves）教授论文，《哈佛亚洲学报》第十三卷第一二期合订本（一九五〇），第廿六及七十五页〕。那么此一问题又当别论了。

73　在本节第廿六项，曾提到称拙赤为哥哥（aga〔agha〕）的原因。这里（《黄金史》第九十一页第七行）又称拙赤为我的哥哥，足证这一段是记录斡歌歹可汗自己的言语，值得宝贵。

专一！不要喝葡萄酒[74]！东与西相距〔遥〕远！如果认〔对方〕是敌人，那〔距离〕便〔永远〕如此了。倘或意见不一，就应当大家聚到一起，〔诚〕心〔诚〕意的，在那里商量商量！"[75]

派人去如此〔把拙赤〕教训了一番。[76]

## 三十、关于成吉思可汗崩殂的地点和时间

《黄金史》在它的下卷第九十九页第十一行说："在朵儿篾该〔灵州〕城，圣主病重。"（以下是所说的遗嘱，见本文第四节第十九项）又在第一○二页第五、六两行说："第二十二年，丁亥〔一二二七〕年，在他六十六岁的七月十二日升天了。"

《蒙古源流》说："……殁于图尔默格依城，时岁次丁亥七月十二日，享年六十六岁。"（见《笺证》卷四第六页上下）《成吉思汗传》第二十三页上第四、五两行说："丙亥年，六十七岁，七月十二日升天。"《元史·太祖本纪》说："二十二年……秋七月壬午不豫，己丑崩于萨里川哈老徒之行宫。……寿六十六。"（见百衲本第一册卷一第二十三页）这些都是《秘史》所未载的[77]。

---

74 葡萄酒，原文作 boro darasun，正与《秘史》第二八一节（续卷二）斡歌歹可汗所说的葡萄酒相同。

75 末尾的这句话，与可汗致王汗书（见《秘史》第一七七节卷文）的词意相仿。

76 看可汗如此派人去教训拙赤的这一段话，使人联想到他与察阿歹的不和。可能这是《秘史》所脱落的一段重要故事。

77 《多桑蒙古史》称可汗崩于一二二七年（太阳历）八月十八日（见冯氏汉译本上册第一五三页）。关于可汗年龄问题，有同意六十六岁之说，有主张七十二岁之说的。这不是对逝去的时间有疑问，而是对出生的时间主张不一。前者赞同一一六二〔壬午〕年之说，后者则主张当在一一五五年（见《多桑蒙古史》汉译本上册第四〇页）。

## 三十一、关于成吉思可汗的埋葬地

《黄金史》下卷第一〇四页第十行至第一〇五页第三行说：

〔我〕主由这里去的时候，曾说过喜爱〔这地方〕的话，因此现在车轮陷在地中〔不动〕就对全国发出假通告，把所穿的长衫、一顶营帐、一只袜子埋在那里。至于他真正的遗体，有人说是安葬在不儿罕山（Burkhan Ghaldan）；有人说是安葬在阿勒台—可汗（Altai Khaghan）山的背后；在肯特依—汗（Kentei Khan）山的山前，名叫也客—斡帖格（Yeke Öteg）的地方。

《成吉思汗传》第二十四页上末行至同页下第四行，也有同样的记载，只是称Yeke Öteg为Yeke Ötüg。《蒙古源流》称："在阿勒台（Altai）山阴、哈岱（Khadai）山阳之大谔特克（Yeke Öteg）地方，建立陵寝。"（见《笺证》卷四第八页下）

多桑据拉施特之《史集》称："诸将奉枢归蒙古，不欲汗之死讯为人所知。……至怯绿连河源成吉思汗之大斡耳朵始发丧。……举行丧礼后，葬之于斡难、怯绿连、秃剌三水发源之不儿罕—合勒敦诸山之一山中，先时成吉思汗至此处，息一孤树下，默思移时，起而言曰：'将来欲葬于此。'故其诸子遵遗命葬于其地。"（见《多桑蒙古史》冯承钧汉译本上册第一五三页。）

又同书同处之小注称："马可波罗（Bergeron本第一卷第五三及第五四章）云：成吉思汗葬一山中，山名阿勒筛

（Alchai）。……马可波罗又云（第六十一章）：自哈剌和林向北行，逾阿勒筛山，至巴儿忽惕之地，其地广四十日程。案桑巴儿忽惕之地名巴儿忽真者，在拜哈勒湖之东，则阿勒筛山在斡儿寒（Orkhon）河附近之哈剌和林城之东北矣。——宋君荣书（Gaubil，撰成吉思汗与蒙古诸帝史）（五四页）谓当时成吉思汗族之蒙古贵人云：成吉思汗所葬之山名曰汗山。处北京子午线西，北纬四十七度五十四分东经九度三分之间。根据此说以检 D'Anville 之地图，则斡难河源有肯特汗山（Kentey-han）。由是观之，根据剌失德、马可波罗、宋君荣诸氏之说，可以确定成吉思汗及其朝数汗之葬地，应在斡难、怯绿连两水发源地之附近矣。"（见同书第一五三至一五四页）

由多桑书的记述，证实《黄金史》的说法是有历史价值[78]的。

## 三十二、成吉思可汗的诸弟、后妃、子嗣并其封地及九将军

《黄金史》下卷第一〇五页第三行至第一〇七页第一行说：

有洪福的圣成吉思可汗的，不动摇而且俊杰的四个弟弟，是：合撒儿、别勒格台〔Belgetei，《秘史》作别勒古台

---

78 可汗陵寝所在地问题，自民国四年起至民国六年之间，屠寄（敬山）、张相文（蔚西）两先生曾数度争辩。张氏认为在今鄂尔多斯之埃金赫洛（即伊金霍洛，Ejen khoroo）之地；屠氏则主张葬于漠北。兹将其主要论文名称列后，以供参考：

一、张蔚西：《成吉思汗陵寝之发现》，《地学杂志》（卷号不详），民国四年。

二、屠　寄：《答张蔚西成吉思汗陵寝辩证》，《东方杂志》第十四卷一、二号，民国六年。

三、张相文：《再答屠敬山成吉思汗陵寝辩证书》，《东方杂志》第十四卷九、十、十一号，民国六年。

（Belgütei）〕、斡赤斤（Ochigin〔Odchigin〕），〔及〕合赤兀〔Khachi'u，《秘史》作合赤温（Khachi'un）〕。

由居首位的大皇后，孛儿帖·兀真（Börte Üjin）所生的是拙赤、察阿歹、斡歌歹、拖雷四个人，〔和〕阿勒合·别乞（Alkha Begi）、亦勒哈勒屯·别乞〔Ilkhaltun Begi，《秘史》作阿勒·阿勒屯·别乞（Al-Altun Begi）〕、薛扯亦坚〔Secheyigen，《秘史》作扯扯亦坚（Checheyigen）〕三位公主。"

由忽阑皇后所生的是忽鲁格（Külüge）。由也遂可敦生的拙赤白（Jüchibei）。也速干可敦所生的有合儿赤儿（Kharchir）、合儿合秃（Kharkhatu）、察兀儿（Cha'ur）这三个人。

主公拙赤（Jochi ejen）的儿子，是：兀儿塔那（Urtana）、巴秃（Batu）、别儿哥（Berke）、唐兀惕（Tangghud）、绰白（Chobai）、幌豁察儿（Khongkhochar）、别儿哥扯儿（Berkecher）。

成为〔我〕圣主社稷的辅佐，俊杰〔的〕九位将军，是以札刺亦儿氏的豁阿·木华黎（Jalayirtai Gho'a Mukhali）为长。他们是：主儿赤惕的搠·蔑儿坚（Jürche-dün Cho〔Chuu〕-Mergen）、阿儿刺惕氏的俊杰孛斡儿出〔Arlad-un Bo'urchi〔Boghurchi〕）、速勒迭思〔氏〕的多儿罕·失刺（Süldes-ün Torkhan-Shira）〔《秘史》作速勒都思氏的锁儿罕·失刺〕、兀良罕氏的者勒篾（Uriyangkhan-u Jelme）、别速惕氏的者别（Besüd-ün Jebe）、斡亦刺惕族的合刺·乞鲁（Oirad-un Khara-kiru）、主儿斤氏的孛忽罗勒（Jürkin-ü Boghurol，《秘史》作 Boroghul）、塔塔儿族的失吉·忽秃忽（Tatar-un Shigi-

87

Khutug）这九位将军。最初者勒篾〔的地位〕仅次于木华黎。其后〔可汗〕因从泰亦赤兀惕娶迎孛儿帖格勒真〔Bortegeljin，即孛儿帖〕皇后的时候，〔他们〕曾斟酒的关系，圣主就把其中的四个人收做了弟弟。这著名的九个将军便是他们。

他们这九位将军，

各个遇见了圣主，

收抚无限的国民，

尽全力追随圣主。

遇外敌绝不回避，

为可汗不顾自己，

蒙恩宠扬名远地，

九将军最享盛誉。

圣主的长子主公拙赤的后裔，领有乞卜察兀惕〔即钦察〕、脱克木克（Toghmogh）、阿黑撒儿罕（Aghasar-Khan）、塔儿必思罕（Tarbis khan）、昔班（Shiban）、兀勒亦别（Uleyibe）、亦思乞儿（Isgir）、脱忽（Tokhu）、桑古惕（Sangghud），以及由那里向这边的诸城市。

察阿歹哥哥的儿子是蒙格秃（Menggetü）、失门（Shimün）。主公察阿歹后裔领地的东界是哈密（Kemil，即Khamil之讹），西境是不里阿里（Burighari）、薛米思干（Shimisgen）、撒麻耳干（Samarkhan）、阿克苏（Aghsu）等一万个城镇。

斡歌歹可汗的儿子是古余克·忽鲁克可汗（Güyüg Külüg Khaghan）。

主公拖雷的儿子是蒙哥可汗、忽必烈·忽必勒罕·薛禅可汗（Khubilai Khubilghan Sechen Khaghan）、阿里不哥（Arigh-Bukha）主公。〔他们〕继承了中央大本营的四十万蒙古。

这一段文字比《秘史》晚得多，所以才提到忽必烈、阿里不哥兄弟二人，且称前者忽必勒罕·薛禅可汗，后者为主公（ejen）。显然是忽必烈已经即大汗位，而阿里不哥仍然受人尊敬之时所写的。这段文字不见其他蒙文史料。罗卜桑丹津亦未说明它的出处，实在可惜。

这一段的人名与《秘史》的缀音法多少有些不同。可汗诸弟儿女之名，《黄金史》在它下卷第二十五、二十六两页（见本节第九项）也曾提及。关于孛儿帖皇后所生的三位公主，我们在本节第八项已经讨论过。在《黄金史》下卷第二十五、二十六两页所写的人名，与这里完全相同。

由忽阑皇后所生的忽鲁格（Külüge），大概是《元史·宗室世系表》所说"太祖皇帝六子：术赤太子……次六阔列坚太子"的阔列坚（Külügen）（见百衲本表第二第六页上）。其余均不见《宗室世系表》。不过《黄金史》在下卷第二十六页第二行则称他为公主。

关于这里所记拙赤诸子，只有巴秀〔拔都〕一人见《元史·宗室世系表》。《多桑蒙古史》（冯承钧氏汉译本上册第一九一页）说："一二二九年春，诸宗王诸统将自辄鞬地域之各地来集于怯绿连河畔成吉思汗之大斡耳朵。术赤诸子斡儿答、拔都、昔班、唐古孯、别儿哥、别儿格察儿、脱哈帖木儿等皆自里海北方之地来会。"所列之名与《黄金史》所列者均为七人，惟其中仅有五人同名。

关于九位将军之事，我们曾于本节第六项略略提到一点。他们在其他蒙文史书中，是常常见到的，在传说中也是常常听到的。这九人里除搠·蔑儿坚及合剌·乞鲁二人之外，《秘史》都曾提到。有的在《元史》和《新元史》中有传，只是不见这两个人。按《元史》卷一一九《木华黎传》说："丙戌〔太祖二十一年〕夏，诏封功臣户口为食邑，曰十投下，〔木华黎之子〕孛罗居其首。"（见百衲本列传第六第九页上）那么有最高勋位的将军应当是十个人。日人村上正二曾在《元朝投下的意义》[79] 一文中论之甚详。他也说到那珂通世、箭内亘两博士认为这应是四杰孛斡儿出、木华黎、孛罗忽勒、赤老温，四狗忽必来、者勒篾、者别、速别额台，再加主儿拙歹和忽亦勒答儿两个，共为十人。这种说法也和这里所说的颇有出入。

关于迎娶孛儿帖夫人的传说，我们将于本文第四节第六项中谈到它。这一段故事与事实不符。可能这传说在蒙古早就流行，不然不会加杂到这里。至于我们在第四节中，将提到的那一段诗词，可能是在这以后文人所写的。孛儿帖皇后所属的氏族翁吉剌惕，曾臣从于蒙古主要的大族泰亦赤兀惕，所以这里写成了成吉思可汗由泰亦赤兀惕迎娶孛儿帖皇后的故事。

按事实孛斡儿出才真正是可汗的幕僚长，但木华黎的子嗣与元室关系较为密切，所以此处说他是九将军之长。这与我们所引的《元史·木华黎传》的那一段话颇有连带关系。

可汗的四个义弟是失吉·忽秃忽、孛罗忽勒、曲出、阔阔出

---

79 见《蒙古学报》（东京）第一号，一九四〇年七月，第一八二页。

四个人。诃额仑母亲收养他们，与娶孛儿帖夫人毫无关系。（见《秘史》第二一四节）

拙赤和察合台二人的领地除乞卜察兀惕（钦察）及撒麻耳干两地见《元史·地理志·西北地附录》笃来·帖木儿（Du'a Temür）、月祖伯（Uzbeg）两宗王封地（见百衲本志第十五第二十二、二十三两页）之外，余均不见《元史》。在《秘史》中，薛米思干就是撒马耳干的转音；此处则列为两地，这些地名的问题一时不易解决，容后日再详细检讨。

察阿歹的子嗣，《元史·宗室世系表》中只列也速·蒙哥、合剌·旭烈兀二人。《多桑蒙古史》汉译本下册附录《察阿歹系诸汗世系表》中，所列察阿歹之子，为：木阿秃干、拜答儿、哈剌·旭烈兀、也速·蒙哥四人之名。

本段末尾称拖雷的子嗣领有中央大本营的四十万蒙古。原文称大本营为 Yeke Golomta。按 Golomta 乃表示继承的"火炉"之谓。关于四十万蒙古一语，《蒙古源流》在记述托欢·特穆尔汗（顺帝）由古北口出亡时所作的感悔歌之后，说："方大乱时，各处转战蒙古人等四十万，内惟脱出六万，其三十四万俱陷于敌。"（见《笺证》卷五第三页上）又察哈尔之林丹（Lighdan［Ligden］）汗致清太祖努尔哈赤的书信中也说："蒙古国统四十万众英主青吉斯汗[80]致问水滨三万人英主安否？"（见《满洲实录》，国学文库本，第一三六页）足证这是从元代以来的一种夸耀的数字。

---

80 青吉斯，即"成吉思"，可能是林丹汗提到他祖先的一句话。

　　附记：在《黄金史》下卷第六十二页第三至八行之处，有成吉思可汗对子嗣及亲族的另一段训示，语多比喻，意颇难解，文字上也似乎有讹误，俟他日专文论之。

# 第四节

# 神话及民间传说的插入

这是指原著者罗卜桑丹津根据喇嘛为传教上的方便所制造的，以及在民间流行的传说，而加杂进去的部分说的。这些加添的部分与《秘史》或蒙古历史都没有直接关系，也不能作为史源来使用。所以我们只说一说它们的大意，而不一一翻译其原文。

**一、追述孛儿帖·赤那以前的世代，说他的祖先是出于印度和西藏的王室。**

见《黄金史》上卷自第一页第四行至第六页第十一行。这可以说是《蒙古源流》卷一和卷二的节略。惟其内容较《成吉思汗传》第一、二两页所记的略详。

**二、关于成吉思可汗的出生、灵鸟飞来及有关佛教的神话。**

见上卷第二十六页第四行至第二十八页第四行，介于《秘史》

93

第五十九、六十两节之间（卷一）。在这一段的前后，均直称帖木真之名，惟此处则称为成吉思可汗，显系后加的部分无疑。这一段与《成吉思汗传》第十页下第八行至第十一页上第二行之处所记载的相同。可能有一部分是根据西藏史书的传闻。

### 三、汗弟合撒儿、别勒古台二人对可汗之不满及其狂傲，可汗化为卖弓老人折服之。

这一段见上卷第七十八页第八行至第八十页第三行，等于《秘史》第一三二节（卷四）处。首述成吉思可汗与主儿乞惕族的宴会及冲突之故事。继则述说合撒儿、别勒古台两人护卫可汗之功，及其因膂力之过人而自矫之事。最后说可汗化为一售弓老者折其锐气，使他们心服。在记这事的前后，均记可汗与主儿乞惕间之冲突。惟在这一段之内，则称与可汗冲突的氏族是泰亦赤兀惕族。显然是错误的插入。同样的记事和类似的文字，也见《成吉思汗传》，从始即称泰亦赤兀惕族的赤勒格儿·孛可（Chilger Böke）有意陷害可汗，而设下宴会。《黄金史》的著者把这一点给略去了，足证这一段是采自《成吉思汗传》（或《黄金史纲》）无疑。《蒙古源流》亦有可汗化为老人折服其二弟之事（见《笺证》卷三第十二页下）。可见这曾是在蒙古流行的一个历史传说。

### 四、成吉思可汗将得自印度的贡品，故意不分赐孛斡儿出，来考验他的忠诚。

这一段全是韵文，先述说孛斡儿出之妻的不满。再说他训诫他妻子的言词。最后说因此可汗就更信赖孛斡儿出。这很像民间的传说，同时也是对孛斡儿出忠诚的赞誉；但没有什么历史意义。

这一节见《黄金史》上卷第一〇六页第八行至第一〇八页第九行，其处该当于《秘史》的第一四九节（卷五）之前。就文章的安排来讲，这一段插入实在与上下文都不衔接。恐怕这种传闻原是指可汗携孛斡儿出西征时的故事而说的。

## 五、皇天上帝（Khormosta Tenggeri）赐成吉思可汗玉杯的故事。

皇天上帝赐给可汗玉杯，内盛甘露，自天而降，可汗喝了一口，可汗的四个弟弟要求分饮，可汗虽然许可他们，但是他们喝了却不能下咽。因此，他们就承认不该与可汗强求平等。可汗也就宣布他自己是奉天承运的主宰。

这一段见《黄金史》下卷第一页第一行至第二页第三行，相当于《秘史》卷十第二三四与二三五节之间。同样的记事见《成吉思汗传》第十八页上第二行至同页下第七行，及《蒙古源流（笺证）》卷三第十八页。惟这二者之间文字略有不同。《源流》所记较简；《成吉思汗传》与《黄金史》之文字完全相同。可能是抄录了同一的材料。但三者所说的在时间上都不一样。《成吉思汗传》说是在西征撒儿塔兀勒（花剌子模）之后。《源流》则称此事在可汗三十二岁（癸丑）纳塔塔儿部也遂、也速干二妃之前，冒险参加一次敌人所设宴席脱险之后。《黄金史》则写在丙寅（一二〇六年）即大汗位之时。三书所说的都不一致。

## 六、成吉思可汗在娶孛儿帖（Börtegeljin）可敦的宴会中，和他九个将军（或俊杰）的对话。

见《黄金史》下卷第三页第十二行到第十页末行，也是《成吉思汗传》第六十八页下首行至第七十二页下第十行。两者文字上略有出入，而且都有脱落之处。互相参照，可以帮助读解。就文章来说，《黄金史》上的脱落错误较多。《成吉思汗传》似乎经过了一番润饰。因此可以认为这两篇文都是由另外的文献中转录来的。文字内容多半是韵文，不过所提到的人，多半是可汗结婚之后才来归附的。自然没有出席那个婚礼的可能性。所以文词虽美，仍是没有历史的价值。

## 七、成吉思可汗于统一诸邦后，四月吉日在克鲁伦河岸野花盛开之地，设了丰盛的宴会款待群僚，席中对孛斡儿出等九个将军大加称赞。他们也极力赞扬可汗的美德。

这一段见《黄金史》下卷第十一页第一行至第十九页第九行。他们的对话多半是出于韵文的形态，一如《秘史》中的对话。只是其中对成吉思汗所用的尊称和赞美之词，有不少是受了佛教的影响。这证明这一段是后人所加入的。故此没有把它译出。不过详读其中的词句，觉得也可能是后人把佛教名词加入了古代诗词之中的一段对话。

## 八、关于汪古惕部（汪古惕部原文为Enggüt，即Önggüt〔Onggut〕之讹转）镇国的传说。

镇国（Chenggüi）带了三十一个部族，逃向日落之地。成吉思可汗和合撒儿前去，把他追回。是役合撒儿之子脱克统阿勇士

（Togtonggha［Toghtonggha］Ba'atur）为先锋。合撒儿也因功蒙赐一个名叫孛木不勒（Bombul）名字的女子。其后可汗又将女儿阿勒·阿勒屯（Al-Altun）嫁给镇国，又把名叫阿勒坛·豁儿忽勒歹（Altan-Ghorghuldai［Ghurghuldai］）的女儿嫁给了高丽国王阿林（Arin 亦可读为 Narin）。

这一段故事见《黄金史》下卷第二十五页第七行至第十三行之处。相当于《秘史》第二四一与二四二两节（卷十）之间。这个故事不见其他蒙文史书。按《元史》卷一一八《阿剌兀思·剔吉·忽里传》称："阿剌兀思·剔吉·忽里归镇本部，为其部众昔之异议者所杀。长子不颜·昔班并死之。其妻阿里黑携幼子孛要合与侄镇国逃难。夜遁至界垣，告守者，缒城以登。因避地云中。太祖既定云中，购求得之，赐与甚厚，乃追封阿剌忽思·剔吉·忽里为高唐王，阿里黑为高唐王妃，以其子孛要合尚幼，先封其侄镇国为北平王。……孛要合幼从攻西域，还封北平王，尚阿剌海别吉公主。"

《蒙古源流》卷三也有与《黄金史》类似的记载（见《笺证》卷三）。《黄金史》所记的恐怕是讹传，当以《元史》所记者为正确。

又此处所说的合撒儿之子脱克统阿，当即《元史》卷一〇七《宗室世系表》搠只·哈〔撒〕儿王位中所说合撒儿之子脱忽大王之讹（见百衲本表第二第三页下）。

阿勒·阿勒屯·别乞，《秘史》第二三八节（卷十）确确实实的说是嫁给畏吾儿王。当然这里的记事，是错误的。

可汗以女下嫁高丽一事，不见其他史书。《元史》卷二〇八《高丽传》，虽称太祖十一年以来即开始与高丽往来；然尚皇女一事，则晚在世祖至元十一年（一二七四）。《元史·高丽传》

说："〔世祖至元〕十一年……五月，皇女忽都鲁揭里迷失下嫁于〔高丽〕世子愖。七月，其枢密院副使奇蕴奉表告王禃薨，命世子愖袭爵。"（见百衲本传卷九十五第十五页上。）

《元史·公主表》高丽公主位称："齐国大长公主忽都鲁坚迷失，世祖之女，适高丽王愖，即王昛也。"（见百衲本表第四第二页下）足证这也是一段讹误的记事。

## 九、合撒儿逃亡，成吉思可汗派速别额台将兵追寻，后来他接受速别额台的规劝，来归可汗。

这一段见《黄金史》下卷第三十八页第六行至第四十页第一行之处，该当于《秘史》第二四四节（卷十）的末尾。《秘史》说，晃豁坛氏蒙力克之子阔阔出（帖卜·腾格理）以神召为借口，离间可汗弟兄，可汗大怒竟逮捕合撒儿将加以惩处的时候，幸母后诃额仑及时赶到，没使合撒儿遭到什么危险。不久母后听说可汗又把分封给合撒儿的百姓夺去了大部分，就在忧愁中逝去了。可汗给合撒儿派遣的辅佐者卜客（Jebke），也因畏惧逃到巴儿忽真（Barkhujin，今贝加尔湖附近）地方去了。《黄金史》的第一段，就是加在母后逝世和者卜客逃亡的记事之间。

这一段文字，首先是可汗对速别额台有关行军的训示。第二段是速别额台对合撒儿的劝谏。话都是用韵文记录下来的，文词并茂，可惜读起来似乎是后人捏造的，就《秘史》的记载，我们可看到可汗与合撒儿间的一度不和，但查不出合撒儿逃亡的任何旁证。

《成吉思汗传》第十一页上第五行至第十二页上首行第一字之处，也有同样的一段文字，只是说可汗四十五岁，丙寅年在斡难河源即大汗位，合撒儿因此生畏，就逃亡了。足证这一段是后人之作。不过《黄金史》的编纂者把它安置在比较合适的地方罢了。

## 十、成吉思可汗命失古失（Shigüshi）管辖不里牙惕（Buriyad），及可汗远争女真和战胜归来训子的故事。

这一段见《黄金史》下卷第四十五页第九行至第四十六页第十一行之间。说不里牙惕（即今贝加尔湖周边的布里雅特蒙古地区）的失古失向可汗献上贝加尔湖的海青鹰。可汗就任命他管辖不里牙惕。其后可汗在浯勒灰河（Üleküi-yin ghol，见《秘史》第一五三及一七三两节）与兀剌河（Ula-yin ghol，见《秘史》第二五三节）之间去放这海青鹰行猎，路上遇见女真的章宗可汗（Jangchun Khaghan），召之不听而去。可汗就将大军征伐女真。得合撒儿之孙合秃·失剌·合勒赤兀·成·台吉（Khatu-Shira Khalchighu-Ching-Taiji）之助，渡江攻袭。章宗可汗畏惧，就按照可汗的要求献出万燕千猫。可汗把棉花系在它们的身上，点火放还，于是城中起火，逐拔其城，并纳章宗之女牙里孩可敦（Yalighai Khatun）。凯旋之际，她死在路上。途中可汗对诸子教以正心修身治国之道。这一段记事可能是后人根据一篇传说所写的。只能当故事听，不足当史料来看。

《成吉思汗传》第十三页下第五行到第十四页第四行之处和《蒙古源流》卷三（见《笺证》卷三第十四页）都有相似的记载，不过两部书都没有提到训子的一段事。可能这是《黄金史》的编著者从别处截下来，加在这里的。

地名，三本书都是一样，人名却有不同。《黄金史》称女真主为 Jangchun，《成吉思汗传》作 Wangjun，《蒙古源流》作"旺楚克"（Wangchugh）。《黄金史》称合秃·失剌·合勒赤兀·成·台吉为合撒儿之孙。《蒙古源流》称为托克塘阿（Togtanggha［Toghtanggha］）勇士之子。《成吉思汗传》称为合撒儿之孙 Nanta-Shira-Khanchaghu-Ching-Taiji。

**十一、成吉思可汗征高丽，并纳高丽王不合·察合安（Bukha Chaghan）之女忽阑（Khulan）为夫人。可汗在高丽的行在，住了三年，其时可汗与孛儿帖皇后之间有使者往返答对。最后可汗因孛儿帖皇后之请，返还斡儿朵。**

这一段故事见《黄金史》下卷第四十六页第十一行至第五十页末行，在《成吉思汗传》第十四页上第四行至第十六页上第八行，和《蒙古源流》卷三（见《笺证》卷三第十四至十六页）都有相同的记载。可知这是一个流传很广的一段传说。所以这三部书的编著者都不问它的真实性如何，一律把它加在他们的著述之中。这是一篇韵文，文词相当好，可能这是一个把成吉思可汗携忽阑夫人远征西域，和太祖十一年（一二一六）以来高丽贡使的来朝等等，混为一谈的民间故事或歌谣。

**十二、成吉思可汗因阿儿合思氏的豁儿赤（Arghas-un Khorchi）醉酒，将可汗的金胡琴持至他处，命孛斡儿出、木华黎二人即时将他处死。后因二人的劝谏，赦免了豁儿赤。**

这一段见《黄金史》下卷第五十页末行至第五十三页首行。大致与《成吉思汗传》第十六页第八行至第十七页第十行之处的记载相同。《蒙古源流》卷三（见《笺证》卷三第十六页）虽有相同的记载，但只是一段缩写，而非原文。这段故事可以说是与前一段可汗纳高丽王女的故事相连接的，这里所说的阿儿合思氏的豁儿赤就是孛儿帖皇后派来的使臣，这一段的精彩，是记述他所作的自辩。原文是韵文，词藻甚好，但没有什么历史价值。

第十、第十一和第十二这三项均见《黄金史》《蒙古源流》和《成吉思汗传》这三书。可能曾是蒙古地方普遍的一个民间历史故事[1]，也可能都是由《黄金史纲》(*Altan Tobchi*)[2]辗转抄下来的。这三段记事都该当于《秘史》卷十与续卷一之间，安排地颇不合适。

## 十三、成吉思可汗和札木合的一段对话。

见《黄金史》下卷第五十四页第三行至第九行。这里说：

成吉思可汗与札木合一同走的时候，圣主的马失了前蹄，主就用马鞭来打〔那匹〕马的头，札木合〔看见〕就笑了，主就降旨〔问他〕说："札木合你有什么可高兴的？"札木合回答说："压住苍茫大地的是不儿罕山。作为举国之主的，就是圣人你！腿脚的过失，头脑要负责。子嗣的过失，父亲要负责。苍茫大地的过失，不儿罕山要负责。全国的过失，圣主你要负

---

1 蒙古各地均有说书人，蒙古语称为khuurchi，一面拉着胡琴，用歌词连讲带唱的，讲述民间故事。

2 《成吉思汗传》就是包括*Altan Tobchi*——《黄金史纲》在内的一本史书。见本文第一节及附记。

责。"这样回答，主认为很对。

《秘史》记载札木合是善于言词的，可也是自认为才华高过帖木真的。他们互以"安答"（义兄弟）相称，决不会像这里所说的这样恭顺，甚至承认帖木真是应作可汗的。很显然这是出于后人的手笔，不过当中有几个字，例如称大地为etügen——"额秃坚"（《秘史》续卷一第二十四页上），称笑为ini'e（besü）——"亦捏额"（《秘史》卷七第九页下，文字定形后作iniye），都是用《秘史》时代的形态。因此斯钦以为这一段虽是后人之作，但年代可能是在文字定形之前，也就是说十六世纪以前的作品。

## 十四、撒儿塔兀勒人阿剌木察（Aramucha）与兀良哈氏的者勒篾的一段谈话。

者勒篾是可汗四杰之一。阿剌木察是谁，一时无法查出。《秘史》"撒儿塔兀勒"旁译作"回回"，是中亚及波斯一带回教徒的总称。这一段谈话见《黄金史》下卷第六十页第八行至第六十二页第二行。谈话内容是可汗叫阿剌木察当作鱼，者勒篾当作海青鹰，互相夸耀自己，诋毁对方。者勒篾言词锋利获胜。这是一段游戏文章与历史没有什么关系，可能是从民间传说中转录下来的。在蒙古传说中，者勒篾是最有口才善于问难和应对的人。

## 十五、成吉思可汗派豁阿·薛禅之子刺探敌方情报，其父对他的教训。

见《黄金史》下卷第六十五页第二行至第六十六页第七行。全文均为韵文，多用比喻来作教训，并嘱与其中途生返，莫如死而全功。这一段文词虽然很好，但与历史没有重要关系。

## 十六、成吉思可汗与西藏萨迦宗（Sa-skya）喇嘛之来往，并忽必烈可汗神迹的诞生。

见《黄金史》下卷第七十六页第六行至第七十八页第九行。其大意说当时与可汗有缘的是萨迦[3]贡嘎宁布（Gungga-Sningbo）喇嘛。一天可汗忽然彻悟永生的道理，遣人至西藏，祭祀释迦牟尼，并向萨迦·满殊锡利·班智达（Manjusiri Bandrida）[4]喇嘛致候。请于子孙中愿有菩萨转世。于是喇嘛就叫使者带回一支金匣，说明须由可汗诸儿妇之一开启。可汗就叫拖雷之妻（有 Eshi 之尊称的）在一个大宴会中，把它打开。当时从匣中飞出三只金蚊虫，进入她的鼻孔里。后来她就生了忽必烈·薛禅可汗及阿里不哥主公（ejen）[5]两个儿子。

这一段传说当然是为宣传佛教上的便利所捏造的故事。但这故事特别提到阿里不哥而未提到蒙哥可汗（宪宗）。这一点是值得注意的。我们熟知阿里不哥是代表蒙古主义的守旧派，而与华化主义维新派的兄长忽必烈作过大位争夺战的拖雷幼子。可能这种传

---

3 萨迦宗是西藏继宁玛宗而掌教权的宗派。其寺庙建在"白沙之地"——萨迦，故名之为萨迦寺。其第五代教宗则为著名之八思巴（Phags-pa），忽必烈汗奉为帝师，赐以大宝法王之号，使其总揽藏土政教大权，而树立了西藏神权政治的基础。今大权虽入黄教派之达赖，而萨迦寺仍为西藏圣地之一。
4 "满珠锡利"（Manjushiri），即文殊菩萨之意。"班智达"（Bandrida），为喇嘛之尊称。
5 阿里不哥，原文作 Ari-Bukha，显然是 Arigh-Bukha 之讹。

说是创始于阿里不哥尚未失败之时。同时也可推知阿里不哥的声望也足与忽必烈相埒，即在失败之后，也是为一般蒙古人所敬重。

## 十七、关于拖雷之死的另一种传说。

《黄金史》下卷第七十七页第十行至第七十八页第六行。大意说，成吉思可汗、拖雷皆病。卜者说，一人痊愈，另一人必死。于是拖雷的妻子、客列亦惕王汗之弟札合·敢不（Jakha Gembo〔Ghambu〕）的女儿拙忽儿·别乞（Chokhur-Beki），祷祝于天，说："宁愿拖雷死，我自己守寡，也不愿可汗死，叫全国成为孤儿。"后来拖雷果然死了，可汗痊愈。因此可汗嘉纳其儿妇的贤德，除封赐"别乞"的名号之外，又把察哈尔八族万户封赐给她。

按拖雷之死，系因其兄斡歌歹可汗（太宗）于征金战役中患病，自祷于天以代其死而卒。事见《秘史》第二七二节（续卷二）及《元史》卷一一五《睿宗传》。这里所说的当是讹传。又拖雷之妻虽是札合·敢不之女，但名为莎儿合黑塔泥，见《秘史》第一八六节（卷七）。此处人名亦误。又按察兀儿·别乞乃王汗之女、桑昆之妹，非札合·敢不之女（见《秘史》卷五第一六五节）。"察哈尔"一名的起源，远在元亡之后，均证这一篇是后人的臆作了。

## 十八、关于成吉思可汗征服唐兀惕（西夏）的传说。

见《黄金史》下卷第九十二页下第七行至第九十九页第十行。此书编著人罗卜桑丹津氏把《秘史》第二六六节（续卷二）可汗以及全国人口分赐木华黎、孛斡儿出两人的故事，摆在这一段之前。接着就在这一段的开端，述说可汗征金后，唐兀惕失都儿忽

（Shidurghu）汗[6]因畏惧，遣使臣额列·多儿董（Er-dordung）来说，愿给可汗做右翼。他在临去之前，他说可汗是真天子，但唐兀惕的可敦古儿别勒真（Gürbeljin，《源流》作"古尔伯勒津"）却美丽得使夜间不须光烛。后来可汗西征撒儿塔兀勒（花剌子模）始派臣去叫唐兀惕出兵做右翼；但为失都儿忽汗所拒，并且还说了许多讥讽的话[7]。可汗立誓要在凯旋之后再讨唐兀惕。后来那年（一二二五）过冬之后，重新数点军马，就去征伐唐兀惕（见《秘史》第二六六节之首）。此后的故事，《黄金史》、《成吉思汗传》（第十八页下第八行、第二十一页下第八行）及《蒙古源流》（见《笺证》卷四第一页上至第五页上）这三本书所记载的都差不多，可能出于同一的传说。这三本书把这一段战争，都写成神怪故事，荒诞不经，甚至将可汗和失都儿忽两人都写成有变神化鬼的神通。最后说可汗终于擒获并且杀了他的顽敌失都儿忽，而且还娶了敌人之妻、美丽的古儿别勒真·豁阿做了可敦。后来古儿别勒真可敦跳河而死，因此后人称那条河为可敦河（Khatun-ghol）[8]。可汗到了朵儿篾该（Dörmegei〔Türimekei〕，即灵州）城，病就重起来了。不过《黄金史》在叙述这一段神话式的战争中，把《秘史》第一六五节（续卷二）后段所记，可汗击溃阿沙敢不的战役，加在中间（见

---

6　按《秘史》的记载，这是唐兀惕投降后，成吉思汗给亦鲁忽·不儿罕（李睍）所改的蒙古名（见续卷二第二六七节）。《源流》作"锡都尔固汗"。

7　按《秘史》，这讥笑的话是阿沙敢不讲的，见第二五六节（续卷一）。

8　《蒙古源流》卷四说："〔古尔伯勒津〕出浴而回，颜色果为增胜，是夜就寝，汗体受伤，因致不爽。古尔伯勒津·郭斡·哈屯乘便逃出，投哈喇江而死，从此称为哈屯·额克（Khatun Eke）江云。"（见《笺证》卷四第五页上）按 Khara Mören 是黄河旧名，今则称为 Khatun-ghol，即"夫人河"之意。《黄金史》及《成吉思汗传》均未载可汗就寝受伤之事。

《黄金史》下卷第九十七页第七至十二行）。此外又在这一段故事的末尾，把《秘史》第二六八节所说怎样杀戮唐兀惕人，以及把掳自唐兀惕的人众大部分赐给也遂夫人的记载，插入其中。

## 十九、成吉思可汗的崩殂和遗嘱。

见《黄金史》下卷第九十九页第十行至第一○二页第二行。这里说可汗在朵儿篾该（Dörmegei，灵州）城病重，临死前说了一篇韵文的遗嘱。同时雪你惕（Sünid［Sönid］）氏的忽鲁格台勇士（Külügetei Baghatur）也用韵文作了一篇应答。最后可汗遗命诸臣顺服忽必烈。

这一段所谓成吉思可汗遗嘱的文词，与《秘史》的文字相较，是比较晚近的。例如：所谓五色四方的国民（见第九十九页末行）[9]，及前世之债今生偿还等佛教思想（见第一○○页第四、五两行），及在忽鲁格台勇士的应答中有涅槃（Nirwan=Nirvana）（见第一○一页第六行）一字，都证明这是在佛教思想普及后的捏作。所谓遗嘱的内容，又充满留恋、惋惜、呻吟、嘱托之词，而无有关大政方针及军事的指示，不合可汗的性格和身份。尤其是前边提到辅佐斡歌歹，最后叫顺从忽必烈，前后不一。似乎是把两个无关的传说，硬凑在一起。此外记可汗命群臣同死（第一○○页第六行），事后因忽鲁格台勇士的奏请，改命他们为斡歌歹等四子效力。可能当时曾有殉葬的风俗，但在其他史书中，还没有看到蒙古可汗

---

9  关于五色四方的国民一说，《黄金史》下卷第一○七至一○八页有一段说明，这似乎是根据西藏喇嘛佛经的说法。

们叫大臣们同死以殉的记载，恐怕也是以讹转讹的故事吧。

　　同样的记事见《蒙古源流》(《笺证》卷四第五页上至第六页上)。蒙文见喀喇沁本第二部第四十、四十一页，及《成吉思汗传》第二十一页下第七行至第二十三页上第四行。内容大致相同。惟《源流》称忽鲁格台勇士为吉鲁根·巴图尔，《成吉思汗传》则称之为吉鲁格台勇士 (Gilügetei Baghatur)。

　　从这一段传说中，特别提到要顺从忽必烈一点来看，颇令人怀疑这是忽必烈时代后人所捏造的传说。

## 二十、挽成吉思可汗的一首歌词。

　　见《黄金史》下卷第一〇二页第七行至第一〇四页第十一行，这原是与前第十九项所论的是一篇文章。这里说，用五色骏马拽大车奉可汗灵柩归还蒙古，轮陷泥中不能前进。雪你惕氏的忽鲁台勇士就唱了一首很长的挽歌，来赞美可汗。同时也说到故国的一切，请可汗回心转意返回蒙古。于是车轮旋转，万众惊异欢腾。奉安的途上，也再没有其他阻碍了。

　　在《成吉思汗传》第二十三页上第五行至第二十五页第一行，及《蒙古源流》卷四(见《笺证》卷四第六页下至第八页上)、蒙文见喀喇沁本第二部第四十二至四十四页，都有相同的记载。

　　在《黄金史》所载的这一段歌词中，有"前世"——degedü töröl (见第一〇三页第三行) 及"由转世[10]而见到的忽阑夫人"(见

_____

10 Khubilghan就是清朝对于若干所谓转世喇嘛的尊称——"呼必勒罕"。凡有此种尊称的，蒙语则谓之gege'en [gegen]（即光明），而汉语则多称为活佛。

第一〇四页第一行），都是佛教的名词或术语。在歌中提到请可汗
不要留恋古儿别勒真的美色（见第一〇四页第三行），也证明这是
与前第十九项所说的那一段传说是连贯的文章。因此可以断定这是
与前一项所说的，同出于忽必烈时代或其后的一位诗人的手笔。

## 廿一、成吉思可汗左、右翼六个万户。

见《黄金史》下卷第一〇七页第二至五行。这里说：

圣成吉思可汗的六个万户，是：鄂尔多斯（Ordos）为一
个万户，十二个秃马惕（Tümed，即土默特）为一个万户，永
谢布（Yüngshiyebü）、阿速惕（Asud）、喀喇沁（Kharachin）
为一个万户。这是右翼三万户。察哈尔（Chakhar）一个万户，
喀尔喀（Khalkha）一个万户，兀良罕（Uriyangkhan）一个万
户。这是左翼三万户。

## 廿二、成吉思可汗四位皇后斡儿朵的名称[11]。

见《黄金史》下卷第一〇七页第五至七行。这里说，孛儿帖
勒真皇后的是古类（Gürüi）斡儿朵，忽阑皇后的是"高丽之虎"
（Solongghas-un Bars）斡儿朵，也遂皇后的是锡尔合臣（Shirkhachin）
斡儿朵，也速干皇后的是"共同"（Khamtudkhui）斡儿朵。

这里称忽阑皇后之斡儿朵为"高丽之虎"，与前本节第十一项

---

11 关于元代诸可汗之斡儿朵，日本箭内亘博士在他的《元斡耳朵考》一文中论之甚
　　详（《蒙古史研究》第六六三至七六八页）。

所谈可汗征高丽而纳其王女忽阑之说有连带关系，显然是一个捏造的故事了。

## 廿三、有关世界地理和各国的记述。

见《黄金史》下卷第一〇七页第七行末字至第一一一页第八行。在这一大段中，首先从须弥山（Sümbür a'ula〔aghula〕）和南赡部州（Chambu teyib）说起，一直说到可汗灭唐兀惕（西夏）及撒儿塔兀勒（花剌子模），以及编制"怯薛"（亲卫军）等事。当中加杂若干国家民族的名称，有的是历史上所见到的，有的是属于传说之类的，并用五种颜色把它分成五大类别。这恐怕是后人把西藏佛教的传说、蒙古本土的传说，并一部分史实，给糅合在一起的产物。

## 廿四、斡歌歹可汗（太宗）的即位、崩殂和他与佛教之关系的传说。

见《黄金史》下卷第一一一页第九行至第一一二页末行，这里说：

在〔成吉思可汗崩御〕后之第三年，牛儿年〔乙丑，一二二九〕，斡歌歹可汗四十三岁，在客鲁涟（Kerülen）〔河〕的阔迭额—阿剌勒（Küdege〔Ködege〕Aral）即大位。有的史书说："斡歌歹可汗因患腿病，派使臣去请萨迦·班智达〔喇嘛〕[12]。那喇嘛就把一个虱子、一撮土、一粒舍利

---

12　参照本节第十六项注3。

子，放在一个小盒子里，交来使带回。斡歌歹〔可汗〕一看就说：'土是说你〔不久〕将死。虱子是说我要来向你就食。舍利子是说蒙古国将皈依佛法。'不久喇嘛来了，斡歌歹可汗迎接供奉。喇嘛医治腿病，说：'可汗你前生是印度一位可汗的儿子，在修建佛寺之际，动土锯树，因此那地方的神祇前来作祟。因修佛寺之故，生为成吉思可汗的儿子。'于是就作大黑天（Makha Kala）之法，病就好了。从可汗起，蒙古国的全体，就皈依佛法。同时也现出了若干法相。在 Rchu Khotun〔之地〕，建立名叫 Kimala-Shila 的浮屠。当萨迦·班智达前来时，伴随而来的八思巴〔才〕八岁。卡儿玛〔大〕师（Karma Baghshi）也一同来了。"另有一本史书说："萨迦·班智达送来一尊铸好的佛像。〔可汗〕说：'这是金子或是什么东西？'就用铁锉挖着看。因此折了宝贵的福分，病了三天。"可汗在位十二年，牛儿年五十五岁，在铣铁铎—胡兰（Ötögö〔Ötögü〕-Khulan）升天。斡歌歹可汗是属羊的[13]。

这是《黄金史》与《秘史》有关系的最后一段。《黄金史》除这一段之外，再没有提到斡歌歹汗（太宗）时代的历史。可惜这一段故事的大部分是神话，显然是喇嘛为传教的方便而捏造的。

按《秘史》的记载，斡歌歹可汗是鼠儿年（一二二八）在客鲁

---

13 指丁未（一一八七）而言。如按《元史》六十六岁之说，则太宗之生年当为丙午（一一八六），是属马的。

涟河的阔迭额—阿剌勒地方，由诸王宗室重臣的大会奉为可汗。又据《元史》卷二，可是己丑（元）年八月即大位；十三年"辛丑〔一二四一〕十一月……还至铁铁镈—胡兰山。奥都剌合蛮进酒，帝欢饮，极夜乃罢。辛卯迟明，崩于行殿。在位十三年，寿五十有六"（见百衲本本纪卷二第七页下至八页上）。

# 第五节

# 《黄金史》与《蒙古秘史》在文字上的出入

　　《黄金史》中所保留的百分之八十以上的《秘史》，在文字方面大致相同；但也有不少的小出入。我们借《黄金史》可以订正《秘史》上文法有所脱落之处（如格助词等）；但也有一些与《秘史》相同，而未订正的地方。关于这一点，小林高四郎氏在他的《元朝秘史之研究》第一一一至一二〇页处，举出部分的实例，我们不必再把它一一地都提出来。在人地名这一方面，两书颇有相异之点，甚至把帖木真（Temüjin）都一律写作 Tümüjin，这倒是值得注意的一个问题。现在我们按照《秘史》的卷数、节数写在下边：

## 卷一

二　　塔马察（Tamacha），《黄金史》上卷第七页第三行作 Tamachin。

撒里·合察兀（Sali-Khacha'u），同页第五行作 Sali-Khalca'u［Khalcha'u］。

合儿出（Kharchu），同页第七行误作（Kharachus）。

七　阿阑·豁阿（Alan Gho'a），第八页第七行作 Alon Ghoa，以后亦均作 Alun Ghoa。

九　哂赤·伯颜（Semchi Bayan），第九页第三行作 Shing Shing。

四〇　札只剌歹（Jajiradai），第十六页第八行误作 Jürchidei。

札答阑（Jadaran，氏族名），第十六页第十行作 Jachiran。

四一　篾年·巴阿邻（Menen Ba'arin，氏族名），第十六页末行作 Magha Ba'arin。

四二　不古讷台（Bügünütei），第十七页首行作 Begünütei。

不古讷惕（Bügünüd，氏族名），同页第二行作 Begünüd。

四三　把林·失亦剌秃·合必赤（Barin-shiyiratu-Khabichi），第一七页第四行作 Barim shikeretü-Khabchi。

沼兀列歹（Je'üredei），同页第七行作 Jeüriyetei。

四四　沼兀列亦惕（Je'üreyid，氏族名），第十七页第十一行作 Je'üriyed。

四五　篾年·土敦（Menen-Tüdün），第十七页第十一行误作 Makha-Tudun。

四六　那牙吉歹（Noyagidai），《黄金史》把此人的名字给脱落了。又将那牙勤（氏族名）误印成 Noyingin（第十八页第二行）。

把鲁剌台（Barulatai），第十八页第二行作 Barilatai。

小把鲁剌（Üchüke〔Öchüken〕Barula，氏族名）为《黄金史》所遗漏。

四七　察儿孩·领忽（Charkhai Linkhu），第十九页首行作 Charkhai Linkhu'a。

土必乃·薛禅（Tumbinai Sechen），同页第二行误作 Tumbikhai Sechen。khai 为 nai 之讹。

俺巴孩（Ambaghai）之名被脱落（第十九页）。

格你格思（Geniges，氏族名），同页第七行作 Gerges。

四八　挦·薛出列（Sem-Sechüle），第十九页第八行作 Khum-Khachula。Kh 为 S 之讹。

《黄金史》称不勒帖出·把阿秃儿之子为 Mergen-Sechen，乃《秘史》所无。

四九　忽秃黑秃·主儿乞（Khutughtu Jürki），第十九页第十二行作 Jorightu Jürke。

五〇　《黄金史》第二〇页首二两行称也速该之母、把儿坛勇士之妻，名 Süchigelejin，系 Monghol Tar'uchin Tarchin Yisutei〔Yisütei〕之女。这是不见于《秘史》的。

五一　拙赤（Jochi），第二〇页第五行作 Chochi。同处称忽图剌可汗的儿子拙赤·吉儿马兀（Girma'u）、阿勒坛（Altan）等，为 Üyeged 氏，这是《秘史》所未说到的。

五二　俺巴孩可汗（Ambaghai Khaghan），第二〇页第九行作 Amaghar Khaghan，又第二五页第六行作 Amaghai Khaghan 均误。

五三　　兀儿失温（Urshi'un，河名），第二〇页第十行作
　　　　Ursukhu Mören。
　　　　备亦鲁兀惕（Buyir-ud，氏族名），同页第十、十一
　　　　行作 Buyirugh-ud。
五七　　豁儿豁纳黑（Khorkhonagh，地名），第二三页第十一
　　　　行作 Khorkhugh。
六〇　　拙赤·合撒儿（Jochi-Khasar），第二八页第七行作
　　　　Chochi-Khasar。


## 卷二

八二　　速勒都孙·锁儿罕·失剌（Süldüs-ün Sorkhan-Shira），
　　　　第四〇页第六、七两行作 Sülüdtei Torkhan-Shira。
八八　　豁儿出恢（Khorchukhui，山名），第四三页第十行作
　　　　Khorchukhur。


## 卷三

一〇四　豁儿豁纳黑（Khorkhonagh，山），第五四页第七行作
　　　　Khorghon。按 Khorghon 是柜子，二者的原意相同。
一〇七　塔纳（Tana，小河名），第五七页第十行作 Tagh。
一一六　豁儿豁纳黑（山），第六三页第十行作 Khorghogh。

一一七　豁儿豁纳黑（山），第六五页第二行作Khorghos。

一二〇　合赤温·脱忽剌温（Khachi'un Tokhura'un），第
　　　　六六页末行作Khachu'un Toghura'ad，且误为二人。
　　　　第六七页首行仍误将合赤温·脱忽剌温分作两人，
　　　　而遗漏合阑勒歹（Kharaldai）一人之名。

　　　　"敝失兀惕"乃敝失兀惕之讹，第六七页第三行作
　　　　changshi'ud，非常正确。

　　　　察兀儿罕（Cha'urkhan），第六七页第七行作Chorkhan。

　　　　薛扯·朵抹黑（Seche-Domogh），同页第九行作Sere-
　　　　Domogh。

　　　　晃豁坛（Khongkhotan，姓氏），同页第十行作Kho-
　　　　ngkhatan。

　　　　晃答豁儿（Khongdakhor），同页第十行作Khongdaghar。

　　　　察合安·兀洼思（Chagha'an-U'as），同页第十一行
　　　　作Chaghan-Gho'a。按此人再度于《秘史》第一二九
　　　　节（卷四）出现作捏兀歹·察合安·兀洼。

　　　　轻吉牙歹（Kinggiyadai），第六七页末行作Kingketei。

　　　　豁罗剌思（Ghorolas，氏族名），同页末行作Ghorlas。

　　　　种索（Jüngsö），第六八页首行作Junggi。

　　　　斡罗纳儿（Oronar），同页首行末字作Orokhor。

　　　　速忽·薛禅（Sukhu-Sechen），同页第二行作Gho'a-
　　　　Sechen。

　　　　巴鲁剌思（Barulas，氏族名），同页第二行作Barulagh。
　　　　gh乃s之讹误。

阔阔搠思（Kökö-Chos［Kökechüs］），同页第三行作
Köke Chogh。gh 系 s 之讹误。

蔑年·巴阿邻（Menen-Ba'arin，氏族名），同第三行
作 Makha Ba'arin。

一二二　忽难（Ghunan），第六九页第六行误作 Ghukhan，另
加了一个错误的旁注 Gho'a。

札答阑（Jadaran，氏族名），同页第七行末字作
Jandaran，显系讹误。

木勒合勒忽（Molkhalkhu），同页第八行作 Mokhul-a
Gho'a。

撒哈亦惕（Sakhayid，氏族名），同第八行作 Sakharin。

莎儿合秃·主儿乞（Sorkhatu Jürki），《秘史》第
四九节（卷一）作忽秃黑秃·禹儿乞，《黄金史》上
卷第十九页第十二行作 Jorkhatu-Jürke，第六九页第
九、十两行中脱落 Jürkin-ü Sorkhatu Jürki 数字。

撒察·别乞（Sacha Beki），《秘史》第四九节（卷
一）作薛扯·别乞（Seche Beki），《黄金史》上卷第
六九页第十行及前第十九页第十三行、第七〇页第三
行及他处均作 Sechen Beki。


# 卷四


一二七　《黄金史》上卷第七四页第五、六两行均将阿勒坛、忽

察儿两个人误作 Altan-Khuchar、Sechen-Beki 两个人。

一二八　札剌麻（Jalama，山名），第七四页末行作 Alama。

一二九　阿剌屼屼惕（Ala'u'ud，山名），第七五页第七行作 Ala'ud。

　　　　木惕客·脱塔黑（Müdke-Totagh），同页第八行作
　　　　Müleke Totugha。

　　　　哲列捏（Jerene），同页第十一行作 Charghan。

一三五　失吉刊·忽都（秃）忽（Shigikhan Khutughu），第八
　　　　三页第三行作 Shigi Khutugh，以后也都如此。

一三六　哈澧汃秃（Khariltu，湖名），第八三页第四行作
　　　　Arghalitu-Na'ur。

一三七　统格（Tüngge），第八五页第三行作 Tüge。

一三九　斡勤·巴剌合黑（Ökin Barakhagh），第八六页首行
　　　　作 Okin-Baragh。

　　　　莎儿合秃·主儿乞（Sorkhatu-Jürki），第八六页首行
　　　　作 Jorightu-Jurbi，bi 是 ki 的误植。

一四〇　忽秃黑图·蒙列儿（Khutughtu-Mengler），第八七页
　　　　第七行作 Khutughtu Mönggür。

　　　　（《秘史》第四八、五〇两节均作忽秃黑秃·蒙古儿，
　　　　与《黄金史》同。）

一四一　巴忽·搠罗吉（Bakhu-Chorogi），第八七页末行作
　　　　Bakhu-Chorokhu。

　　　　赤儿吉歹·把阿秃儿（Chirgidai Ba'atur），同页末行
　　　　作 Irgidai Ba'atur。

　　　　合只温·别乞（Khaji'un Beki），第八八页首行作

Khachu'un Beki。

阿勒赤（Alchi），同首行误作 Elchi。

札邻·不合（Jalin Bukha），同首行作 Jali-Bukha。
Jali、Jalin 两字字义相同，均作"狡黠"解。不知此
人与《秘史》第五八节之札里·不花为一人否。

迭儿格克（Dergeg），第八八页第二行作 Terge。

豁罗剌思（Ghorolas，氏族名），同页第二行作 Ghorlas。

绰纳黑（Chonagh），同页第二行作 Chinden。

阿兀出·把阿秃儿（A'uchu Ba'atur），同页第四行作
Monghol-un A'uchu Ba'atur。此后则均作 Nakhuchu Ba'atur。

一四二　赤忽儿古（Chikhurghu，地名），第八九页第六行作
Chukhurghu。

兀惕乞牙（Udkiya，地名），同页第八行 Edüküye。

一四三　阔亦田（Köyiten〔Küiten〕，地名），第九〇页作 Köyiltün
〔Küiltün〕。

一四四　失思吉思（Shisgis），同页第七行作 Shighshigh。

一四六　锁儿罕·失剌（Sorkhan-Shira），第九四页第五行作
Torkhan-Shira。

一四七　阔亦田（Köyiten，地名），第九五页第九行仍作 Köyilten。


# 卷五


一四八　忽巴合牙（Khubakhaya），第九六页第十行作 Khubakhara。

ra是ya的误植。后于第一一三页第七行（该当《秘史》第一五一节）作Khubakhaya，证明此处之讹误。

一四九 失儿古额秃（Shirgü'etü），第一〇八页第九行作Shirgetü。

一五〇 哈剌温（Khara'un，山名），第一一二页第六行作Khara'ud，即Khara'un之复数形。

一五一 亦难察汗（Inancha Khan），第一一二页末行误作Inacha Khan。

古泄兀儿（Güse'ür，湖名），第一一三页第三行作Güsegüi。i是r的误植。

塔该·把阿秃儿（Takhai Ba'atur），第一一三页第四行作Tegei Ba'atur。

一五二 阿泽汗（Ajai Khan），第一一四页首行作Achi Khan。

阿勒屯·阿倏黑（Altun-ashogh［ashugh］），第一一四页第九行作Altan-esög［esüg］。

一五三 答阑·捏木儿格思（Delan［Dalan］Nemürges，地名），第一一五页第五行作Dalan Nemürgen-e（e是场所格格助词）。

阿勒赤—塔塔儿（Alchi Tatar，种族名），第一一五页第四行作Elchi Tatar。

阿鲁孩—塔塔儿（Alukhai Tatar，种族名），同第四行作Arukhai Tatar。《黄金史》所说的正确，小林高四郎在他的《元朝秘史之研究》第一一八页中曾提及。

一五四 也客·扯连（Yeke-Cheren），第一一六页第七行作Yeke-Chirü。

一五七 察阿仑（Cha'arun），第一一九页第六行作Chaghlalun。

一五八　涗豁黑—兀孙（Sokhogh-Usun，水名），第一一九页第九、十两行均作 Khosogh-Usun。

忽木升吉儿（Khumshinggir，地名），同页第十一行作 Khumshigir。

也迪·土卜鲁黑（Yedi-Tublugh），同页末行作 Yedei-Tabalugh。

一五九　可克薛兀·撒卜剌黑（Kökse'ü-Sabragh），第一二〇页第三行作 Köngse'ü-Sabaragh，显系讹误。

一六〇　兀卜赤台·古邻·把阿秃儿（Ubchitai-gürin Ba'atur），同页第十一行作（Uruchitai gürüs Ba'atur）。

一六五　秃撒合（Tusakha），第一二三页第十一行作 Tasagh。

一六六　合儿答乞歹（Khardagidai，氏族名），第一二四页第四行遗漏此一氏族之名。第十一行作 Girdaghadai。

那牙勤（Noyagin，氏族名），第一二四页第四行及第十一行均作 Onggin（亦可读为 Nonggin）。

一六九　阿塔（Ata），第一二七页第六行作 Altan。

# 卷六

一七〇　合剌—合勒只惕—额列惕（Khara-Khaljid eled，沙漠名），第一二九页第四行作 Khalkhachin eled（原文误植为 alat）。

忽剌安—不鲁合惕（Khula'an Burughad，地名），第

一二九页第七行作 Ula'an Burghad。

只儿斤（Jirkin，氏族名），第一三〇页第八行作 Jürken。

土绵·土别干（Tümen-Tübegen，氏族名），第一三〇页第十行作 Tümen Tümegen，并误作人名解。

阿赤黑·失仑（Achigh-shirun），同第十行作 Tümen Tümegen Nachin-shirun。

一七一　忽亦勒答儿（Khuyildar），第一三二页第四行作 Khuyildur。

一七三　湿鲁格泐只惕（Shilügenejid，河名），第一三五页第六行作 Shilgenejid。

答阑—捏木儿格思（Dalan-Nemürges，地名），第一三五页第六行作 Dalan Nemürgen。

一七四　阿赤黑·失仑（Achigh-shirün），同页第十一行作 Nachin-Shirun。

一七五　斡峏讷岉（Orna'u，山名），第一三六页末行、第一三七页首行均无此山之名。

一七六　帖儿格（Terge），《黄金史》第一三七页第二行无此人之名。

阿篾勒（Amel? Amal?），同页第二行作 Ormal。

（自《秘史》第一七六节后半段起，至二〇八节的前半段止，均为《黄金史》所脱落，并将这两节中所提的主儿扯歹的故事联结在一起。）

123

# 卷九

二一二　脱仑（Tolun），第一四一页第七行误作 Tolui。

　　　　脱鲁罕（Torukhan），同页第十行误作 Torukhad。

二一三　敞失兀惕（Changshi'ud，氏族名），"敞"字叶德辉
　　　　本作"敝"，《四部丛刊》本作"敞"，《黄金史》第
　　　　一四二页第一行首字作 Changshi'ud。

二二五　也孙·帖额（Yesun［Yesün］-te'e），第一五二页第
　　　　九行作 Yisütüge。

　　　　秃格（Tüge），同页第九行作 Tüdei。

　　　　不吉歹（Bügidei），同第九行作 Bügedei。

　　　　火儿忽答黑（Khorkhudagh），第一五二页第十一行作
　　　　Orid。

　　　　剌卜剌合（Lablagha），同页第十二行首字作 Aldalan。

二二六　斡格列（Ögere），第一五二页末行作 Egüle。

　　　　阿儿孩·合撒儿（Arkhai-Khasar），第一五三页第七
　　　　行作 Arnai-Khaser［Khasar］。

二二九　额勒只格歹（Eljigedei），第一五七页第六行作
　　　　Ilchigedei。

# 卷十

二三〇 阿儿孩·〔合撒儿〕（Arkhai-Khasar），第一五八页第五行作 Arnai-Khasar。

二三四 也孙·帖额（Yesün Te'e），第一六〇页第七行末字作 Yesütüge。

　　　斡歌列（Ögere），同页第八行作 Egele。

　　　阿儿孩〔合撒儿〕（Arkhai Khasar），同页第十行作 Arnai。

二三九 巴儿浑（Barghun，部族名），《黄金史》下卷（以下均属下卷）第二二页第三行作 Baraghud，即 Bargun 之复数形。

　　　兀儿速惕（Ursud，部族名），同第三行作 übsüg。

　　　合卜合纳思（Khabkhanas，部族名），同第三行作 Khobsagh。

　　　康合思（Khangkhas）。同第三行脱落了这一个部族名。

　　　秃巴思（Tubas，部族名），同页第四行首字作 Tumbas。

　　　客思的音（Kesdiyin，部族名），同页第六行作 Kesdem。

　　　扯扯亦坚（Checheyigen），同页第十一行作 Secheyigen。

二四二 答阿里台（Da'aritai），第二六页第十三行首字 Daritai。

二四三 种赛（Jungsai），第二七页第六行首字作 Jongkhu。

　　　蒙客兀儿（Möngkeür〔Möngke'ür〕），同页第六行作 Mönggür。

亦多忽歹（Idoghudai［Idughudai］），同页第七行作
Indoghdai［Indughdai］。

## 续卷一

二四七　古亦古捏克（Güyigüneg［Güigüneg］），第六八页第八
　　　　行作Güyigüg［Güigüg］。

二五一　合答（Khada），第七三页第三行处均作Khadaghu。
　　　　第七四页第五行末相当《秘史》卷一五二节作Khada。
　　　　豁·孛格秃儿（Kho-Bögetür［Khu-Bögtür］），同页三
　　　　处均作Bögetür［Bögtür］。（前Khadaghu的ghu，应是
　　　　Khu-Bogetur［Bögtür］的Khu，误与Khada接在一
　　　　起的。）

二五三　夫合纳（Wukhanu），第七五页末行作Jukhakhu或
　　　　Jughaghu。

二五六　阿沙敢不（Asha Gembo［Gambo］），第七八页末行作
　　　　Esen Gembo［Gambo］。

二五八　阿梅（Amui，河名），第八一页第八行误作Amur。

二六〇　晃孩（Khongkhai）第八三页第六行误作Khongghur。
　　　　晃塔合儿（Khontakhar），第八三页第六行作Khorir-
　　　　un?，第八四页第四行作Khoghtukhai，第五行作
　　　　Khongtukhai，均误。
　　　　搠儿马罕（Chormakhan），第八三页脱落其名，同页

第四行作Chirakhan，第五行作Chodrakhan，均误。

二六一 欣都思（Hindus，印度），第八四页第六行作Idus，
当为Indus之讹。

二六二 巴只吉惕（Bajigid），第八四页述及此一段历史时，
脱落此一部族名。

马札剌惕（Majarad，国名，今匈牙利），同页第九行
作Sangghud。

客失米儿（Keshimir，国名，今克什米儿），同第九
行误作Bashimir。

剌剌勒（Raral，《秘史》第二七〇节作客列勒），同
第九行作Kerel。

乞瓦绵（今基辅，Kiev），同页第十行末字作Kiwe，
远较《秘史》正确。

客儿绵（城名），同页第十一行首字作Men Kermen，
乃大城之谓，远较《秘史》正确。

二六三 乞思合儿（Kisghar，城名，即喀什噶尔），第八五页
第四行作Shisegei。

古先—答邻勒（Güsen-Taril，地名），同页作Güken-Tari。

## 续卷二 缺

## 第六节

# 结　论

　　《黄金史》一书，是以《蒙古秘史》为记述成吉思可汗时代的蓝本，以《成吉思汗传》（*Chinggis Khaghan-u Chidagh* 或 *Altan Tobchi*）为记述成吉思可汗以后之时代的基干。其间也有与《蒙古源流》相同的地方。此外还包括许多不见于以上三书，且极有价值的零碎史料。可惜它的编著者罗卜桑丹津氏未说明它们的出处。

　　在有关《秘史》的部分中，有的地方文词上略有出入。我们有时可借《黄金史》把《秘史》所脱落的地方（如格助词等和发音标记）补充起来。在人地名方面，两者相异之处颇多。虽然有些地方可以看出明显的错误，例如：把 s 写成 gh，把 ra 写成 ya，等等；但这总是值得注意的一个问题。有人以为《黄金史》中所保留的百分之八十以上的《秘史》，可能是由汉文复原残本抄写来的[1]。假如这种所谓复原或转写是事实的话，那么这些人地名为何不

---

1　见小林高四郎《元朝秘史之研究》，第一二五页。

把它写得与原汉字的发音一样，而只将其余的字句按汉文音译转写出来呢？所以转写之说，似乎不能成立。现在把几个最显著的例子，写在下边，作我们的参考。

## 一、"敝失兀惕"与"敞失兀惕"的问题

关于这一个氏族的名称，除钱大昕本外，叶德辉本的第一二〇节（卷三第三十四页上第二行）、第二一三节（卷九第八页上第三行），均作"敝失兀惕"。白鸟库吉本未加订正。《四部丛刊》本则作"敞失兀惕"。伯希和本（第三〇及八三页）亦均订正为"敞失兀惕"。小林高四郎氏于其《元朝秘史之研究》中的第一一五页，也曾提到这一个问题。《黄金史》上卷第六十七页第七行及第一四二页第一行，均作Changshi'ud。足证《黄金史》绝不是根据一般早期的汉文本所写的。

## 二、木惕客·脱塔黑的缀音问题

《秘史》第一二九节说札木合把十三翼的兵力整备好，将袭击成吉思可汗的时候，亦乞列思氏族的木惕客·脱塔黑（Müdke-Totagh）前来给可汗报信。《黄金史》上卷第七十五页第八行认为是Mülke及Totugha两个人。《元史译文证补》根据拉施特书称："有巴鲁剌思人木勒客（Mülke）、脱塔黑（Totagh）二人先以事来，今将归，捏坤乘其便，遣来告变。"（《广雅丛书》本卷一上第十四页下）。足证《黄金史》所记的Mülke是正确的，而且必有来历，绝非偶然巧合。

### 三、"剌剌勒"与"客列勒"的问题

《秘史》第二六二节（续卷一）说，成吉思可汗命速别额台勇士去征乞卜察兀惕（钦察）、斡鲁速惕（俄罗斯）、马札剌惕（匈牙利）……剌剌勒（Raral）（第四十九页下第二行）等民族。第二七〇节（续卷二）说，斡歌歹可汗决定派大军援助速别额台西征上述诸族。但其名称中不见"剌剌勒"，而代之以客列勒（Kerel）（第十五页下末行）一字。《黄金史》把第二七〇节给丢掉了；但在该当于第二六二节的下卷第八十四页第九行作 Kiral。足证这不是从汉文的第二六二节转写的。《秘史》原旁译称"剌剌勒"一字为种名。那珂通世在他的《成吉思汗实录》第五二七页说，匈语称国王为"乞喇儿"，正是"客勒儿"的转音。再按匈牙利文《圣经·列王纪》的标题作 Kiraly，均证《黄金史》所说的比较正确。

### 四、"乞瓦绵 客儿绵"或"乞瓦 绵客儿绵"的问题

《秘史》第二六二节（续卷一第四十九页下）有"乞瓦绵 客儿绵"二城之名。第二七〇节（续卷二第二十七页下）有"孛剌儿蛮 客儿蛮乞瓦"等城之名。《黄金史》遗漏了《秘史》第二七〇、二七四两节。但在它相当于第二六二节之处，即下卷第八十四页第十行末字及第十一行首二字作 Keyiwa Men-Kerme。那珂通世于其《成吉思汗实录》第五二八页称："蛮（棉）是大，客儿蛮（绵）是城市（突厥语）。乞瓦绵 客儿绵，就是乞额甫（基辅）大城的意思。"伯希和氏在他的法译《蒙古秘史》第一〇八页小注四，也

把它订正为 Kiva Mänkärmän，证明《黄金史》是对的。直到那珂及伯希和订正之时为止，国人从未发觉这一问题。假如罗卜桑丹津由汉文本转写的话，不知他是根据什么正确的本子，作了这种订正呢？

## 五、关于"夫合讷"的蒙文写法

《秘史》第二五三节（续卷一第十八至十九两页）说到成吉思可汗派合撒儿等远征夫合讷（Fukhana 或 Wukhana）之事。《黄金史》在相当于这两节的下卷第七十五页末行第四字作 Jukhakhu。按古体蒙文的 kha 是有两个点子，gha 反没有。n 之前也不加点子。这里的 khu 比 nu 多了一个牙，应是 nu 的误植。Ju 是 Wu 的讹写。按元代凡 fu 字均写为 wu[2]。但文字定形之后，直到外蒙古"赤化"之时为止，则一律写为 fu，一般人通常读作 pu[3]。这是一个错字，正可以证明原书 Wukhanu，而转抄的人把它给写成了 Jukhakhu，同时也可证明原文是正确的，是按古体写的。假如是后人由汉字译音本转写的话，势必写作 Fukhanu 无疑。以上两点都是罗卜桑丹津看到了，或曾利用了蒙文《蒙古秘史》残本的明证。此外关于王罕的"王"字和王京丞相的"王"字，均写作 Ong，这是古写。清初就都写为 Wang，外蒙古一般的读法是 Vang，不是 Ong，可见

---

2　请参照元统三年（一三三五）《张（应瑞）氏先茔碑》、（后）至元四年（一三三八）《竹（温台）公神道碑》、至正二十二年（一三六二）《西宁王忻都公神道碑》之蒙文拓片。见《哈佛亚洲学报》第十二卷第一、二两期合订本，第十三卷一、二两期合订本，第十四卷一、二两期合订本（一九四九～一九五一），柯立夫（F. W. Cleaves）教授三篇有关该碑的论文，及所附的蒙文拓片照相。

3　蒙古语没有唇齿摩擦音（无声）的 f，凡是 f 都读作两唇破裂音（无声）的 p。

《黄金史》所引用的原文是相当古老的。

此外在一般字句里，与《秘史》不同的地方，例如：《秘史》第七十九节（卷二第十三页下）有"雏儿脱毛了，羔儿长大了"（斯钦新译）一句话，蒙文是 kholughad kho'ojiju'u shlüged shiberijü'ü［khulughad ghuujiju'u shilüged shiberijü'ü］。《黄金史》（上卷第卅八页第三行）作 kholaghu khojichi shilügen shiberjigü［khulaghu ghujichi shilügen shiberjigü］，反倒令人难以解释。此外还有的地方比《秘史》多几句或少几句的地方，这都可以说明不见得是由汉文《秘史》所转写的。汉字音译本《蒙古秘史》的流传世间是在清末，远在罗卜桑丹津写成此书之后。因此这种转写之说，愈发显得难以成立。

我们在本文第四节中，可以看到不少在《黄金史》中转录的若干重要文献的残篇断简。由这些史料来看，原来在蒙古除《秘史》的蒙文残本之外，似乎曾保有不少类似《实录》或《脱必赤颜》之类的贵重文献，可惜它们多半散佚。这一部《黄金史》，或者也就因此，更应受到研究蒙古史的学人们的重视。

以上是斯钦研读《蒙古秘史》和《黄金史》两书的一点愚见。尚希诸位学者专家多多教正。

# 附　记

一、兹将本文所用之蒙文参考书概略地介绍于后：

（一）《成吉思汗传》（*Boghda Chinggis Khaghan-u Chidagh*）
是北平蒙文书社所印的。据斯钦个人的揣测，这可能是
该社社长汪睿昌（蒙古喀喇沁右旗人，蒙名 Temgetü）
以喀喇沁王府的藏本为蓝本而刊印的。第一版是乙丑
（一九二五），第二版是丁卯（一九二七）年印行。这
书前半部是与一八五八年帝俄喀山（Kazan）大学教
授喇嘛棍布业夫（Gomboev）在圣彼得堡刊印的 *Altan
Tobchi* 内容一样。后半部则包括若干诗词、传说以及类
似《实录》的许多片段史料，极有价值。

（二）《圣成吉思汗格言拾遗》（*Chinggis Boghda-yin Durasghal-
un Tegübüri*），也是北平蒙文书社印的。初版是乙丑
（一九二五），再版是丙寅（一九二六）年刊印的。内容
是可汗和他臣宰们的谈话录或格言。有的是属于历史性

135

的，有的是经过后人修饰的，也有一部分似乎是属于传说的。

（三）《喀喇沁本蒙古源流》，这原是喀喇沁王府藏本，后经汪国钧（翔斋）之抄写及汉译，而流入日本。日本藤冈胜二氏又把它用罗马字音译，再加以日文的翻译。最后在藤冈逝世后，由服部四郎作了一篇序，于一九四〇年在东京刊印。其书名是《罗马字转写日本语对译喀喇沁本蒙古源流》。这本书里有许多地方与 *Altan Tobchi* 相似，故有 *Altan Tobchi* 别本之称。汉文本用的是《海日楼遗书》之一的沈增植笺证、张尔田校补的《蒙古源流笺证》（沈氏藏版）。

二、本文人地名尽量用《秘史》所用的。其为《秘史》所没有的，则以《元史》及《蒙古源流》为准。如三书中皆不见，则尽量用《秘史》的汉字缀音法写出，以期一致。

三、库伦版的《黄金史》中，显然有许多地方是印错了，可惜没有机会能看到它的原本，予以订正，实在觉得遗憾之至。

第二部

# 自斡歌歹可汗至
# 林丹可汗的历史

# 引　言

关于本书的来历、价值和研究，已经在《蒙古黄金史译注》
（第一部）《〈蒙古黄金史〉与〈蒙古秘史〉之关系及其异同》中详
细说过，不必在此重述。

在前文中，我们曾经说过本书可分为四大部分：第一是与《蒙
古秘史》有关的部分；第二是神话或后人所加入的传说；第三是
从斡歌歹（元太宗）可汗起直到清初的林丹可汗时代的史纲；第
四是摘要和附录。在这四个部分之中，其与《蒙古秘史》有关的
部分，已在第一部分中译注完竣。这一篇研究报告，是包括第三、
第四两部分的翻译和注释。关于《黄金史》中的神话和传说，因
与历史没有直接的重要关系，容后日再行补译。

在本年度的工作中，因把有关自北元至清初这一个在蒙古历史
上最混乱的时期，作一个综合的研究的结果，使若干混淆不清的
问题，得到一些线索，也加深了对这一个时期蒙古历史的认识。

这一项译注工作自一九五九年七月起，蒙"中国东亚学术研究

计划委员会"的资助，和姚师从吾教授的指导，始得完成。在此谨表谢意。

在译注工作中，斯钦曾使用一些在此间可以看到的蒙文参考资料，现在简单的把它们记在下边：

一、《成吉思汗传》（*Boghda Chinggis Khaghan-u Chidagh*），著者不详。特木格图（Temgetu）氏（汉名汪睿昌）于民国十四年，在北京蒙文书社刊印，十六年再版。这本书里，有一大部分与本书所记的大致相同。一八五八年，一位在帝俄喀山（Kazan）大学任教的蒙古学者棍布业夫（Gomboev）氏，曾把一本 *Altan Tobchi*（《黄金史》）的原文和俄译，在圣彼得堡出版。它的内容是与《成吉思汗传》中所包括的部分相同。一九四一年，日本的小林高四郎氏把它译成日文，在东京出版。一九五五年，英人鲍登（C. R. Bawden）氏把几种版本互相参证，译成英文，在德国威斯巴登（Wiesbaden）出版。

二、《喀喇沁本蒙古源流》，原名是 *Mongghol ughsughatan-u ijaghur-un bichig*。这书本来是在喀喇沁右旗王府所藏的，民国初年，该旗一位精通蒙、汉语文的汪国钧（翔斋）先生把它抄录并加汉译。后来日本的藤冈胜二氏把它用罗马字音译，并加以日译。在他逝世之后，于一九四〇年，由日本的语言学和蒙古语文专家服部四郎博士，把他的遗稿出版。这就是斯钦所用的一本，而原书今日究在何处，恐怕无人知晓了。这本书有一部分是与一般《蒙古源流》相同的；但是后半部则与《成吉思汗传》相同。因此也有人称它为 *Altan Tobchi* 的别本。

三、《墨尔根活佛的黄金史纲》（*Mergen Gegeen Tan-u Jokiyaghsan*

*Altan Tobchiya*）。墨尔根活佛是内蒙古乌兰察布（Ulaan-Chab）盟乌喇特（Orad〔Urad〕）前旗墨尔根召（Mergen Juu）的寺主，乌喇特是成吉思可汗次弟合撒儿（Khasar）之裔。所以，这一部书中有许多关于这一系的历史记载，是其他书中所没有的。一九四二年，德王曾在张家口把它刊印。听说日本的江实氏对于这本书有多年的研究，但尚未看到他的著作。

四、喇希彭苏克（Rashipungsugh）氏《蒙古国史》（*Mongghol Ulus-un Teüke*）。喇希彭苏克氏是清中叶内蒙古巴林（Ba'arin）旗的学者。他用了许多汉文的史料，当然也有一部分史料是蒙古文献中得来的。此书德王曾在一九四一年，在张家口出版。最近美国哈佛大学的柯立夫（F. W. Cleaves）教授在哈佛燕京学社把它出版，列为"蒙古古文典之三"（Scripta Mongolica III）。

五、《蒙古源流》，这是众所熟知的一本书，我们不必多讲。在蒙文本方面，是以施密特（Schmidt）本作为参考。汉文方面则以沈增植和张尔田两氏的《蒙古源流笺证》为根据。

六、《胜教宝灯》原名是 *Chen-po hor-gyi-yul-du dam-paihi-chos ji-ltar-byun-pahi-tshul-bsah-pa rgyal-bahi-bstan-pa-rin-po-che gsal-ba r-byed pahi-sgron-me*，意思是"叙述正法在大蒙古兴起的胜教宝灯之光"。著者原是藏族而在内蒙古寺庙久居的高僧吉格米德·那木哈（Hjigs-med nam-mkhah）。我们不知道他究竟是用了什么史料。但是这本书的记载，的确有许多地方（除宗教史以外），可供我们的参考。原文是藏文，一八九二年，德人胡特（G. Huth）把它译成德文发表。一九四○年，日本佛僧桥本光宝把原文译成日文发表，书名叫作《蒙古喇嘛教史》。这虽不是蒙文的史料，却是根据许多蒙文史料所写的一本书。

此外如《蒙古世系谱》一书因它似乎是某一本 *Altan Tobchi* 的节译本，所以没有把它列在主要的参考资料之内。

关于人地名的音译，尽量使用《秘史》和《蒙古源流》两书上所用的译法。有一部分是以《元史》、《明史》的《鞑靼传》和《瓦剌传》，及清代官文书的译法为准。这样似乎可以减少因译法不同而增加的困惑。

本书不分章节，译本中的章节，都是译者加入的。这样似乎使读者容易查阅。

在译文方面，尽量保留原形和原来的语气。凡是须要添字译出的地方，都加上括弧，以免混乱。但是因此反使许多地方艰涩难读。同时在注解方面，一定有很多的错误和漏洞，还请各位先进多赐指教。

**札奇斯钦识于台大历史系辽宋金元史边疆史研究室**
**一九六一年六月十一日**

## 第一节

# 斡歌歹可汗——太宗

### （下卷一一一页第九行至一一二页末行）

〔成吉思可汗崩御〕后第三年，牛儿年〔己丑，一二二九〕斡歌歹可汗年四十三岁，在客鲁涟（Kerülen）河的阔迭额—阿剌阑（Köde'e Aralan）[1] 即大位。

---

1　《成吉思汗传》第二十四页下，及《喀喇沁本蒙古源流》藤冈罗马字译音本第三部第一页，都说："〔成吉思可汗崩〕后经过三年，牛儿年，斡歌歹可汗四十三岁，在客鲁涟河阔迭额—阿剌阑即大位。在位十三年，牛儿年，五十岁，在□铁□—胡兰殡天。可汗是属羊的。"不过《喀喇沁本蒙古源流》在这一段之前说："圣成吉思可汗殡天之后，在四个儿子之中，以拖雷监国。旋斡歌歹来自霍博（Köbe）之地，宰相楚材（Saisang Chusai）按圣主旨谕，奉之于大位之上。"

《蒙古源流》说："谔格德依系丁未年降生，岁次戊子，年四十二岁即汗位，欲往请萨斯嘉·札克巴·嘉木灿，因事耽延，逾六年，岁次癸巳，年四十七岁殁。"（《笺证》卷四第九页上）

《元史·太宗本纪》说："太宗英文皇帝，讳窝阔台，太祖第三子。……太祖崩，自霍博（Köbe? Köbeg）之地来会丧。元年己丑〔一二二九〕……秋八月己未，诸王百官大会于怯绿连河曲雕—阿兰之地，以太祖遗诏，即皇帝位于库铁乌—阿剌里（Köde'e Aral）。"（卷二第一页上）

又说："十三年辛丑〔一二四一〕……十一月丁亥，大猎。庚寅，还至钿铁镲—胡有的史书说，斡歌歹可汗患足疾，派使者去请萨迦·班第达（Sa-skya Bandida）[2]。那喇嘛就把一只虱子、一块土、一颗舍利放在一个小盒子里，叫〔他〕带回来。斡歌歹接过一看，就说："这土是说你将要死的意思。给虱子，是说要到我这里来就食的意思。这舍利是说蒙古国将要皈依佛法的意思。"不久喇嘛来了，斡歌歹可汗前去迎接，问腿的疾病。喇嘛说："可汗你前生是印度可汗之子，在修建寺庙的时候，破地动土，砍伐树木，因此〔那〕地方的神祇前来作祟。因曾修建寺庙，所以脱生做了成吉思可汗的儿子。"说着就做玛哈嘎拉（Makha Kala）[3]的灵法，〔可汗足〕疾就痊愈了。于是蒙古国全体皈依了佛法。〔喇嘛〕曾显了许多神通。在兰州（Rchu）城[4]建立〔一座〕名叫乞玛剌·失剌（Kimala Shila）的佛塔[5]。八思巴喇嘛（Phags-pa）跟着萨迦·班第达做随从

兰山。奥都剌合蛮进酒，帝欢饮，极夜乃罢。辛卯迟明，帝崩于行殿。在位十三年，寿五十有六。葬起辇谷。追谥英文皇帝，庙号太宗。"（卷二第七页下、第八页上）

《辍耕录》卷一"列圣授受正统"条说："太宗英文皇帝，讳窝阔台。宋绍定二年丑八月己未即位于忽鲁班—雪不只（Gurban Sübji），至宋淳祐元年辛丑十一月，崩于胡阑山。在位一十三年，寿五十六。葬起辇谷。六皇后秃里吉纳（Türgene）临朝称制，皇后乃马真（Naimaljin）氏。"

2　萨迦·班第达，亦称萨迦·班禅，此处似乎是指萨迦·班禅贡噶宁布（Kun-dgah Snin bo〔KundGah sNying po〕）说的。关于萨迦宗，请参照后第四节注20。

3　玛哈嘎拉（Makha Kala）是一位凶猛的护法神，藏语称为"贡布"（Mgon po），汉语称为"大黑天"。

4　《胜教宝灯》说："在阔端可汗的时代，萨迦·班禅六十五岁，丙午年〔一二四六〕来至兰州。"（见同书日译本《蒙古喇嘛教史》第一四六页）并且说他在兰州圆寂。按阔端可汗是太宗次子。《元史》卷一〇七《宗室世系表》说："太宗皇帝七子：长定宗皇帝，次二阔端……"

5　据《胜教宝灯》，此塔名Vimala sri，意思是"如来无垢吉祥"。Kimala Shila必是Vimala sri的讹转（见同书第一五〇页）。

来的时候，〔他才〕八岁。卡尔玛·巴克什（Karma Baghshi）也来了[6]。

还在某一部史书上说，〔斡歌歹可汗〕把萨迦·班第达所送来〔一尊〕铸造的佛像说："这是金子，或是什么？"就用锉锉毁，因此就折已往的福分，病了三天。

在汗位坐了十三年，牛儿年〔辛丑，一二四一〕五十五岁，在铫铁镎—胡兰（Ötögü Khulan）[7]殡天。斡歌歹可汗是属羊的[8]。

---

6　《胜教宝灯》说卡尔玛·巴克什（Karma Baghshi）之来，是在蒙哥可汗的时代（见同书第一五〇页），并请参照第四节注16。

7　请参照注1所引《辍耕录》及《元史》的记载。

8　关于斡歌歹可汗的生年，不见其他史书，如果照本书所说是属羊的，就当生在丁未、一一八七年（宋孝宗淳熙十四年），殁于辛丑、一二四一年（宋理宗淳祐元年），享年五十五岁。

## 第二节

# 古余克可汗——定宗

### （下卷一一三页第一行至第三行）

六年〔之后〕，古余克可汗在马儿年〔丙午，一二四六〕四十二岁，于斡儿木格秃（Örmügetü）登大位，翌年，羊儿年〔丁未，一二四七〕十三岁，在薛木失吉（Semshigi）殡天。古余克可汗是属牛的[1]。

---

1　《成吉思汗传》（第二十四页）与《喀喇沁本蒙古源流》（藤冈本第三部第一、二两
　　页）之记载与本书同。
　　《蒙古源流》称："谔德格依〔太宗〕……子库〔余〕克、库腾二人。长库〔余〕
　　克，乙丑年降生，岁次癸巳，年二十九岁即汗位。在位六月，是年即殁。次库腾，
　　丙寅年降生，岁次甲午，年二十九岁即汗位。……在位十八年，亦于辛亥年殁。"
　　（见《笺证》卷四第九页）显属错误。库腾当指阔端太子而言。所谓库腾丙寅年降
　　生一节，显然是将定宗出生之年，作为阔端出生之年的错误。
　　《胜教宝灯》的记载与《蒙古源流》同（见日译本《蒙古喇嘛教史》第四十页）。
　　《元史》卷二《定宗本纪》称："……丙寅年〔一二〇六〕生帝。……太宗崩
　　〔辛丑，一二四一年〕，皇后临朝，会诸王百官于答兰—答巴之地，遂议立帝。
　　元年丙午〔一二四六〕……秋七月，即皇帝位于昂吉苏默托里。……三年戊申
　　〔一二四八年〕春三月，帝崩于杭锡雅尔之地，在位三年，寿四十有三。"《南村
　　辍耕录》"列圣授受正统"条称："定宗简平皇帝，讳贵由，宋淳祐〔六年〕丙午
　　〔一二四六〕……即位于答兰—答八思，至戊申〔淳祐八年，一二四八〕三月，崩

146

于胡眉斜阳吉儿。在位三年，寿四十三。"（《四部丛刊》本卷一第十一页下）
《多桑蒙古史》称："贵由以一二〇六年〔丙寅〕生。"又说："招集大会之所，定在阔哈（Gueuca）湖畔，窝阔台驻夏之所也。"最后说："一二四八年〔戊申〕……四月，贵由行至距畏吾儿都城别失八里七日程之地，病甚，遂死于道。寿四十有三岁。"（冯承钧汉译本上册第二四五、二四七、二五七页。）斯钦按《辍耕录》之"答兰一答八思"，即《元史》"答兰一答八"之复数形，即七十重山岭之意。《元史》之"杭锡雅尔"、《辍耕录》之"胡眉斜阳吉儿"，均为《秘史》第一五八节（卷五第二十八页上）之"忽木升吉儿"（Khumshinggir）其地的兀泷古河流域。兀泷古河即今新疆乌伦古河，当在畏吾儿都城别失巴里不远之地。本书所称之"薛木失吉"（Semshigi），或即"忽木升吉儿"之讹转。按多桑书之记事，定宗即位大典，似于大会后即于当地举行者。故《辍耕录》所称即位于答兰一答八思一点，似无错误。本书所称之即位地"斡儿木格秃"（Örmügetü）一词，即汉语"囊袋"之意，但不能断定其与《元史》等书所列诸地名之关系及其所在。

## 第三节

# 蒙哥可汗——宪宗

### （下卷一一三页第三行至第九行）

其后，到了第五年，圣成吉思可汗的末子，拖雷主公之子蒙哥可汗，四十五岁于猪儿年〔辛亥，一二五一〕四月初三日，在客鲁涟〔河〕的阔迭额—阿剌勒地方即大位，〔所供奉〕的喇嘛，名叫索得那木·札木撒（Sodnam Jamsa）。〔可汗在位〕九年，五十四岁，羊儿年〔己未，一二五九〕，在称为青正府（Ching Jeng-khu）的城市殡天。无嗣。蒙哥可汗是属兔儿的[1]。

---

1 《成吉思汗传》（第二十四页下至二十五页上）及《喀喇沁本蒙古源流》（藤冈本第三部第二页）的记载，虽与此处同，但均未说蒙哥可汗无嗣之事。两书称可汗崩殂之地为青正堡（Ching-Jeng-bu）。藤冈日译作"静章府"。

《蒙古源流》称："图类汗之苏喇克台·伯启（Suraghtai Begi）太后生……四子。长莽赉扣系丁卯年〔一二〇八〕降生，岁次壬子，年四十六岁即位，在位八年，岁次己未〔一二五九〕殁，享年五十四。"（见《笺证》卷四第十页下、十一页上）

《胜教宝灯》说："拖雷……长子蒙哥，年四十六岁即位，在位六年崩。"（见日译本《蒙古喇嘛教史》第四十一页）

《元史》卷三《宪宗本纪》称："……庄献太后……岁戊辰〔一二〇九〕十二月三日生帝。……元年辛亥〔一二五一年〕夏六月，西方诸王……复大会于阔帖兀—阿阑之地，共推帝即皇帝位于鄂诺河〔Onon，即斡难河〕。……九年己未

**148**

〔一二五九年〕……攻合州。……〔秋七月〕癸亥，帝崩于钓鱼山。寿五十有二，在位九年。"

《辍耕录》称："宪宗桓肃皇帝，讳蒙哥，宋淳祐十一年辛亥〔一二五一年〕六月即位于阔帖兀—阿兰。至宋开庆元年己未〔一二五九年〕七月二十七日癸亥，崩于钓鱼山。在位九年，寿五十。"（见《四部丛刊》本卷一第十一页下至十二页上）

《多桑蒙古史》未说明蒙哥可汗即位之地，只称："一二五一年〔辛亥〕七月一日，蒙哥时年四十三岁，诸王等奉之即位。"（汉译本第二六三至二六四页）又称："一二五九年……八月……蒙哥死于合州城东十里之钓鱼山。此汗在位八年，寿五十有二。"（同书第二八七页）大致与《元史》同。

据《胜教宝灯》，索得那木·札木撒的本名，应写为Zans-tsha Bsod-nams rGyal-mtshan。他是八思巴之父，也是在他以前执掌萨迦派的教宗的萨迦·班禅之弟；但未提及此一法师曾来蒙古之事。惟称当时前来的，是卡尔玛·巴克什（Karma pak'si）（见日译本《蒙古喇嘛教史》第一五〇至一五三页）。

## 第四节

# 薛禅可汗——世祖，忽必烈汗

### （下卷一一三页第九行至一一六页第四行）

其后经过六年，猴儿年〔庚申，一二六〇〕，拖雷主公的〔可敦〕，客列亦惕部王汗之弟，札合·敢不之女，〔莎儿合黑塔泥·别乞〕（Sorkhaghtani-Beki）所生的，有洪福的忽必烈·薛禅可汗四十五岁，在上都[1]即大位。忽必烈·薛禅可汗备有四部

1 《成吉思汗传》（第二十五页上）说："猴儿年〔庚申，一二六〇〕，有洪福的薛禅可汗四十岁，在上都即大位。"鲍登（C. R. Bawden）博士在他的英译《黄金史纲》第六十二页之音译部分及一四七页英译部分均作"四十五岁"，且于第六十二页注十八中指出"五"字，是《成吉思汗传》再版时所遗漏的。小林高四郎氏日译本《蒙古黄金史》未加订正（见该书第六九页）。

《喀喇沁本蒙古源流》（藤冈本第三部第二页）的记载与本书同。

《蒙古源流》（《笺证》卷四第十一页上）称："呼必赉彻辰汗，乙亥年降生，岁次庚申，年四十六岁即位。"

《胜教宝灯》的记载与《蒙古源流》同（见日译本《蒙古喇嘛教史》第四十二页）。

《元史》卷四《世祖本纪》（百衲本第六页上）称："中统元年春三月戊辰朔，车驾至开平。……辛卯，帝即皇帝位。"中统元年是庚申、一二六〇年。

"上都"，本书称为Kürdü Shangdu。Kürdü是车轮或法轮的"轮"字。《蒙古源流》（《笺证》卷四第十一页上）称为上都—克依绷—库尔图城。"克依绷"即开平（Kayiping）的对音。

精兵，把称为〔合剌〕章（Jang）的国家[2]，和缅（Mikhan）国[3]
〔征服〕，纳入治下。把汉地〔契丹，Kitad〕的六个省（muji）[4]，和
蛮子（Manji）的人民[5]，纳入治下。那在印度（Enetkeg）之东，汉
地〔契丹〕之南的大城杭州，是在这地上，从来未曾有过的大城
市，把它也收入了版图。

振兴佛教，宏扬佛法，有如太阳的可汗，其察必（Chimbai）
皇后[6]也是一位信奉三宝的人，可汗把〔有关〕佛教的法务，和属
于俗世的〔政〕务，都和皇后商议处理。

---

2　原文仅作"章"字。斯钦以为"章"可能原是"合剌章"（Khara Jang）的"章"
　　字，是撰者或抄写者把Khara——"合剌"一字遗落所致。按元代称云南为"合剌
　　章"。《大元敕赐追封西宁王忻都公神道碑》蒙文第三十九行有此字〔见《哈佛燕
　　京学报》（H. J. A. S.）一九四九年六月第十二卷第一、二两期合订本，柯立夫（F.
　　W. Cleaves）教授论文，第六十六及七十七两页〕。又按《元史》卷三《宪宗本纪》
　　（百衲本第三页上）说："二年壬子〔一二五二〕……秋七月，命忽必烈征大理。"
　　卷四《世祖本纪》更有较详的记载（见百衲本第二册本纪第四第二页下至第三页
　　上）所以这个"章"字必是"合剌章"的一部分，因此补写"合剌"两字在其上。
3　"缅"，原文作Migan〔Mikhan〕，可能是缅字的转音。《元史》卷十二《世祖本纪》
　　至元十九年、二十年纪事内，数处说到世祖征缅的故事。但以《多桑蒙古史》的
　　记载较有系统，其小注云："中国所称之缅甸，即土人所称之Myan-ma。"（见汉译
　　本上册第三三二页）Mikhan或者就是Myan的音译。
4　元之行省，按《元史》卷九十一《志第四十一上·百官七》之记载共有十处：一、
　　河南、江北等处行中书省；二、江浙等处行中书省；三、湖广等处行中书省；四、
　　陕西等处行中书省；五、四川等处行中书省；六、辽阳等处行中书省；七、甘肃等
　　处行中书省；八、岭北等处行中书省；九、云南等处行中书省；十、征东等处行中
　　书省。此处所指六个行省，可能是不包括辽阳（见注5）、岭北（蒙古本土）、云
　　南（见注2）、征东（非汉土）等四个行省在内。
5　Manii一字，是汉语"蛮子"的对音，是华北汉人对江南人的虐称。其正式见于文
　　书者为"南人"，蒙古语作Nanggiyad。
6　察必皇后，即世祖昭睿顺圣皇后，《元史》有传（见卷一一四《列传第一·后妃
　　一》），但传中并未言及皇后好佛之事。本书作Chimbai，按《秘史》的惯例应译作
　　"沉白"，《源流》作"秦贝"（见《笺证》卷四第十一页下）。

可汗在他三十岁的时候，邀请八思巴喇嘛[7]。八思巴喇嘛在他年龄不过才十九岁的时候，就已经坐床[8]。〔他〕曾用白云石做成紫檀城[9]的柱子，使三个国家[10]〔的人民〕都皈依佛法。忽必烈·薛禅可汗赠送八思巴喇嘛饰以黄金珍珠的沙狐皮裘，饰以宝〔石〕的袈裟，饰以宝〔石〕的〔法〕帽、金伞、金床等物品，和许多〔良〕马、骆驼，其后八思巴喇嘛在卡木思—敢不（Kamus-Gambo）地方，确确实实圆满了七种主要的功德之后，在妙法普照的光明中圆寂了[11]。

可汗曾举行三次金刚乘灌顶法。在第一次〔可汗〕奉纳了在吐蕃三万户[12]〔中〕的工匠〔?〕[13]。第二次奉纳了汉地的工匠。在〔一〕周年的时候，又奉纳了十名吐蕃工匠。在第三次把阿赤答撒秃鲁可汗（Achitasaturu Khaghan）[14]舍利（Sharil）的一部分，用香烟熏好，奉给〔喇嘛〕。而且还把"班第达·八思巴帝师"[15]的封

---

7　八思巴，《元史》有传，见卷二〇二《列传第八十九·释老》。
　　《胜教宝灯》有详传（见日译本《蒙古喇嘛教史》第一五二至一七四页）。
8　有道行而能转世的喇嘛，正式被奉迎，承袭职位的典礼，谓之"坐床"。
9　紫檀城不知是究指何城而言。就紫檀一词猜测，可能是指世祖崩御的紫檀殿说的。"紫檀"一字，蒙语作 kürin tsandan，就是紫檀香。《辞源》"旃檀"条有详解。
10　原文为 ghurban öngge ulus，即三种颜色的国民之意。
11　据《胜教宝灯》，八思巴国师圆寂时，年四十六岁，时为庚辰（至元十七年，一二〇八年）十一月二十二日（见日译本《蒙古喇嘛教史》第一七三页）。
12　《元史》卷八十七《志第三十七·百官三》"宣政院"条，虽有若干有关吐蕃官制的记载，但不能找出适合这一条的解释。
13　原文为 Urchin，不知何解，疑为 Urachin 之讹。故暂译为"巧匠"或"工匠"〔见《蒙汉满三合》第二册（有作第三册者）第六十九页上〕。
14　阿赤答撒秃鲁可汗（Achitasaturu Khaghan），或为西藏佛教传说中的一个王者，与蒙古汗统无关。
15　"班第达·八思巴帝师"，原文作 Bandita Pagsba Diseri。"班第达"亦有译作"班第智"者（参照注19）。Diseri 一字，在 Kowalewski 字典（一七七九年）亦作"行政长官"解。

号赠给八思巴喇嘛。〔可汗〕在大都过冬，在上都过夏，使释迦牟尼的宗教兴盛得如日中天。

　　有一个时期，卡尔玛·巴克什[16]在〔日〕落水际的天空中，显出掌握飞石的神通。薛禅可汗降上谕说："我们的帝师，喇嘛·呼图克图[17]如果也是'呼毕勒罕'[18]，那么他神通变化的法术，一定要比这多变的法术师[19]〔会的〕更多。"薛禅可汗的皇后听见了，就把〔这事的〕原委告诉八思巴喇嘛说："如果〔可汗〕尊重卡尔玛·巴克什，那么对萨迦[20]〔宗〕的根本，必有损害。请显出神通

---

16　卡尔玛·巴克什（Karma Baghshi）是与帝师八思巴所属萨迦（Sa-skya）宗对立的卡珠（Bkah-rgyud）宗的领袖。世世相承，均以卡尔玛为名号。他曾得蒙哥可汗之敬重。我们从这一段故事中，也可以察出萨迦宗与卡珠宗之间，确曾有过相当的竞争。关于这一宗派的历史，请参照《胜教宝灯》日译本《蒙古喇嘛教史》第一五〇至一五二页。

17　"呼图克图"（Khutughtu），按《秘史》译法应写为"忽秃黑秃"，原意为有福之人，后来成为喇嘛的尊号。清朝公文书中均作"呼图克图"。请参照《大清会典理藩院事例》"理藩院兼属清吏司"条有关喇嘛之部分，在"颁喇嘛之禁令"一语下，注解说："〔喇嘛〕除封国师、禅师名号者……其余概不得以呼图克图兼诺们罕、班第达、堪布、绰尔济等职衔。"这些都是高级喇嘛的荣衔（见"蒙藏委员会"一九五九年印行《清代边政通考》第六十七页，此书即《理藩院事例》之抽印本）。

18　"呼毕勒罕"（Khubilghan），原意是"有神通能变化的"。在喇嘛的习俗上是"转世"，也就是汉语所说的"活佛"。《大清会典理藩院事例》"理藩院兼属清吏司"条称："凡喇嘛能以神识转生于世，曰呼毕勒罕。"（见前揭《清代边政通考》本第六六页）

19　原文为jügemüi。按jügemüi为"诅咒"之意（见《蒙汉满三合》第十一册第六十页上）。Chi是接尾语，表示是行该动作的人，ri也是接尾语，但无具体的意思（见注15）。所以暂译为"法术师"。按喇嘛教，在宗喀巴改革为黄教之前，均以行法术持咒语之事为尚。

20　萨迦宗是以萨迦寺（即建于白色土地寺院之谓）为本据。其教长八思巴之伯（也有称为叔父的）答克巴·坚藏（Grags pa rgyal-mtshan）始以萨迦·班禅为号。后来八思巴受封为大宝法王蒙赐玉印，遂以萨迦教宗的地位，综揽吐蕃政教大权于一身，直至元朝末叶，这一个宗派始终掌握着藏土的大权。请参照《胜教宝灯》日译本《蒙古喇嘛教史》第一二二至一三一页。

**153**

变化来吧!"于是八思巴喇嘛就在可汗和众臣宰的面前,先用刀把头和手足割成五段,变成五尊〔不同〕的佛,〔又〕把许多变化显出来,当作眼目的宴享,显示给〔众人〕看。

忽必烈·薛禅可汗免除了佛教僧侣的赋税徭役,制定〔国家和宗教的〕两种法度,稳固的统御了成吉思可汗的大社稷,因此被众人称赞为薛禅可汗(Sechen Khaghan)[21]。在位三十五年,马儿年(甲午,一二九四)正月二十二日,在大都殡天。寿八十一岁。薛禅可汗是属蛇的[22]。

---

21 《元史》称:"上尊谥曰圣德神功文武皇帝,庙号世祖,国语尊称曰薛禅皇帝。"(见卷十七《本纪第十七·世祖十四》,百衲本第六册第二十三页上)薛禅(Sechen)是"圣明聪慧"之意,清代仍用为尊称,公文书中均用"车臣"代之。

22 本书及《成吉思汗传》(第二十五页上)、《喀喇沁本蒙古源流》(藤冈本第三部第二页)均称可汗在马儿年(甲午,一二九四)正月二十二日在大都崩逝,在位三十五年,享寿八十一岁,可汗是属蛇的。按蛇年是己巳(一二〇九)或是辛巳(一二二一),都不合于八十一岁之说。

《源流》称:"乙亥年〔一二一五〕降生。……在位三十六年,岁次庚申(?),享年八十二岁殁。""庚申"显然是错误的。

《元史》称:"世祖……乙亥岁〔一二一五〕八月乙卯生。"(卷四《本纪第四·世祖一》,百衲本第二册第一页上)又称:"〔中统〕三十一年〔甲午,一二九四〕春正月壬子朔,帝不豫。……癸酉〔二十二日〕,帝崩于紫檀殿。在位三十五年,寿八十。"(卷十七《本纪第十七·世祖十四》,百衲本第六册第二十三页下、二十四页上)

# 第五节

# 完泽笃可汗——成宗

## （下卷一一六页第四行至第九行）

其后，就在这马儿年〔甲午，一二九四〕，完泽笃可汗三十岁，四月初十日，在失乞儿湖（Shigir Na'ur）登大位。他〔所尊奉〕的是答儿玛（Dharma）喇嘛，在位十四年。四十四岁，羊儿年〔丁未，一三〇七〕正月初八日，在大都殡天。完泽笃可汗是属牛的[1]。

---

1 《成吉思汗传》（第二十五页上）、《喀喇沁本蒙古源流》（藤冈本第三部第二三两页）之记事，完全与本书同。

《蒙古源流》说："〔薛禅可〕汗云：'我前已有成命，于精吉木〔Jinggim，即太子真金〕之三子噶玛拉（Kamala）、达尔玛·巴拉（Darmabala）、特穆尔（Temür），弟兄三人，亲为谛视，以特穆尔克承治统。'遂将第三孙特穆尔于汗在时，令其即位。特穆尔汗系乙丑年降生。岁次甲午，年三十岁即汗位。后伊祖殁，自丁酉年〔大德元年，一二九七〕起，缵承治统，供奉有名之萨斯嘉·满珠郭喀喇特纳格都喇嘛，照前所立之政，以四大道致民人于太平缵绪，十一（？）年，岁次丁未，年四十三岁殁。"（《笺证》卷四第十四页上）

《元史》卷十八《成宗本纪》说："成宗钦明广孝皇帝，讳铁穆耳，世祖之孙。裕宗真金第三子也。……至元二年〔甲子，一二六四〕九月庚子生，……〔至元〕三十年乙巳〔一二九三〕受皇太子宝……三十一年春正月，世祖崩，亲王、诸大臣遣使告哀军中。夏四月壬午，帝至上都，左右部诸王毕会……甲午，即皇帝位，

155

受诸王宗亲、文武百官朝于大安阁。"（百衲本第六册第一页上下）又在卷二十一说："〔大德〕十一年春正月丙辰朔，帝大渐，免朝贺，癸酉〔初八日〕，崩于玉德殿。在位十有三年，寿四十有二。……九月乙丑，谥曰钦明广孝皇帝，庙号成宗，国语曰完泽笃皇帝。"（卷二十一第二十八页上）

按"完泽笃"（Öljeitü〔Öljeyitü〕）是"寿考"和"吉祥如意"的意思。

《辍耕录》称："成宗钦明广孝皇帝，讳铁木耳，国语曰完者笃。"（《四部丛刊》本卷一第十二页）

《胜教宝灯》说："这位可汗在祖父薛禅可汗在世时，就即了大位，从丁酉年〔一二九七〕起执掌国政，经过了十一年，在四十三岁时崩殂。"（见日译本《蒙古喇嘛教史》第四十五页）

按以上诸史料推查，本书所说享寿四十四岁之说，必有计算上的错误。倘可汗生于乙丑年，则应为四十二岁。

失吉儿（shigir）湖，或为上都附近之一湖泊。shigir或为shijir的讹转。shijir为"精金"之意。

本书所说的"答儿玛喇嘛"及《源流》所说的"满珠郭喀喇特纳格都喇嘛"，均不见《元史·释老传》。按《元史》，成宗时代的帝师是乞剌斯八·斡节儿、辇真监藏和都家班这三个人。

答儿玛喇嘛，原名为Chos-sku hod-zer，梵文作Dhārma-Kayarasmi，并于他在成宗时代的故事，见《胜教宝灯》日译本《蒙古喇嘛教史》第一七五至一八一页。惟《黄金史》在下第六节把他的名字写作Chosgi-odsar，而且说是武宗时代的国师。Chos-sku hod-zer或写为Chosgi-odsar。

# 第六节

# 曲律可汗——武宗皇帝

## （下卷一一六页第九行至第十二行）

其后，在这羊儿年〔丁未，一三〇七〕，完泽笃可汗之弟，曲律可汗二十七岁即大位。他〔供奉〕的喇嘛是挪思吉·斡惕撒儿（Chosgi-odsar）。在位五年，猪儿年〔辛亥，一三一一〕，在大都殡天。曲律可汗是属蛇的。据说这位可汗对〔佛〕教有更大的贡献[1]。

1　《成吉思汗传》（第二十五页下）称可汗为海山·曲律可汗（Khaisang〔Khayisang〕Külüg Khaghan），但未说他是完泽笃汗之弟、所尊奉的喇嘛和他与佛教的关系。其余均与本书同。《喀本源流》之记载（藤冈本第三部第三页）仅称他为曲律可汗，其余记事与《成吉思汗传》同。

《蒙古源流》说：〔特穆尔汗〕殁，嗣达尔玛巴拉之子海桑，辛巳年〔至元十八年，一二八一〕生，岁次戊申〔一三〇八〕，年二十八岁即位。命有名之托音·垂济·鄂特色尔（Toyin Choiji-odsar）之罗咱斡僧人，将史咒各经翻译大半，以道教惠养大众。在位四年，岁次辛亥，年三十一岁殁。"（见《笺证》卷四第十四页上下）关于挪思吉·斡惕撒儿，请参照前节的小注。

《元史·武宗本纪》称："武宗仁惠宣孝皇帝，讳海山，顺宗答剌麻八剌（Darmabala）之长子也。……至元十八年〔辛巳，一二八一〕七月十九日生。……大德十一年〔一三〇七〕春，闻成宗崩……五月〔自朔方〕至上都。……甲申，皇帝即位于上都。"（见卷二十二第一、二两页）又称："〔至大〕四年〔辛亥，一三一一〕春正月……庚辰，帝崩于〔大都〕玉德殿。在位五年，

寿三十一。……谥曰仁惠宣孝皇帝，庙号武宗，国语曰曲律皇帝。"（卷二十三第二十七页下）

《胜教宝灯》说："〔帖木儿汗〕之后，其兄答剌麻八剌之……长子海山。辛巳年〔一二八一〕生，戊申〔一三〇八〕年二十八岁即位，称曲律可汗。守法执国四年。三十一岁崩。"（日译本《蒙古喇嘛教史》第四十六页）

《辍耕录》说："武宗仁惠宣孝皇帝，讳海山，国语曰曲律。"（《四部丛刊》本卷一第十二页下）

曲律（Külüg），《秘史》作"曲鲁兀惕"（Külüg-üd，复数形）（卷五第三十三页下），或作"曲鲁吉"（Külüg-i，役格）、"曲鲁昆"（Külüg-ün，所有格）（均见卷八第三十七页下），旁译是"杰"或"豪杰"，和现代语中是"良驹"之意。按《元史》，武宗海山是成宗之侄，并非其弟。本书的记载，恐怕是在"弟"（degüü）一字之下脱落了"之子"（yin kübegün〔köbegün〕）一字。

# 第七节

# 普颜笃可汗——仁宗皇帝

## （下卷一一六页第十二行至一一七页第二行）

其后，在猪儿年〔至大四年，辛亥，一三一一〕，普颜笃可汗三十七岁登大位，所供奉的喇嘛是董岳惕巴（Dongyodba），在位十年，猴儿年〔延祐七年，庚申，一三二〇〕四十七岁，在大都殡天。普颜笃可汗是属鸡的[1]。

---

1 《成吉思汗传》说："其后就在这猪儿年，爱育黎·拔力八达（Ayoor〔Ayuur〕-Balbada）普颜笃可汗三十七岁即大位，在位十年。猴儿年四十七岁，在大都殡天。可汗是属猪的。"（第二十五页下）

《喀本蒙古源流》的记载，除未写可汗名字之外，其余都和《成吉思汗传》同（见藤冈本第三部第三页）。

《蒙古源流》说："海桑〔可汗〕……辛亥，年三十一岁殁。弟阿裕尔·巴里巴特喇（Ayorbaribadara〔Ayurbaribadara〕）汗，乙酉年〔至元二十二年，一二八五〕生，岁次壬子，年二十八岁即位。供奉有名之萨斯嘉锡里巴特喇嘛，仍遵前政，宏图永固，在位九年，岁次庚申〔一三二〇〕，年三十六岁殁。"（《笺证》卷四第十四页下）

《元史·仁宗本纪》说："仁宗圣文钦孝皇帝，讳爱育黎拔力八达，顺宗次子，武宗之弟也。……至元二十二年〔乙酉，一二八五〕三月丙子生。"（卷二十四第一页上）"〔至大四年，一三一一〕三月十八日，于大都大明殿即皇帝位。"（同卷第六页上）"〔延祐〕七年〔庚申，一三二〇〕正月……辛丑，帝崩于光天宫，寿

三十有六，在位十年。……谥曰圣文钦孝皇帝，庙号仁宗，国语曰普颜笃皇帝。"（卷二十六第十九页上）

《辍耕录》说："仁宗圣文钦孝皇帝，讳爱育黎·拔力八达，国语曰普颜笃。"（《四部丛刊》本卷一第十三页）按"普颜笃"（Boyantu［Buyantu］）是有福者之意。

董岳惕巴，《胜教宝灯》作"董岳坚藏"（Don-yon rgyal-mtshan）。他的历史，请参照《胜教宝灯》日译本《蒙古喇嘛教史》第一八二页。

# 第八节

# 格坚可汗——英宗皇帝

## （下卷一一七页第二行至第五行）

其后，就在这马儿年（？）[1]，格坚可汗年十八岁，在大都即大位。所供奉的喇嘛是札木散（Rchamsan）。在位四年，二十一岁，猪儿年〔癸亥，至治三年，一三二三〕，在上都以南的末邻——额卜赤温[2]之地殡天。格坚可汗是属鼠儿的[3]。

---

1　"马儿"（morin），是"猴儿"（mochin〔müchin〕）之讹。当为庚申年、一三二〇。

2　末邻——额卜赤温（Morin Ebchi'ün），地名，意思是"马胸"。

3　《成吉思汗传》说："其后就在这猴儿年，硕德八剌（Shidibala）格坚可汗十八岁在大都即大位。在位四年，二十一岁，猪儿年，在上都之南，末邻——额卜赤温之地殡天。可汗是属鼠儿的。"（第二十五页下）
《喀本源流》的记事，除未提汗讳之外，余均与《成吉思汗传》同（见藤冈本第三部第三页）。
《蒙古源流》说："阿裕尔·巴里巴特喇汗……殁。子硕迪巴拉汗，癸卯年生，岁次辛酉，年十九岁即位。供奉有名之萨斯嘉·布特达锡哩喇嘛，以道教休养大众。驱逐唐古特之持卜赞汗，以定密纳克之众。在位三年，岁次癸亥，年二十一岁殁。"（见《笺证》卷四第十四页下）
《元史·英宗本纪》说："英宗睿圣文孝皇帝，讳硕德八剌，仁宗嫡子也。……大德七年〔癸卯，一三〇三〕二月甲子生。……〔延祐〕七年〔庚申，一三二〇〕三月十一日，即皇帝位于大明殿。……〔至治〕三年〔癸亥，一三二三〕八月癸亥，车驾〔自上都〕南还，驻跸南坡，是夕御史大夫铁失……等谋逆……遂弑帝于行幄，年二十一。……泰定元年〔甲子，一三二四〕二月，上尊谥曰睿圣文孝皇帝，庙号英宗。四月，上国语庙号曰格坚（Gegen）。"（卷二十七第一至四页、卷二十八第十六至十七页）按"格坚"是光明的意思。

《辍耕录》说："英宗睿圣文孝皇帝，讳硕德八剌，国语曰革坚。延祐七年庚申三月十一日庚寅即大位。……至治三年癸亥八月四日癸亥遇弑，崩于上都途中南坡行幄。在位四年，寿二十一。"（《四部丛刊》本卷一第十三页下）

《黄金史》和《成吉思汗传》《喀本源流》都说可汗是属鼠的。按鼠年是庚子（大德四年，一三〇〇），与上列其他各书所说的年龄不同，似有讹误，应以《元史》及《源流》所说的癸卯、大德七年为准。

可汗崩殂之地，《元史》《辍耕录》均作"南坡"，或即蒙古语所称Morin Ebchi'ün之地。

札木散（Rchamsan），《胜教宝灯》作"索囊坚藏"（Bsod-nams rgyal-mtshan）（日译本《蒙古喇嘛教史》第一八三页）。

## 第九节

# 也孙·铁木儿可汗——泰定帝

### （下卷一一七页第五行至第九行）

其后，猪儿年〔癸亥，至治三年，一三二三〕，也孙·铁木儿可汗三十岁，在阔迭额—阿剌勒即大位。所供奉的喇嘛是巴木·索德那木（Bam Sodnam）。有的史书称为阿里巴合·可汗（Aribakha Khaghan）。在位六年。三十六岁，龙儿年〔戊辰，致和元年，一三二八〕八月初六日，在上都殡天。也孙·铁木儿可汗是属蛇的[1]。

---

1 《成吉思汗传》（第二十五页下至二十六页上）和《喀本蒙古源流》的记载，除未提到可汗所奉之喇嘛外，与《黄金史》一字不差。只是《成吉思汗传》把可汗崩御的年岁误作"三十"，脱落了一个"六"字。鲍登（C. R. Bawden）博士在他的英译《黄金史纲》第六十三页五十二节注四下有所说明。
《蒙古源流》说："硕迪巴拉汗……殁，嗣噶玛拉之子伊逊·特穆尔汗，癸巳年生，岁次甲子，年三十二岁即位。令萨斯嘉布尼雅巴达及蒙古师罗咱斡锡喇卜·僧格二人，将从前未翻译之经翻译。在位五年，岁次戊辰，年三十六岁殁。"（见《笺证》卷四第十四页下、十五页上）
《元史·泰定帝本纪》说："泰定皇帝，讳也孙·铁木儿，显宗甘麻剌之长子，裕宗之嫡孙也。……至元十三年〔丙子，一二七六〕十月二十九日，帝生于晋邸。大德六年〔一三〇二〕，晋王薨，帝袭封，是为嗣晋王，仍镇北边。……至治三

年〔癸亥，一三二三〕……八月……英宗南还，驻跸南坡。是夕，铁失等矫杀
〔丞相〕拜住，英宗遂遇弑于幄殿。诸王按梯·不花（Alchi-Bukha）及也先·铁
木儿（Esen-Temür）奉皇帝玺绶，北迎帝于镇所。癸巳，即皇帝位于龙居河。"
（卷二十九第一页上下、第二页上）又说："致和元年〔戊辰，一三二八〕……秋
七月……庚午，帝崩，寿三十六。"（卷三十第二十四页上）

《辍耕录》说："泰定皇帝，讳也先·帖木儿，元封晋王。至治三年癸亥九月四日
癸巳，即位于上都龙居河。……〔致和元年戊辰〕七月十日庚午崩。文宗追废。
在位五年，寿三十六。"按龙居河即《秘史》客鲁涟（Kerülen）河。河畔的阔迭
额—阿剌勒亦即太宗斡歌歹可汗即位之所，向为漠北政治中心，《太宗本纪》一名
两译，一作"曲雕—阿兰"，一作"广铁乌—阿剌里"（见《元史》卷二第一页上）。
《辍耕录》载"九月四日癸巳即位"一语，《元史·泰定帝本纪》只说"癸巳"，未
注月日。但在同页所载的即位诏书中，曾有"九月初四日，于成吉思汗皇帝的大
斡耳朵里，大位次里坐了也"一语（见卷二十九第二页上下及第三页上），恰与
《辍耕录》合。惟《辍耕录》所说上都之地似有讹误。

本书、《成吉思汗传》和两种《源流》，都说可汗是属蛇的，癸巳年生。癸巳是世
祖至元三十年（一二九三）。正合各史书所载，戊辰年（致和元年，一三二八）崩
殂，享年三十六岁之说，足证《元史》所称至元十三年（丙子，一二七六）十月
二十九日帝生于晋邸的时间，是有讹误。

《胜教宝灯》说："也孙·铁木儿可汗命萨迦喇嘛达嘎瓦·索德那木（Dgah ba
bsod-nams）及蒙古译官锡喇卜·僧格（Shes-rab Seng-ge）二人翻译妙法。"（见日
译本《蒙古喇嘛教史》第一八三页）可知《黄金史》所说的"巴木·索德那木"
（Bam-Sodnam）、《蒙古源流》的"布尼雅巴达"和《胜教宝灯》的"达嘎瓦·索
德那木"同是一人。

## 第十节

# 剌察巴黑可汗——天顺帝

### （下卷一一七页第九行至第十三行）

就在那年，剌察巴黑（Rachabagh）可汗在位四十日崩殂，和
世㻋可汗（Kösala Khaghan）也在位一个月崩逝，〔所以〕就在
那龙儿年，札牙笃可汗（Jaya'atu Khaghan）年三十五岁，即了
大位。他所供奉的喇嘛是林沁·第纳黑（Richin-Dinah〔Rinchin-
Dinagh〕）[1]。

---

1 《黄金史》的这一节和下一节的记事，都有些纷乱，远不及《成吉思汗传》写得清
   楚而有条理。《成吉思汗传》说："其后，在这龙儿年〔戊辰，一三三八〕，阿速吉
   八（Asuchiba），在札牙笃（Jaya'atu）可汗〔文宗〕三十五岁的时候，八月十二
   日即了大位。"（第二十六页）
   《喀本蒙古源流》把这一段全部脱落了。《蒙古源流》把这位坐了四十天的可汗，
   误为海桑汗（武宗）之长子和锡拉（即明宗和世㻋）。同时又把和世㻋（Kösala）
   可汗读成了一个和锡拉与另一个在位二十天的库色勒两个可汗。显然是很错误的。
   （见《笺证》卷四第十五页上）
   这里所说的剌察巴黑（Rachabagh），当然是《成吉思汗传》里的阿速吉八
   （Asuchibau）的讹写。据《元史·泰定帝本纪》泰定元年条云："三月……丙午，
   御大明殿，册八八罕氏为皇后，皇子阿速吉八为皇太子。"（卷二十九第十页下）
   又同致和元年条："七月……庚午，〔泰定〕帝崩。……九月，倒剌沙立皇太子为

皇帝，改元天顺。"（卷三十第二十四页下）《明宗本纪》说："戊辰〔致和元年〕
七月庚午，泰定皇帝崩于上都。倒剌沙专权自用，逾月不立君。"（卷三十一第二
页下）又说："九月壬申，怀王〔图·帖睦尔〕即位，是为文宗。改元天历，诏
天下曰：'谨俟大兄〔明宗和世瓎〕之至，以遂朕固让之心。'时倒剌沙在上都立
泰定皇帝子为皇帝，乃遣兵分道犯大都。……燕·帖木儿与其弟撒敦、子唐其势
等，帅师与战，屡败之。上都兵皆溃。十月……以兵围上都，倒剌沙乃奉皇帝宝
出降。"（卷三十一第三页上下）这正与《成吉思汗传》所说的"阿速吉八，在札
牙笃可汗三十五岁的时候，八月十二日即了大位"一条是相合的。

此处所说"和世瓎可汗在位一个月崩逝"这一句话，所指不明。也可能是把文宗先
即位，而后让与明宗的记事（见《元史》卷三十一、二两卷）误写所致。

小林高四郎氏的《成吉思汗传》日译本《蒙古黄金史》把 Mön Jaya'atu
Khaghan——"就在这札牙笃可汗〔三十五岁〕的时候"一语，误为阿速吉八的尊
称，作"阿速吉八·门·札牙笃·可汗"（见该书第七四页）。

鲍登（C. R. Bawden）氏的英译《黄金史纲》第六十三页的蒙古译音部分和第
一四八页的英译部分都没有提到阿速吉八的故事。

《胜教宝灯》说林沁帕克（Rin-chen-hphags）梵文为 Ratnārya，并且说可汗所供
奉的喇嘛是林沁·旺宝（Rin-Chen dban-po）（见日译本《蒙古喇嘛教史》第一八
三页）。

# 第十一节

# 忽都笃可汗——明宗

## （下卷一一七页第十三行至一一八页第四行）

其后，蛇儿年〔己巳，天历二年，一三二九〕，忽都笃（Khutughtu）可汗，年三十岁，在西方声誉大隆，旋〔师〕而回。于正月十九日，因失落大宝国玺，使〔人〕杀丞相，并派〔军〕逆迎之。四月初三日，和世㻋·忽都笃可汗（Kösala Khutughtu Khaghan）即大位于赤赤格—纳兀儿〔Chichig Na'ur，花儿湖〕，所供奉的喇嘛是那木伯·札木散（Nambai Rchimsürn）。在位四个月，同年八月初六日殡天[1]。

---

[1] 《黄金史》的这一段记事也是很乱的，我们先把各种史料的记载写在下边：
《成吉思汗传》说："翌年，蛇儿年，忽都笃可汗自西方扬名凯旋，正月十九日即大位，年三十岁。因丢失宝玺，使人杀丞相，派兵逆迎，取之而去。忽都笃可汗在赤赤格秃—纳兀儿之地，于四月初三日即大位，同年八月初六日殡天。"（第二十六页）
《喀本源流》的记载是："其后，这札牙笃可汗三十五岁，龙儿年八月十二日即大位。翌年，蛇儿年，忽都笃汗自西方扬名凯旋，正月十九日即大位，年三十岁，因失宝玺使〔人〕杀丞相，并以〔军〕逆迎，见〔宝玺〕取之而去。忽都笃可汗，在赤赤格—纳兀儿，于四月初三日即大位，同年八月初六日殡天。"

《蒙古源流》说："伊逊·特穆尔汗……殁。海桑汗之长子和锡拉汗，庚子年生，岁次己巳，年三十岁即位，在位四十日，即于是年殁。弟库色勒汗乙巳年生，岁次己巳，年二十五岁即位，在位二十日，即于是年殁。"（见《笺证》卷四第十五页上）《元史·明宗本纪》说："明宗翼献景孝皇帝，讳和世㻋，武宗长子也。……〔仁宗〕延祐三年春，议建东宫，时丞相铁木迭儿欲固位取宠，乃议立英宗为皇太子，又与太后幸臣识烈门，谮帝于两宫，浸润久之，其计遂行，于是封帝为周王，出镇云南。……是年冬十一月，帝次延安……〔恐〕事变叵测，遂与数骑驰去。……帝遂西行至北边金山，西北诸王察阿台〔疑为察哈台汗国封主〕等闻帝至，咸率众来附。帝至其部，与定约束，每岁冬居扎颜，夏居斡罗斡察山，春则命从者耕于野泥。十余年间，边境宁谧。……戊辰〔致和元年〕七月庚午，泰定皇帝崩于上都。倒剌沙专权自用，逾月不立君，朝野疑惧。时金枢密院事燕·铁木儿留守京师，遂谋举义。八月甲午黎明，召百官集兴圣宫，兵皆露刃，号于众曰：'武皇有圣子二人，孝友仁文，天下归心，大统所在，当迎立之，不从者死。'……帝方远在沙漠，猝未能至，虑生他变，乃迎帝弟怀王〔文宗〕于江陵，且宣言已遣使北迎帝。……丁巳，怀王入京师，群臣请正大统。固让曰：'大兄在北，以长以德，当有天下。必不得已，当明以朕志，播告中外。'九月壬申，怀王即位，是为文宗。改元天历，诏天下曰：'谨俟大兄之至，以遂朕固让之心。'时倒剌沙在上都，立泰定皇帝子为皇帝，乃遣兵分道犯大都。……燕·帖木儿……等，帅师与战，屡败之，上都兵皆溃。十月辛丑……以兵围上都，倒剌沙乃奉皇帝宝出降。两京道路始通，于是文宗遣哈散及撒迪相继来迎，朔漠诸王皆劝帝南京京师，遂发北边，诸王察阿台……等咸帅师扈行。……天历二年〔己巳，一三二九〕正月乙丑，文宗复遣中书左丞跃里·帖木儿来迎。乙酉，撒迪等至，入见帝于行幄，以文宗命劝进。丙戌，帝即位于和宁之北。……三月……辛酉，文宗遣右丞相燕·铁木儿奉皇帝宝来上。……四月癸巳，燕·铁木儿见帝于行在，率百官上皇帝宝。……〔上〕遣武宁王彻彻秃……立文宗为皇太子。……五月……乙亥，次秃忽剌，敕大都省臣，铸皇太子宝。时求太子故宝，不知所在。近侍伯·不花言，宝藏于上都行幄，遣人至上都索之，无所得，乃命更铸之。……八月乙酉朔，次王忽察都（Ongghuchatu）之地。丙戌，皇太子入见。是日，宴皇太子及诸王、大臣于行殿。庚寅，帝暴崩，年三十。……是月己亥，皇太子复即皇帝位。十二月乙巳，知枢密院事臣也不伦等议请上尊谥曰翼献景孝皇帝，庙号明宗。"（《元史》卷三十一）又《元史·宁宗本纪》中称明宗为"忽都笃皇帝"（见卷三十七第二页下第三行）。《辍耕录》说："明宗翼献景孝皇帝，讳和世㻋，国语曰忽都笃。天历二年己巳正月二十八日丙戌，即位于和宁北。八月二日，大驾次王忽察都。六日，暴崩。不改元。在位八月，寿三十。"（《四部丛刊》本卷一第十四页上）在上列的蒙汉文史料中，除《蒙古源流》不足凭证之外，其余均大同小异。同时也可以说《黄金史》和《成吉思汗传》的记载，甚为扼要，首先说和世㻋可汗扬名于西方。这一点可从《元史》中得到详证。（小林高四郎的日译《蒙古黄金

史》第七四页称"西方"为"东方"不知何所根据，当有讹误。）关于宝玺的记
载，《明宗本纪》中也有三处提到这个问题。但无法确定《黄金史》中所说遗失
的宝玺，是否即《元史》所说的皇太子故玺，抑或指文宗先把皇帝宝玺从上都拿
走的故事而言，则无法断定。至于忽都笃可汗所要杀的丞相是谁？我们也无法断
定。所谓派兵逆迎一节，可能是指可汗率大军自塞外南下之事而说的。但我们总
可以从《黄金史》记事中，看出明宗是为了掌握国权，下决心，率军南下，不惜
杀死一个宰相。可能这就是促成他在王忽察都暴死的主因。陈邦瞻的《元史纪事
本末》说："胡粹中曰：'闻之故老言，燕·帖木儿奉上玺绶，明宗从官有不为之
礼者，燕·帖木儿且怒且惧。既而帝暴崩。燕·帖木儿闻哭声，即奔入帐中，取
宝玺，扶文宗上马南驰。本史乃言皇太子入哭尽哀，燕·帖木儿以皇后命，奉皇
帝宝授于太子，其说不合。岂当时忌讳，有不敢明言者欤。'"（见台湾商务印书
馆《国学基本丛书》版第四十四页）又《黄金史》下卷第一一八页首行第三字作
Al-Temür，可能是 El-Temür 之讹。El-Temür 即燕·帖木儿之原音。假如这个字原
是 El-Temür，那么《元史纪事本末》的说法，更值得我们参考了。《黄金史》和
《成吉思汗传》都说札牙笃可汗（文宗）即位时三十五岁，忽都笃可汗（明宗）即
位时年三十岁。按忽都笃可汗为札牙笃可汗之兄，二书所记的年龄当然不确。《元
史·宁宗本纪》中所说的蒙语庙号，及《辍耕录》所说的尊称——"忽都笃"，正
与蒙古史料所说的 Khutughtu 相合。"忽都笃"是"有福者"之意，清代成为转世
喇嘛的尊称，汉文写作"呼图克图"或"胡图克图"。
《胜教宝灯》称，和世瓎可汗所供奉的喇嘛是那木喀·坚藏（Nam-mkhah rgyal-
mtshan）。

## 第十二节

# 札牙笃可汗——文宗

### （下卷一一八页第四行至第六行）

　　其后，就在这月的初十日，札牙笃（Jaya'atu）可汗即大位，所供奉的喇嘛是伊希·林沁（Yishi-Rinchin）。在位四年。猴儿年〔壬申，至顺三年，一三三二〕，三十五岁，在大都殡天[1]。

---

1 《成吉思汗传》说："其后，就在这八月初十日，图·帖睦尔（Tüb-Temür）札牙笃可汗即大位。在位五年，壬申年，三十五岁，在大都殡天。"（第二十六页上）（鲍登英译本未提汗名，第一四九页）《喀喇沁本蒙古源流》除未言可汗之名为 Tüb-Temür 外，其余均与《成吉思汗传》同（藤冈本三部第四页）。

　《蒙古源流》说："阿裕尔·巴里巴特喇汗〔仁宗〕之子托克·特穆尔（Togh〔Tugh〕-Temür）汗，甲辰年〔大德八年，一三〇四〕生。岁次己巳〔天历二年，一三二九〕，年二十六岁即位。奉有名之萨斯嘉·阿难达巴达喇嘛。崇祀昭〔即拉萨大昭寺〕释迦牟尼佛，于上方福地〔即西藏〕，大施金银宝贝，于释迦牟尼佛法，极加敬重，修明道教。在位四年，岁次壬甲，年二十九岁殁。"（《笺证》卷四第十五页上下）

　《元史·文宗本纪》说："文宗圣明元孝皇帝，讳图·帖睦尔，武宗之次子，明宗之弟也。……〔大德〕八年〔甲辰，一三〇四〕春正月癸亥生。……致和元年〔戊辰，一三二八〕……九月十三日，即皇帝位于大明殿。其以致和元年为天历元年。……天历二年〔己巳，一三二九〕……四月……癸卯，明宗遣武宁王彻彻秃、中书平章政事哈八儿秃来锡命，立帝为皇太子。……八月乙酉朔，明宗次于

### 170

王忽察都。丙戌，帝入见，明宗宴帝及诸王、大臣于行殿。庚寅，明宗崩，帝入临哭尽哀。燕·帖木儿以明宗后之命，奉皇帝宝授于帝，遂还。……至顺三年〔壬申，一三三二〕……八月……己酉……帝崩，寿二十有九，在位五年。……元统二年〔一三三四〕……上尊谥曰圣明元孝皇帝，庙号文宗，国言谥号曰札牙笃皇帝。……〔顺帝〕后至元六年〔一三四〇〕六月，以帝谋为不轨，使明宗饮恨而崩，诏除其庙主。"（见卷三十六第九页下）

《顺帝本纪》说："〔后〕至元六年……六月丙申，诏撤文宗庙主……其略曰：'昔我皇祖武宗皇帝升遐之后，祖母太皇太后惑于憸憸，俾皇考明宗皇帝出封云南。英宗遇害，正统寝偏，我皇考以武宗之嫡，逃居朔漠，宗王大臣同心翊戴，肇启大事，于时以地近，先迎文宗，暂总机务。继知天理人伦之攸当，假让位之名，以宝玺来上，皇考推诚不疑，即授以皇太子宝。文宗稔恶不悛，当躬迓之际，乃与其臣月鲁·不花、也里牙、明里·董阿等谋为不轨，使我皇考饮恨上宾。归而再御宸极，思欲自解于天下，乃谓夫何数日之间，宫车弗驾。海内闻之，靡不切齿。又私图传子，乃构邪言嫁祸于八不沙皇后，谓朕非明宗之子，遂俾出居遐陬，祖宗大业，几于不继。内怀愧慊则杀也里牙以杜口。上天不祐，随降殃罚。叔婶不答失里，怙其势焰，不立明考之冢嗣，而立孺稚之弟懿璘质班，奄复不年。诸王大臣以贤以长，扶朕践位。国之大政，属不自遂者，讵能枚举。每念治必本于尽孝，事莫先于正名，赖天之灵，权奸屏黜，尽孝正名，不容复缓，永惟鞠育罔极之思，忍忝不共戴天之义。既往之罪，不可胜诛，其命太常撤去脱·脱木儿〔即图·帖睦尔〕在庙之主。……'"（见卷四十第六、七两页）

《辍耕录》说："文宗圣明元孝皇帝，讳脱·脱木儿，国语曰扎牙笃。致和元年戊辰九月十三日壬申，即位于大明殿，改元天历。诏让大兄明宗，明年己巳五月帝发京师北迎，八月二日丙戌遇于王忽察都。庚寅，明宗暴崩。己亥，复即位于上都。……〔至顺〕三年壬申八月十二日己酉，崩。在位五年，寿二十九。……后至元六年庚辰六月丙申，以帝谋不轨，使明宗饮恨而崩，诏撤其庙主。"（卷一第十四页）

由《元史》的记载来看，明宗暴崩，是由于文宗一派的逆献，似乎是被动的。但从《黄金史》不完全的记载中来看，明宗率大军南下，是主动，而且是积极争取政权的一种行动。这一场政争，虽然是用弑逆的手段，作了一个结束，但这一场悲剧，似乎是与忽必烈同阿里·不哥的政争，具有同一的性质。一方是代表守旧的"蒙古本位主义"。一方是代表华化主义的革新派。我们从久居漠北的明宗言行，和他与北路诸王及察哈台汗国宗王们的关系，以及文宗的久居江南交接文士、爱慕汉地文艺的性格来看，可以察出这一场汗位的争夺，并不仅是兄弟阋墙之祸，而是蒙古主义与汉化主义的一场严重冲突。

《胜教宝灯》说，札牙笃可汗所供奉的喇嘛是萨迦宗的伊希·林沁和卡尔玛派的林沁·多尔吉（Ran-byuun〔Rin chen〕rdo-rje）二人（见日译本《蒙古喇嘛教史》第一八四页）。

# 第十三节

# 额尔德尼·超克图可汗——宁宗

## （下卷一一八页第六行至第九行）

就在那猴儿年〔壬申，至顺三年，一三三二〕，懿璘质班（Irchamal?）额尔德尼·超克图·可汗（Erdeni-Choghtu Khaghan）在十月初五日即大位，所供奉的喇嘛是桑结·巴拉（Sangjai-Bal）。〔可汗〕在同猴儿年同月二十五日，在大都殡天[1]。

_____

1 《成吉思汗传》说："壬申年，本月初五日懿璘质班（Rinchinbala）可汗即大位，同月二十五日大都殡天。"（第二十六页上）《喀本蒙古源流》的记载（第三部第五页），与《黄金史》及《成吉思汗传》同；但《喀本源流》均与《黄金史》称汗名为 Irchamal，而无 Rinchin 字样。

《蒙古源流》说："库色勒汗之子额琳沁巴勒，丙寅年〔泰定三年，一三二六〕生，岁次壬申，年七岁即位，在位一月殁。"（《笺证》卷四第十五页下）

《元史·宁宗本纪》说："宁宗冲圣嗣孝皇帝，讳懿璘质班，明宗第二子也。……〔至顺〕三年十月庚子〔初四日〕，帝即位于大明殿。……二月〔？〕壬辰，帝崩，年七岁。……明年六月己巳，明宗长子妥欢·帖木耳即位。至元四年三月辛酉，谥曰冲圣嗣孝，庙号宁宗。"（卷三十七第五页）但《元史·顺帝本纪》说："至顺……三年……十一月壬辰，宁宗崩。"（卷三十八第一页下第七行）与《宁宗本纪》所说的"二月壬辰"不合，当有讹误。以《辍耕录》所载"宁宗冲圣嗣孝皇帝，讳懿璘质班。至顺三年壬申十月四日庚子，即位于大明殿，至十一月十六日壬午崩，……年七岁……"（卷一第十四页下）之说对证，可知《宁宗本纪》的"二月"

172

是错的。（编辑按：据中华书局点校本，《元史·宁宗本纪》"二月壬辰"在至顺三年十一月条下，断句为"左钦察卫士饥，赈粮二月。壬辰帝崩"。）

《胜教宝灯》说，懿璘质班（Rin-chen-dpal）可汗所供奉的喇嘛是桑结·巴勒（Sans-rgas-dpal［Sangs rgyas-dpal]）（见日译本《蒙古喇嘛教史》第一八四页）。

## 第十四节

# 乌哈噶图可汗——顺帝

## （下卷一一八页第九行至一二四页第十一行）

其后，就在这猴儿年〔壬申，至顺三年，一三三二〕，妥欢·帖木儿（Toghon-Temür）乌哈噶图（Ukhaghatu）可汗在大都即大位[1]。所供奉的喇嘛名叫福龙（Boyan-u〔Buyan-u〕Luu）。〔他〕失掉了成吉思汗所建立的伟大社稷。从成吉思可汗起，到妥欢·帖木儿可汗都是供奉萨迦（Sa-skya）宗的喇嘛。乌合噶图可汗不从谛特苏特·伊卜苏特·鲁·喇嘛（Tidsud-Ibsud-Lu-Lama）的法旨，废掉〔他祖先〕和八思巴喇嘛的誓约[2]。因此失掉了忽必

---

1 关于妥欢·帖木儿汗即位年代，《元史》（卷三十八《顺帝本纪一》第二页上）、《辍耕录》（卷一第十四页下）、《蒙古源流》（《笺证》卷四第十五页下）均作"癸酉年"（至顺四年，一三三三）。《元史》称"〔至顺〕四年六月己巳，帝即位于上都"，与《辍耕录》同。《元史》于《顺帝本纪》之末尾称："大明皇帝以帝知顺天命，退避而去，特加其号曰顺帝。"北元朝廷所上之庙号为惠宗，蒙语尊号为乌哈噶图。"乌哈噶图"是"有智慧者"的意思。

2 《蒙古源流》也记有妥欢·帖木儿汗，与元代诸汗在传统上所崇奉的萨迦宗的喇嘛之间，发生龃龉之事。但《源流》所记载的喇嘛是阿难达·玛第喇嘛（《笺证》卷四第十五页下）。

烈·薛禅可汗所建设的大都宫阙。

在乌哈噶图的时代，〔一个〕主儿扯惕〔即金人之意〕老翁的儿子，名叫朱〔葛〕，〔他〕出生的时候，从房子里有彩虹出现，拉干（Laghan）、伊巴忽（Ibakhu）两个人知道了这个预兆，就奏禀可汗说："这个小儿对我们的可汗，好可以效劳，坏可以为害，〔莫如〕从小就把他除掉！"可汗不听他两人的话，不肯杀死那个小孩。拉干、伊巴呼两个人说："您没有杀他，以后可不要为您的头颅后悔呀！"

这个孩子长大之后，就奉命镇守左〔儿〕省的人民，右〔儿〕省的人民由托托（Toghtogh）、合剌章（Khara-jang）[3]两人掌管。后来朱葛（Jüge）、布哈（Bukha）兄弟二人[4]向可汗进托托、合剌章两人的谗言说："这两个达鲁花〔赤〕掌管你的仓廪，自己吞了大的好的，把小的不好的才拿来献给可汗你。"为了这话，可汗就派朱葛去把托托、合剌章两人带来。朱葛前去，没到那里，中途回来，就报告可汗说："〔他〕不肯来"。〔可汗〕又派〔他〕去。〔他〕又回来说以前的话，可汗发了怒，罢免托托、合剌章两人达

---

《胜教宝灯》说，妥欢·帖木儿汗所供奉的喇嘛是萨迦宗的贡嘎·罗结（Kun dgah blo-gros）和卡尔玛宗的罗勒柏·多尔吉（Rol-pahi rdo-rje）二人。其中卡尔玛宗的大师多受可汗的尊重（见日译本《蒙古喇嘛教史》第一八四页、一八七至一八九页）。

3　托托，即丞相脱脱，《元史》卷一三八列传第二十五有传。合剌章是他的长子，其事见《脱脱传》。元室北徙，他曾辅佐昭宗爱猷·识理达腊和脱古思·帖木儿两可汗，维持北元的残局，事见《明史·鞑靼传》（百衲本卷三二七第二页上下）。

4　关于布哈，张尔田在《蒙古源流笺证》的小注说："布哈，即右丞相别儿怯·不花（Berke-Bukha），史称其欲陷脱脱，而以为朱葛弟兄，可笑。"（卷四第十六页上小注）按别儿怯·不花欲陷脱脱于死之事，见《元史·脱脱传》（卷一三八列传第二十五第三十九页下）。

鲁花〔赤〕的职守。就叫朱葛、不花二人掌管全国。朱葛、不花二人去接管了仓廪，三年之间都没有回来。可汗降上谕说："朱葛的腿太沉重了，若是朱葛前来，可不要给他们开门！"如此给门卫下了旨谕。

那事以后，可汗做了一个梦。梦见许多敌兵围住了我们的城。因为怕那些敌〔兵〕，就在城里绕着跑，几乎连看一看的时间都找不到。赶紧往西北跑，〔在那里〕看见一个洞，恨不得把可汗的〔大〕位、全国的百姓都撇下，从洞里钻出去才好。因此就叫汉地的贤者解释说："我这个梦是好还是坏呢？"那个贤者解可汗的梦说："好像可汗将要失掉汗位。"那以后，蒙古的托托丞相远征得利，打了胜仗[5]。〔有一天〕可汗按梦的预兆，到西北一看，果然有一个洞。〔心想〕："我这个梦竟是真的。"就害起怕来。

后来朱葛、不花两个人，用一万辆车，装载官仓〔的财富〕前来。用多半的车辆装载财货。在三千辆车上，装了穿铠甲的士兵。〔可汗的〕门卫不给〔他〕开门。他就送给门卫财宝，骗进〔城门〕，显出〔伏〕兵，要突袭可汗的金殿。可汗知道了，就把三十万蒙古人都撇下，从以前所看见的〔那个〕洞，把皇后们皇子们带出去走了。〔可汗这次〕仅带十万蒙古人出去。

在那仓惶出走的时候，善射者合撒儿（Khasar）的后裔答忽·巴图尔（Dakhu Ba'atur）之子，多木勒和·巴图尔（Domulkhu

---

5　原文作Sain ayalakhu（下卷第一二〇页第十八行）。按字义，Sain是好，ayalakhu在《秘史》上作"长征"解。此处或有"预示胜利"之意。但为慎重起见，译作"远征"，大概是指他讨江南诸贼而说的。

Ba'atur）[6]派他的儿子合赤·忽鲁格（Khachi-Külüg）出阵，率领他那六十名有旗帜的战友（nökör）前来，说："〔俗语〕说：'宁叫骨断，莫使名折！'"说着就迎上汉兵厮杀前去。这就是所谓"合撒儿的后裔对可汗的子嗣做过一件好事"的那件事。

〔可汗〕出兔儿口（Moltugchin-u〔Moltughchin-u〕Sübe）[7]，建立虎儿城（Bars Khota）[8]居住。汉兵就建筑沙狐城（Kirsa Khota）[9]

---

6　多木勒和·巴图尔（Domolkhu-Ba'atur），《蒙古源流》作"多古勒·巴图尔"，《喀刺沁本蒙古源流》（藤冈本第三部第七页第十一行）作 Domolkhu-Ba'atur，《成吉思汗传》（第二十七页下第九行）作 Tokhu-Batur。

按《墨尔根活佛的黄金史纲》（张家口版）第八十九页，说他是合撒儿的九世孙，在顺帝失国之际，与汉兵厮杀亡，年五十一岁。

7　《蒙古源流》作"古北口"（《笺证》卷五第二页上）。同处的蒙文则作 Moltugchin Sübe，见施密特（Schmidt）本蒙文《蒙古源流》第一三六页，亦有称之为"独石口"者。

8　Bars Khota 之汉译，就是"虎儿城"。关于它的记载，日本和田清博士在他的《有关兀良哈三卫之研究（上）》论文注解第五十七说："根据《蒙古源流》，大都失守后，顺帝'聚集于克鲁伦河边界，起造巴尔斯—和坦居住。'其他蒙古人方面的所传，也多一致支持此说。实则顺帝遁走是由漠南的开平迁至应昌，这是毋庸再叙的。而巴尔斯—和坦城是在漠北克垎伦河畔，乃今外蒙古车臣汗会盟之地，所以此说当然不能凭信；然而此种传说之所以发生的原因，可能是因明初这一地区，曾是蒙古可汗一个衙庭所在之处。"这是和田清氏在论说顺帝之子爱猷·识理达腊与明太祖抗衡时所作的注解（见和田清《东亚史研究（蒙古篇）》第一八二及二五二页）。

按清代外蒙右车臣汗部亦称为克鲁伦巴尔—和屯盟。《大清会典·会盟编》"外札萨克会盟"条称："车臣汗部二十三旗，盟于克鲁伦巴尔—和屯为一会。"（见"蒙藏委员会"于一九四九年在台北出版的《清代边政通考》（即《大清会典理藩院事例一》，第二九三页）又张穆（石州）《蒙古游牧记》卷九《外蒙古、喀尔喀、喀鲁伦巴尔—和屯盟游牧所在》"中末旗"条"牧地"小注说"〔龚之鑰《后出塞录》〕又曰：达赖贝子所属境内，有城名巴喇—河屯，译言虎城也。城内废寺甚大。后殿有二塔，一七层，一五层，二塔壁间所绘诸佛像俱在。其七层者，内有石台，上供木匣，长三尺许，贮画一轴，上绘三世佛及文殊、普贤并四大天王像。殿侧有碑记，字多剥落，间有一二字可识，仿佛辽时之物。"（见"蒙藏委员会"本第二三三页）

9　按 Kirsa 或 Girsa 是狐的一种。它体型较小，皮毛较次，汉语称为沙狐或沙狐子。

住下了。据说乌哈噶图可汗的儿子必力格图（Biligtü）〔可汗〕，叫暴风雪降下[10]，使汉兵军马几乎死光。残兵〔退〕回的时候，〔蒙古〕兵一直追杀到长城（Kerem）。逃散的溃兵烧毁了他们的兵器，倒毙在他们的〔军〕粮之上，所谓"汉人上了山顶，沙狐的尾巴做了帽缨"[11]就是指这个说的。

〔以下是乌哈噶图可汗怀念两都的歌词：〕

用各种珍宝，以至美至善建立的，我的大都啊！

古代诸可汗宴居的夏宫，我的上都金莲川[12]呀！

凉爽美丽我的开平，上都；

〔温暖壮丽我可爱的大都〕[13]；

在红兔儿年失陷了的，我〔所爱〕的大都[14]；

清晨登高，就闻到了你那芬芳的香气。

在我乌哈噶图可汗跟前，曾有拉干、伊巴忽两人〔劝谏〕；

---

Khota是城。这正是"杀胡城"的对译。按明人的记载，多说永乐帝筑杀胡城，驻屯大军以攻本雅失里可汗。和田清氏在之《明初之蒙古经略》一文中，认为其地当在外蒙古喀尔喀东路车臣汗部之会盟地巴喇思城附近（见《东亚史研究》第五十九页）。可能其地原为Kirsa Khota，以其汉译为沙狐城，明人遂以杀胡名之。顺帝时代，明宗筑沙狐城之说，当然是后人根据本雅失里可汗时代的故事而捏造的。

10 即《秘史》第一四三节（卷四）所说的"札答"（jada）。

11 这句俗话显然是讽刺明兵的，可能是说"属下的汉人登了高，卑贱的沙狐尾巴也当了缕帽"的意思吧。

12 金莲川，原文作Shira Tala。《蒙古源流》译为"尚都—沙喇—塔拉"。按Tala是川，即平川或平原之谓。Shira是黄色。当然是有黄花遍野的平原之意，且因其地在上都附近，自然是金莲川无疑。

13 这一句不见本书，但《成吉思汗传》（第二十八页上第九行）有这一句。自词义上看来，这是显然脱落的，所以把它填写在这里。

14 红兔儿年是丙卯年，而大都失守系在庚申年（一三六八），显然是个错误。在《成吉思汗传》中（第二十八页上）没有这一句。

明明察觉，竟尔失掉了〔我〕可爱的大都！


生而无知的"那颜"，

连国家也不相看顾！

我只有哭哭啼啼的停在这里，

我好像遗落在营地里的小红牛犊！

用各样〔美饰〕建造的，我的八棱白塔；

维系朝廷大国名分的，用九种宝器建立的，我的大都！

保持四十万户蒙古社稷名誉的，方形有四座城门的，我的大都；

宏法传教，超度地狱枯骨的[15]，我可爱的大都！

〔啊！〕我的名分，我的朝廷！

冬季不去过冬，夏天做为夏营的，我的开平上都，我的金莲

川啊！

不听拉干、伊巴忽劝谏，造成了我的错误！


有福之人建造的〔翠〕竹宫殿[16]；

呼毕勒罕[17]·薛禅可汗，度夏的开平，上都！

---

15 原文作Temür Shatu khughuraji（下卷第一二二页第十三行），意思是"铁梯折
断"，似与上下文不合。《成吉思汗传》（第二十八页下第五行）作Tamu Shantu
darshighuraju，《喀本蒙古源流》（第三部第九页第五行）亦同，足证《黄金史》的
词句是错了。按Tamu是地狱，Shantu是胫骨，darshighuraju是留恋或沉醉之意，
所以勉强地把它译作"超度地狱枯骨"，以符上下文之义。

16 关于忽必烈可汗的竹宫，小林高四郎氏在他的日译《蒙古黄金史》第八十八页注
二之处，提到《马可波罗游记》中亦有相同的记载。

17 "呼毕勒罕"（Khubilghan），是"有神通且能变化者"之意，也就是现在汉语的
"活佛"，见第四节注18。

都给汉人赚去了！

〔啊！〕这荒唐的恶名，就加在我乌哈噶图可汗的身上！

用〔尽〕一切建造的，美玉〔一般〕的大都；

建立宫殿，用以过冬的，可爱的大都；

都给汉人夺去了！

〔啊！〕这昏乱的恶名，就加在我乌哈噶图可汗的身上！

用〔尽〕一切建造的，宝贝一般的大都；

都给汉人虏去了！

〔啊！〕这庸劣的恶名，就加在我乌哈噶图可汗的身上！

可汗主上所奠定的伟大名誉〔和〕社稷；

令人景仰的薛禅可汗所建造的，可爱的大都；

举国仰望，作为全国支柱的，宝贝大都；

〔如今〕已被汉人夺去了！

〔啊！〕可爱的大都！


汗·腾格里[18]之子——成吉思可汗的黄金氏族。

诸佛转世的，薛禅可汗的黄金宫阙。

普萨转世的乌哈噶图可汗，因汗·腾格里的定命，

失守了可爱的大都！


在袖里藏好汗主的玉宝玺，

---

18 汗·腾格里，即汉语"皇天"之意，但以保留原形，似乎更能表示原来萨满教的色彩，故不翻译。

从众敌当中厮杀夺阵而出；

不花·帖木儿丞相[19]要在动乱之中，

给汗主的后嗣，奠定万世〔不易〕的疆土！

误中诡计，失守了可爱的大都，

从家逃亡，遗下了宝贝梵经佛法，

愿神明睿智的众普萨辨别〔善恶〕！

愿今后成吉思可汗的黄金氏族再回来重定〔疆土〕！

其后，可汗二十九岁，〔又〕经过了四年，狗儿年〔庚戌，一三七〇〕在称为应昌府（Ing-Changbu）的城里殡天[20]。众蒙古人的社稷，被大明可汗（Dai-Ming Khaghan）所夺取。自是以后，佛法教化也就衰残了。从忽必烈·薛禅可汗居住大都以来，到乌哈噶图可汗，共住了一百零五年又六个月[21]，失守了

---

19 不花·帖木儿（Bukha-Temür）丞相，《元史》无传；但在《宰相年表》中却有他的名字。顺帝至正二十四年〔甲辰〕和二十五年〔乙巳〕，他都是右丞。二十六年〔丙午〕他是平章政事（见卷一一三《表第六下·宰相年表二》第十一页下、十二页上、十三页上）。

20 这里显然是错误的。《蒙古源流》作"戊申（至正廿八年，一三六八）年五十一岁"（《笺证》卷五第一页下）。《元史·顺帝本纪》说："八月庚申，大明兵入京城，国亡。后一年，帝驻于应昌府。又一年，四月丙戌，帝因痢疾，殂于应昌。寿五十一，在位三十六年。"（卷四十七本纪第四十七，第十四页）

21 按《元史·地理志》："世祖至元元年〔一二六四年〕，中书省臣言：'开平府阙庭所在，加号上都，燕京分立省部，亦乞正名。'遂改中都。……四年〔一二六七〕始于中都之东北置今城而迁都焉。九年〔一二七二〕，改大都。"（卷五十八《地理志十》，第三页上）
这里所说的，当是指世祖至元元年〔一二六四〕给燕京以中都的名号之时起至顺帝北迁的一三六八年，共是一百零五年。若以世祖冬季居住大都的确实年月来算，似乎仍有问题。

大都[22]！

---

22 关于这一段，《成吉思汗传》（自第二十六页下首行至二十九页下第四行）和《喀
喇沁本蒙古源流》（藤冈本第三部第三行至十一页首行）的记载，与《黄金史》只
有一些细微的出入。《蒙古源流》（《笺证》卷四第十五页下至卷五第三页上）的记
载，虽然相仿，但有相当的出入。所谓顺帝怀念两都的歌词，自若干角度上看来，
也似乎是后人之作，这篇名歌以《黄金史》《成吉思汗传》《喀本源流》所保存的
远较《蒙古源流》完整得多。喇希彭苏克（Rashipungsugh）书第四册第六三三至
六三四页也有一首类似而简短的歌词。

## 第十五节

# 关于明朝诸帝的记载和传说

（下卷一二四页第十一行至一二七页第三行）

 

当社稷沦亡的时候，乌哈噶图可汗的翁吉剌惕夫人正怀着三个月的孕。那位夫人就藏在〔一个〕瓮里。那个瓮汉语叫做"缸"。蒙古语叫做botong。汉族的朱洪武可汗娶了那个夫人，〔留她〕住在宫里。那个汉人想，如过了七个月就生产的话，〔必〕是敌人的儿子，就〔把他〕杀掉；若是过了十个月〔才〕生产，就是自己的儿子，不可胡作非为。夫人就〔暗中〕祈祷说："我们的天父啊！请你垂恩，给加添三个月，叫过十个月〔再生下来〕吧！"上天垂恩，果然过了十三个月，才生下一个男孩儿，朱洪武可汗的汉族夫人〔也〕生了一个男儿。

洪武可汗就做了一个梦，梦见有两条龙相斗。北边的龙胜过了南边的龙[1]。就叫卜者解说："我这梦是吉还是凶呢？"卜者说："那

---

1　原文是东（左，jegün）和西（右，baraghun）。在蒙古游牧区的房舍帐幕都是面向东，而称东为南；所以东就是北，南就是西了。以龙为可汗的象征，所谓"真龙天子"之说，在蒙古并不存在。龙王（Loos）不过是一个可以为善可以为恶的

**183**

不是两条龙，是你的两个儿子。南边的龙是汉族夫人的儿子。北边的龙是蒙古夫人的儿子，〔他〕有坐你汗位的命运。"为了卜者的话，洪武可汗就想："虽然同样都是〔我的〕子嗣，可是他的母亲，曾是敌人的夫人，由她生的儿子来坐我的汗位，实在不好。"就叫〔他〕从宫里出去，在长城的末尾，建造呼和—浩塔（Köke Khota）城[2]住在那里。其后洪武可汗在位三十一年之后，就死了[3]。

---

地方神祇，并不特别受尊敬。所以这传说是汉化或内地化的神话，不像蒙古的原装品。

2　按 Köke Khöta 即"归化城"之原名，意思是"青城"，这城是阿勒坦（俺答）汗所造的，与燕王无关。

3　关于永乐帝为元顺帝遗子之说，《蒙古源流》卷八说："汉人朱葛诺延……袭取大都城，即汗位，称为大明朱洪武汗。其乌哈噶图汗之第三福晋，系洪吉喇特·托克托太师之女，名格呼勒德·哈屯，怀孕七月，洪武汗纳之，越三月，是岁戊申，生一男。朱洪武降旨曰：'从前我汗曾有大恩于我，此乃伊子也，其恩应报，可为我子，尔等勿以为非。'遂养为己子。与汉福晋所生之子朱代，共二子。朱洪武在位三十年，岁次戊寅，五十五岁卒。大小官员商议，以为蒙古福晋之子，虽为兄，系他人之子，长成不免与汉人为仇，汉福晋之子虽为弟，乃嫡子，应奉以为汗。朱代，庚戌年生，岁次戊寅，年二十九岁即位，在位四越月十八日即卒。于是年无子。其蒙古福晋所生之子，于己卯年三十二岁即位……在位二十二年，岁次庚子，五十岁卒。子宣德汗，丙寅年生，岁次辛丑，年三十六岁即汗位。"（《笺证》卷八第十七页上末行至十八页下末行）沈增植、张尔田两氏在上边这一段记事中，写下两段小注，说："〔刘献廷〕《广阳杂记》：'明成祖之母瓮妃，蒙古人，元顺帝妃也。宫中别有庙，藏神主，世世祀之，不关宗仰。'此书前称托克托太师为洪吉喇氏，本又作瓮吉剌，彼此相合。尔田案，《（蒙古）世系谱》：'汗避位出京，弘吉喇氏哈吞，仓猝藏覆瓮中，为明洪武所获，时哈吞怀娠已三月，默祝曰："弥月而产，势难留也。惟天悯佑，至十三月而生乃得安全。"后果十三月生一子，洪武以为己子育之。此即明之永乐也。后妃以硕为姓'云。与此所述同一事，而传说小异。"又说："尔田案，朱竹垞《南京太常寺志跋》：'海宁谈迁《枣林杂俎》中述孝慈高皇后无子，不独长陵〔成祖〕为高丽硕妃所出，而懿文太子及秦、晋二王皆李淑妃产也。闻者争以为骇。今观天启三年《南京太常寺志》大书孝陵殿宇中，设高皇帝后主，左配生子妃五人，右只硕妃一人。事足征信，然则实录曲笔不足从也。《太常寺志》今未他的儿子札兀剌（Ja'ura）可汗〔即建文帝〕⁴在位四年之后，翁吉剌惕夫人的儿子永乐可汗，就率领他自己的少数伴当（nökör），山南的六千蒙古人⁵，水〔滨〕的三万女真人，占领了长城（Khara Kerem?）⁶之地，组织军队，前去捉住汉族洪武可汗的儿子札兀剌可汗，在他的颈项上加盖银印，放逐出去。

乌哈噶图可汗的儿子，永乐可汗占了〔大〕位。我们〔可

---

见，使其信然，则硕妃、瓮妃必居其一，与瀛国公事殆同一例。野史遗闻或未尽无稽欤？"（《笺证》卷八第十七页下、十八页上）

关于这一段传说傅斯年先生于民国二十一年在《中央研究院史语所集刊》第二本第四分发表《明成祖生母记疑》一文。其后朱希祖氏又在中山大学《文史学研究所月刊》二卷一期发表《明成祖生母记疑辩》一文。民国二十五年三月，李晋华氏又在《中研院史语所集刊》第六本第一分发表《明成祖生母问题汇证》一文，同时在同一刊物上，傅氏又发表了《跋〈明成祖生母问题汇证〉并答朱希祖先生》一文。傅、李两氏认为成祖之生母为硕妃，而非高后。朱氏则持相反的意见。傅、李两氏所引证的史料极详，惜朱氏之原文此间无法读到，颇觉怅然。小林高四郎氏在他的日译《蒙古黄金史》第九十一页注三中也略提到上述的一些论说，同时他更说到田清波（A. Mostaert）神甫所编著的《鄂尔多斯口碑集》第一三三页亦有记载，并谓田氏以为这是从内地流入蒙古的传说。可惜这本书此间无从借阅。《胜教宝灯》的记载也大致相同（见日译本《蒙古喇嘛教史》第八六至八八页）。

4　"札兀剌"（Ja'ura）一字是"半途的"或"不到头的"之意。可能是当时蒙古人对建文帝的一种含有讽刺和卑视的称呼，也可能是误写。《喀喇沁本蒙古源流》作Jaghun（藤冈本第三部第十二页）。《成吉思汗传》（第三十页第十行）作Jaghuya，可能是Jaghura的讹写。

5　这里（下卷一二六页第二行）说是六千蒙古人，等到下边（第八行）就说是六千乌济叶特人。《成吉思汗传》并《喀本源流》均作Üchiyid。但这一族究属于蒙古何部，尚待考证。英人鲍登（C. R. Bawden）〔同氏英译《蒙古年代记》（Altan Tobchi）第一五五页〕、日人小林高四郎（《蒙古黄金史》第九一页注二）也曾提到这问题，但都未得解决。《蒙古源流》说："加兵于大同地方，擒获大明正统汗……交与阿里玛丞相，留养于六千乌济叶特之高阜和暖地方。"（见《笺证》卷五第十三页上）可知乌济叶特必是个统属六个千户而居住离大同不远的漠南地方的一个部族。

6　长城，普通称为Chaghan Kerem（白墙子），惟此处称为Khara Kerem（黑墙子）。

汗〕的子嗣做了中国正统的可汗。因为曾给永乐上过尊号"大明"
（Daiming），〔且〕曾效过力的缘故，〔他〕就赏赐山南的乌济叶特
（Üchiyed）族[7]三百份敕书（daidu）[8]。这永乐可汗在位二十二年殡天。

这永乐可汗的子嗣做了十一代，他们是：

洪熙（Khunshi）可汗在位一年[9]。

宣德（Sende）可汗在位十年。

正统（Jingtüng）可汗在位十四年。

景泰（Jingtai）可汗在位十五年[10]。

成化（Chingkhua）可汗在位二十三年。

弘治（Khuningchi）可汗在位十八年[11]。

正德（Jingde）可汗在位十六年。

嘉靖（Jadang? Jadeng?）可汗在位四十六年[12]。

隆庆（Lüngching）可汗在位四十六年[13]。

---

7 同注5。

8 敕书，原文作Daidu。关于这一个字的问题，Henry Serruys曾为《中国文化》
（Chinese Culture）第二卷第四号（一九六〇年五月）撰写"Ta-tu, Tai-tu. Dayidu"
一文，论之甚详，可参考。据他的考证，凡持有这种敕书的，可到边卡交易或领
赏赐。

9 《蒙古源流》卷八在记述明代诸帝时，把洪熙帝脱落，《胜教宝灯》也把他脱落了。

10 景泰帝在位七年（一四五〇——一四五六），这里的十五年，是包括英宗复位后的天
顺八年在内。《成吉思汗传》另列"天顺帝"一条，自其拼音来看，似为后人所
加。《喀本源流》未列入此条。

11 弘治（Khuningchi），《成吉思汗传》（第三〇页下末行）作Khuwangchi，《喀本源
流》（第三部第十二页第九行）作Khungchi。

12 嘉靖（Jadang），《成吉思汗传》（第三十一页下首行）及《喀本源流》（第三部第
十三页第十一行）均作Jiding。

13 按隆庆帝（穆宗）在位六年（一五六七——一五七二），《成吉思汗传》（第三十一页
首行）、《喀本源流》（第三部第十三页第十二行）亦均作"六年"。

〔万历（Wanli）可汗在位四十六年。〕[14]

泰昌（Tayisun）可汗在位一个月。

大明朝廷（Daiming-Chu-Ting）天启（Tinchi）可汗在位一年[15]。从洪武可汗到天启可汗共二百五十七年[16]。

---

14 《黄金史》把万历帝这一代脱落未写，似乎是把他和隆庆帝混在一起，现在按《喀本源流》《成吉思汗传》把这一句补起来，"万历"，《喀本源流》（第三部第十三行）作Wali，实际上万历计为四十七年（一五七三——一六一九）。

15 天启帝，《成吉思汗传》（第三十一页下第三行）、《喀本源流》（同前第十五行）均作"在位二十六年"。

16 以上列诸帝在位年数总和得不出二百五十七这个数字，显然是有讹误之处。《胜教宝灯》的记载比较详尽，且记有正统的被俘和崇祯的失国等事（见日译本《蒙古喇嘛教史》第八八至九十页）。

# 第十六节

# 必里格图可汗

## （下卷一二七页第四行至第六行）

妥欢·帖木儿可汗的儿子，必里格图（Biligtü），就在这狗儿年〔庚戌，洪武三年，一三七〇〕，在称为应昌的城里即大位，在位九年，马儿年〔戊午，洪武十一年，一三七八〕殡天[1]。

---

1 《成吉思汗传》（第三十一页上）、《喀喇沁本蒙古源流》（藤冈本第三部十四页）的所记与本书同。

《蒙古源流》说"〔托欢·特穆尔汗〕岁次庚戌〔一三七〇〕，年五十三岁殁，子阿裕·锡哩达喇汗（Ayur Shiridara Khan），戊寅年〔一三三八〕生，岁次辛亥〔一三七一〕，年三十四岁即位。在位八年，岁次戊午〔一三七八〕，年四十一岁殁。"（《笺证》卷五第三页上）

《元史》说：〔庚戌年〕五月癸卯，大明兵袭应昌府，皇孙买的里·八刺（Maidaribala〔Mayidaribala〕）及后妃并宝玉皆被获，皇太子爱猷·识礼达腊从十数骑遁。"（卷四十七《顺帝本纪十》末尾）

《明史·鞑靼传》说："洪武十一年〔戊午，一三七八〕夏，故元太子爱猷·识理达腊卒，太祖自为文，遣使吊祭。"（卷三二七列传第二一五第二页下）

按爱猷·识理达腊汗的汉语谥法是昭宗。"必里格图"（Biligtü）是蒙语尊称，意思是"博闻强记的或聪敏的"。昭宗是蒙古可汗中最后有汉语谥号的一个人。

## 第十七节

# 兀思哈勒可汗

### （下卷一二七页第六行至第七行）


兀思哈勒（Uskhal）可汗，就在这马儿年〔戊午，洪武十一年，一三七八〕即大位，在位十一年，龙儿年〔戊辰，洪武二十一年，一三八八〕殡天[1]。

1 《成吉思汗传》（第三十一页上）、《喀喇沁本蒙古源流》（藤冈本第三部第十四页）两书所说的与本书相同。

《蒙古源流》说："〔阿裕·锡哩达喇汗〕殁，弟特古斯·特穆尔汗（Tegüs-Temür Khan），壬午年〔至正（后）二年，一三四二〕生，岁次己未〔洪武十二年，一三七九〕，年三十八岁即位，在位十年，岁次戊辰〔洪武二十一年，一三八八〕，年四十七岁殁。"张尔田氏在注解这一段时说："据《明史·外国传〔鞑靼传〕》，脱古斯·帖木儿为爱猷·识理达腊之子，当以此书为正，成祖谕本雅失里，有'太祖遣脱古斯·帖木儿归，嗣为可汗'语。史盖缘之而误。《蒙古世系谱》称乌萨哈尔汗。"又沈增植说："特古斯·特穆尔尝为明擒，此书不叙，知蒙古人讳之。其卒在洪武二十一年，与此合。不言为也速迭尔所弑者，不详其事，亦讳之也。《明史·太祖纪》'二十二年，也速迭儿弑其主脱古斯·帖木儿，而立坤·帖木儿'，与《外国传》异，又与成祖诏'顺帝后至坤·帖木儿六传，皆不善终'异。当据此正之。王静安校《明史》：'脱古思·帖木儿既遁，将依丞相咬住于和林，行至土剌河，为其下也速迭儿所袭，众复散，独与捏怯来等十六骑偕。适咬住来迎，欲共依阔阔·帖木儿，大雪不得发。也速迭儿兵猝至，缢杀之，并杀其子天保奴。'"（《笺证》卷五第三页上下）

这一段话指出明人的若干错误的记载，颇为扼要。

兀思哈勒（Uskhal）是脱古斯·帖木儿汗的蒙语尊称，意思是"谦恭和蔼的"。

# 第十八节

# 卓里克图可汗及恩克可汗

## （下卷一二七页第七行至第九行）

其后，就在这一年，卓里克图（Jorightu）可汗即大位。在位四年。羊儿年〔辛未，一三九一〕殡天。恩克（Engke）可汗在位四年[1]。

---

1 《成吉思汗传》（第三十一页上）和《喀本蒙古源流》（藤冈本第三部第十四页）所记有关卓里克图汗之事，与《黄金史》相同，但无有关恩克汗的任何记载。
《蒙古源流》："特古斯·特穆尔汗……殁。生子恩克·卓里克图汗（Engke Jorightu Khan）、额勒伯克·尼古埒苏克齐汗（Elbeg Nigülesügchi Khan）、哈尔古楚克·都古楞·特穆尔·鸿台吉（Kharghuchugh-Dügüreng-Temür Khong〔Khung〕Taiji）弟兄共三人。恩克·卓里克图汗，己亥年〔至正十九年，一三五九〕生，岁次己巳〔洪武二十二年，一三八九〕，年三十一岁即位。在位四年，岁次壬申（洪武二十五年，一三九二），年三十四岁殁。"（见《笺证》卷五第三页下）
由以上三书的证明，知道《黄金史》是把一个可汗的尊称或是名字误作为二人，Engke是"平安"，Jorightu是"有志气"的意思。

## 第十九节

# 额勒伯克·尼古埒苏克齐可汗

### （下卷一二七页第九行至一三〇页第三行）

其后，就在这狗儿年（甲戌，一三九四），额勒伯克（Elbeg）可汗即大位。

〔一天〕额勒伯克可汗行猎，看见所杀野兔的血，洒在雪上，就说："有颜色白如雪，脸儿红似血的美女吗?"瓦剌〔Oirad〔Oyirad〕，斡亦剌惕或卫喇特〕族的浩海·达裕（Khoukhai-dayu）[1]说："有像这样的妇人。"〔可汗〕就问："她是谁？"〔他〕说："如果要〔我〕禀奏，〔我〕就说吧，那就是你儿子哈儿古楚克·都古楞·帖木儿·鸿台吉（Kharghuchugh-Dügüreng-Temür Khong Taiji）的鄂勒哲依图·洪·郭斡·拜济（Öljeitü Khong〔Öljeyitü Khung〕Gho'a Begi）。你的儿媳妇就是这么美丽的啊!"[2]

---

1 《蒙古源流》称，浩海·达裕是卫喇特部扎哈·明安氏族的人（见《笺证》卷五第四页上）。"达裕"（Dayu）可能是"太尉"的转音，但不敢断言。

2 《蒙古源流》说，帖木儿·鸿台吉是额勒伯克汗的弟弟，洪·郭斡·拜济是可汗的弟妇（见《笺证》卷五第四页上）。又《胜教宝灯》也说是可汗之弟和弟妇（见额勒伯克·尼古埒苏克齐·可汗（Elbeg-Nigülesügchi Khaghan）为他儿妇的美色所惑，就对瓦剌的浩海·达裕降旨说："使见所未见的，远者来归的，满足盼望的，都是我浩海·达裕的功劳啊！"

〔浩海·达裕〕奉了可汗的上谕来对拜济说："〔可汗〕叫我来说，〔他〕要看看你的光彩。"拜济就生气说："天有跟地和在一起的吧？在上的可汗有看自己儿媳妇的吗？你儿子都古楞·帖木儿·鸿台吉死了吗？可汗成了黑〔狗〕吗？"[3] 听了这些话可汗大怒，竟把自己的儿子杀死，占了自己的儿媳妇。

其后浩海·达裕来请封赐，要当"答儿罕"（darkhan）[4]，可汗说："不可以。"就叫〔他〕坐在房子的前面。〔这时〕洪拜济派个使者来说："宴会要等可汗的，你自己到前面的房子来吧！"

浩海·达裕一进来，拜济就拿起〔酒〕杯说："你使我由卑贱变成高贵，由渺小变成伟大。使我的名分由拜济成为太后了。"说着，就用有一个口，两个肚，一边盛着水，一边盛着烈酒的〔转心〕壶来〔斟酒〕，自己喝水，用烈酒把〔浩海〕·达裕灌倒。为了给〔鸿〕台吉报仇，把缦帐拉下，把〔浩海〕·达裕放在两层褥子上面，又把自己的脸抓破，把头发弄断，派使者到可汗那里去〔报告〕。

可汗听见赶来，〔浩海〕·达裕逃跑了。可汗就追去和〔他〕厮杀。〔他〕射断了可汗的小指。可汗把〔浩海〕·达裕杀死，叫

---

《蒙古喇嘛教史》第五十六页）。

3　原文缺"狗"字，是按《成吉思汗传》（第三十一页下第八行）和《喀本源流》（藤冈本三部第十五页第五行）补上的。

4　"答儿罕"（dakhan〔darkhan〕），即清代之"达尔罕"。按《蒙古秘史》这是对元勋的封号，九次犯罪不罚，并赐封地之意。

苏尼特（雪你惕，Sünid）的札新太保（Jashin Taibo［Tayibo］）[5]
把他皮剥下来，拿去送给拜济。〔她〕把可汗的血，和〔浩海〕·达
裕的脂油，一起舔了〔一口〕，说："拿杀死亲子的，可汗的血，当
作赔偿，把它和谋害自己主人性命的，〔浩海〕·达裕的脂油，混在
一起，这就是〔一个〕女人所能报的仇！什么时候要死，就死！没
遗憾了！"

可汗虽然知道中了拜济的计，反倒自己认错，也没有难为拜
济。〔因为误杀了他们的父亲〕[6]就叫〔浩海〕·达裕的儿子巴图拉
丞相（Batula Chingsang）、乌格齐·哈什哈（Ügechi-khashagha）
二人管辖（瓦剌，Oirad）四个万户。

在汗位坐了六年之后，蛇儿年〔辛巳，建文三年，一四〇一〕，
额勒伯克可汗被瓦剌的巴图拉丞相、乌格齐·哈什哈二人所害殡
天。巴图拉丞相、乌格齐·哈什哈二人就率领瓦剌〔卫喇特〕四万
户，变成敌人。蒙古王朝被瓦剌灭亡了一次，就是指这个说的[7]。

---

5　《蒙古源流》作"旺沁太保"（Wangchin Taibo［Tayibo］）。
6　这一句是按《蒙古源流》（《笺证》卷五第五页上）补加的。
7　这一段的记事，与《成吉思汗传》（第三十一页上至三十二页下）及《喀本蒙古源
　　流》（藤冈本第三部第十四至十六页）完全一致，与《蒙古源流》（《笺证》卷五第
　　四至第六页）大同小异。其不同的地方，已见注1至注6。其中最不同的一点，就
　　是称都古楞·帖木儿·鸿台吉为弟，《墨尔根活佛的黄金史纲》也称之为弟。这一
　　点恐怕《源流》和墨尔根佛的书较《黄金史》正确。《源流》又说乌格齐·哈什
　　哈弑汗之后，娶了拜济为妻，时已有孕，生子名阿寨。
　　额勒伯克·尼古埒苏克齐，是"丰富而仁慈的"之意。
　　恩克·卓里克图汗及额勒伯克·尼古埒苏克齐汗之名不见《明史》。据日木和田清
　　博士在他《有关兀良哈三卫之研究（上）》一文中之考证，当为脱古思·帖木儿
　　汗之子，和被明军所俘的天保奴、地保奴两汗子的兄长。他引明茅元仪《残元世
　　系考》所列，说："元顺帝，一传为爱猷·识理达〔剌〕。二传脱古里（思）·帖木
　　儿，爱猷·识理达〔剌〕次子，为蓝玉所破，也速迭儿缢杀之。三传、四传不知

名。五传坤·迭木儿。三君俱短祚。六传鬼力赤，去帝号，称可汗，非元裔，众不附。"

其中的第三、第四两代不知名的可汗，正是他们两个人（见和田清《东亚史研究（蒙古篇）》第二〇〇至二〇四页）。

《蒙古源流》说，乌格齐·哈什哈不是浩海·达裕之子，而是瓦剌的另一个首长，其地位也在巴图拉（马哈木）之上，不满可汗以其女妻巴图拉，并授以掌管瓦剌四部之权，起而攻杀可汗（见《笺证》卷五第六页）。

和田清氏又在前揭论文中，举出明人所谓（瓦剌）顺宁王马哈木及其子脱欢，即蒙古史传所称之巴图拉丞相及其子托欢无疑（见同书第二三〇页）。

又考证乌格齐·哈什哈就是明人所说的"鬼力赤"，并主张鬼力赤不是鞑靼，而是瓦剌的一酋，同时也提出若干可疑之处（见同书第二一一、二三五、二六五页）。

# 第二十节

# 托欢可汗

## （下卷一三〇页第三行至第四行）

其后，托欢（Toghon）可汗，就在这一年即大位，在位四年，马儿年殡天[1]。

---

1　关于托欢（Toghon）可汗，《成吉思汗传》（第三十二页下）、《喀本源流》（藤冈本第三部第十七页）与本书记载完全相同；但《蒙古源流》中，并未记有这一个可汗，在明人所留的史料中，也找不到有关他的记事。

这里所说的这一年，当然是指蛇儿年，即辛巳〔建文三年，一四〇一〕而言。那么在四年后，当然是甲申、猴儿年〔永乐二年，一四〇四〕。如果马儿年，必是壬午〔建文四年，一四〇二〕了。这里的记事，显有矛盾。鲍登（C. R. Bawden）曾指出这一个问题，并假定他是《蒙古源流》所说的琨·特穆尔（Gün-Temür）汗。（见同氏英译《蒙古年代记》第一五九页第六十五节注六）

《墨尔根活佛的黄金史纲》称："额勒伯克的儿子，坤·帖木儿、额勒·帖木儿及德勒伯依三人相继为汗，计达十六年之久。"（第九十九页第九、十两行）按《蒙古源流》："额勒伯克汗之长子琨·特穆尔，丁巳年〔洪武十年，一三七七〕生，岁次庚辰〔建文二年，一四〇〇〕，年二十四岁即位。在位三年，岁次壬午，年二十六岁殁。"（《笺证》卷五第七页上）又按《源流》称其父额勒伯克汗之死，是在己卯年。以此来推，可知托欢可汗，就是《源流》所说的琨·特穆尔汗，和《明史》卷三二七《鞑靼传》所见的坤·帖木儿，可能托欢是他的另一个名字。Toghon的意思是"釜"，Gün-Temür是"深铁"之意，如为Ghun-Temür就是"三岁牛犊"和"铁"的意思。

# 第二十一节

# 兀雷·帖木儿可汗

## （下卷一三〇页第四行至第五行）

其后，兀雷·帖木儿（Öljei-Temür）可汗即大位，在位三年（？），虎儿年〔庚寅，永乐八年，一四一〇〕殂天[1]。

---

[1] 《成吉思汗传》（第三十二页下）、《喀本源流》（第三部第十七页）均称兀雷·帖木儿汗在位十三年，可能库伦本《黄金史》印刷时脱落一个"十"字。但不论在位三年或十三年，假如他是在壬午年即位的话，都不会是在庚寅年殂殁。所以这个年代是有问题的。

《蒙古源流》说："额勒伯克汗之长子琨·特穆尔……殁，无子。弟额勒锥·特穆尔（Öljei-Temür），己未年〔洪武十二年，一三七九〕生，岁次癸未〔永乐元年，一四〇三〕，年二十五岁即位。在位八年，岁次庚寅〔永乐八年，一四一〇〕，年三十二岁殁。"（见《笺证》卷五第七页上下）

《墨尔根活佛的黄金史纲》称他为 El-Temür（第九十页第九行）。El 是"平安"之义。兀雷·帖木儿就是额勒锥·特穆尔的讹转。蒙古的史册，无论说他在位几年，但都是说是虎儿年殂殁。

和田清氏在他的《有关兀良哈三卫的研究（上）》一文中，提到霍渥尔斯（H. H. Howorth, *History of the Mongols*, I, pp.353）及原田淑人（见同氏《明代之蒙古》）两氏均证明 Öljei-Temür 就是《明史》上的本雅失里汗。他本人也引《明实录》所记"完者秃，元之遗裔，名本雅失里者，比指挥丑驴至撒马儿罕，见其部属不过百人"之语，证实本雅失里曾往中亚依帖木儿之事（见同氏《东亚史研究（蒙古篇）》第二〇五、二一四、二一五、二七五等页）。

按《明史·鞑靼传》："阿鲁台杀鬼力赤，而迎元之后本雅失里于别失八里，立为可汗。〔永乐六年，一四〇八〕春，帝即书谕本雅失里……不听。……〔明年〕秋，命淇国公丘福为大将军……将精骑十万北讨……时本雅失里已为瓦剌所袭破，与阿鲁台徙居胪朐河。……〔丘〕福乘胜渡河追敌，敌辄佯败引去。诸将以帝命止福，福不听，敌众奄至，围之，五将军皆没。帝益怒。明年，帝自将五十万众出塞。本雅失里闻之惧，欲与阿鲁台俱西。阿鲁台不从，众溃散君臣始各为部。本雅失里西奔，阿鲁台东奔。帝追及斡难河，本雅失里拒战，帝……败之，本雅失里……以七骑遁。……班师……大败……〔阿鲁台〕……乃还。冬，阿鲁台使来贡马，帝纳之。越二年（一四一〇），本雅失里为瓦剌马哈木〔即巴图拉〕等所杀。"（见百衲本《明史》卷三二七第六页上下）

# 第二十二节

# 德勒伯克可汗

## （下卷一三〇页第五行至第七行）

其后，翌年——兔儿年〔辛卯，永乐九年，一四一一〕，德勒伯克（Delbeg）汗即大位，在位五年，羊儿年〔乙未，永乐十三年，一四一五〕殡天[1]。

---

1 《成吉思汗传》（第三十二页下）称为答勒巴克（Dalbagh）汗。《喀本源流》（第三部第十七页）也称为Dalbagh或Talbagh汗。余均同。

《蒙古源流》说："额勒锥·特穆尔……殁，子德勒伯克（Delbeg）汗，乙亥〔洪武二十八年，一三九五〕年生，岁次辛卯〔永乐九年，一四一一〕，年十七岁即位。在位五年，岁次乙未〔永乐十三年，一四一五〕，年二十一岁殁。"（见《笺证》卷五第七页下）

《墨尔根活佛的黄金史纲》称他为Delbei或Dalbai汗（第九十页第九行）。

喇希彭苏克书称他作Delbe或Dalba（第四册六四二页）。

《明史·鞑靼传》称："〔永乐八年，一四一〇〕阿鲁台……奏，马哈木〔即巴图拉〕等杀其主〔本雅失里或称兀雷·帖木儿〕，又擅立答里巴，愿输诚内附，请为故主复仇。天子义之，封为和宁王。"（百衲本卷三二七第六页下第七页上）。和田清氏在他的《论北元帝系》一文中，说德勒伯克可汗即明人记录中的答巴汗。他说："按明人记载，永乐八年，本雅失里汗受成祖穷追，别鞑靼之阿鲁台，而投西方瓦剌大酋马哈木，旋为其所弑。马哈木以本雅失里汗难以制驭，故弑之，立其遗儿答里巴。永乐十二年，于忽兰·忽失温之役，即奉此汗而与明成祖一争输赢。

199

其后〔马哈木〕忽为阿鲁台所败，死于永乐十四年春夏之交，其所奉之答里巴汗，消息亦不复闻。"同时他又依《蒙古源流》所载，答里巴汗殁于永乐十三年〔乙未〕之记载，以驳《国史考异》卷六第四项"至马哈木死，阿鲁台连破瓦剌之众，而答里巴亦归迤北。至〔永乐〕二十一年夏，马哈木之子脱欢大破阿鲁台……阿鲁台盖以是时怨而戕答里巴"之说（见和田清《东亚史研究（蒙古篇）》第八三七至八三八页）。

按蒙古史料，均称德勒伯克（或答里巴）为额勒伯克汗之子，兀雷·帖木儿〔或称本雅失里〕之弟。惟《蒙古源流》称德勒伯克为额勒锥·特穆尔之子。

## 第二十三节

# 斡亦剌台可汗

（下卷一三〇页第七行至第八行）

其后，就在这羊儿年〔乙未，永乐十三年，一四一五〕，斡亦剌台（Oyiratai）可汗即大位，在第〔十〕一年，蛇儿年〔乙巳，洪熙元年，一四二五〕，殡天[1]。

---

1  本书原作在第一年蛇儿年殡天，但旁注有个"十"字，却未说明其来历。《成吉思汗传》（第三十三页上）及《喀本源流》（第三部第十七页）之记事虽同；但均称可汗之名为Oyaratai，与本书所记者差一个母音，且其殂没均在其第十一年。

《蒙古源流》中，找不到这一个可汗的名字；但有这样的一段记载说："乌格齐·〔哈什哈〕之子额色库，丁卯年〔洪武二十年，一三八七〕生，岁次乙未〔永乐十三年，一四一五〕，年二十九岁即位，娶巴图拉丞相之妻萨穆尔，称为额色库汗。乃令鄂勒哲依图·鸿·拜济、阿寨台吉母子及阿萨特之阿噜克台太师三人，于额色库汗家中使役。额色库汗在位十一年，岁次乙巳〔洪熙元年，一四二五〕，年三十九岁殁。"（见《笺证》卷五第八页下至九页上）

在《墨尔根活佛的黄金史纲》中，也找不到这一个可汗的名字。

和田清氏在《兀良哈三卫之研究（上）》文中，说德人胡特（Huth）氏所译的 *Jigs-med nammk'a*〔*nam mkha'*〕（即《胜教宝灯》）称为 Esenkü 可汗，可能是明人记录中大酋也孙台的变形、也孙古的对音，并指出《蒙古源流》的记事可能有讹误之处。

他又在《论北元帝系》一文中，引 *Altan Tobchi*（《黄金史纲》）的一段记载之后，说他可能是鬼力赤的儿子（见同氏《东亚史研究（蒙古篇）》第二一二、八三九页）。

由以上的史书所载，可证《蒙古源流》的"额色库可汗"，即《成吉思汗传》及
《喀喇沁本蒙古源流》的Oyaratai。据鲍登（C. R. Bawden）氏的英译 *Altan Tobchi*
第七十一页六十六节注十三，知道棍布业夫（Gomboev）本 *Altan Tobchi* 作 Oyiritai
可汗，和本书的Oyiratai都是一个人。Oyaratai、Oyiritai、Oiritai都是Oiratai的讹
转。Oyiratai就是斡亦剌惕族、瓦剌族或卫喇特族的意思。因为他是斡亦剌惕族的
乌格齐·哈什哈的儿子，不是蒙古可汗的正统，而没有被《墨尔根活佛的黄金史
纲》写在可汗的名列之内。鲍登氏在它的英译本中，直接译为"一个瓦剌（卫拉
特）的可汗"（a khaghan of the Oirad）是正确的；但未说明何所根据。

Esekü（额色库）的意思是"不然的话"。Esenkü是"平安的"的意思。可知藏文
的《胜教宝灯》的记载是正确的（见日译《蒙古喇嘛教史》第五十七页）。施密特
本《蒙古源流》蒙文第一四六页第五行作Esekü。

和田清氏把Esenkü比作也孙台（Yesüntei），过于牵强，因为Yesüntei是一个普通
名字，意思是"有九种福气的"。

# 第二十四节

# 阿岱可汗

## （下卷一三〇页第八行至一三五页第五行）

其后，就在这蛇儿年〔乙巳，洪熙元年，一四二五〕，阿岱（Adai）可汗即大位[1]。

---

[1] 关于阿岱可汗究竟属于孛儿只斤的黄金氏族的哪一支？史料记载不一。《蒙古源流》说："额色库汗殁后，额尔克彻古特人（Ereg-chüd，chüd 为复数标记。此部即王静安氏所考证的额尔克族）众大乱……时科尔沁乌济锦诺延之子阿岱台吉已占据前所余剩蒙古人众。……阿岱台吉系丙辰年〔洪武八年，一三七六〕生。岁次庚寅〔永乐八年，一四一〇〕，年三十五岁，携鄂勒哲依图·鸿·拜济即君位。"（见《笺证》卷五第九页上下）又说："阿岱汗，庚午年〔洪武二十三年，一三九〇〕生，岁次丙午〔宣德元年，一四二六〕，年三十七岁即位。在位十三年，岁次戊午，年四十九岁为托欢太师所杀。"（见《笺证》卷第五十二页上）前后略有出入。《墨尔根活佛的黄金史纲》第八十九至九十页说，合撒儿第九世孙图木勒忽（Tumulkhu）的儿子勃罗特·不花（Bolod-Bukha）。他的儿子是阿岱台吉（Adai Taiji）。又说："额勒伯克〔可汗〕子，琨·帖木儿（Gün-Temür）、额勒·帖木儿（El-Temür）、答勒伯（Dalbai）三人相继为可汗计十六年。三人均无子而殂。众议奉阿岱台吉为可汗。同乙巳年〔洪熙元年，一四二五〕，乌格齐·〔哈什哈〕卒。"

由此可知阿岱台吉是合撒儿之后，并不是斡惕赤斤〔乌济锦〕的子嗣，而《蒙古源流》所说的科尔沁，确是合撒儿后裔的部属，这一点并没有错误。《明史·鞑靼传》称："宣德九年〔一四三四〕，阿鲁台复为脱脱·不花所袭。……未几，瓦剌阿岱可汗为了以前的仇恨,率领〔他〕自己的蒙古〔鞑靼〕²讨伐瓦剌。可汗降上谕说:"派翁里兀惕(Ongli'ud)³部的察干·图们·额色灰(Chaghan-Tümen-Eseküi)⁴出阵,做那只军队的前哨!"⁵〔又〕说"虽然壮马跑的快;可是老马跑的远",就叫失古失台·巴图尔·王(Shigüshitei Baghatür Ong)⁶出阵。瓦剌〔那边

---

脱欢袭杀阿鲁台。……阿鲁台既死,其故所立阿台王子及所部朵儿只伯等复为脱脱·不花所窘,窜居亦集乃路,外为纳款,而数入寇甘凉。"(百衲本卷三二七第八页上下)

2 此时已是明史上鞑靼和瓦剌对立的时代。按蒙古的记载这是 Monghol 与 Oirad 争雄的时期。所以在"蒙古"一词之下,加注"鞑靼"以便参考《明史》;但在一切蒙古史料中,均找不到"鞑靼"这一个专有名词,足证这是明人给所谓"迤北蒙古"的代称了。

3 翁里兀惕(Ongli'ud),《成吉思汗传》(第三十三页上第五行)作 Ongni'ud,即今内蒙古昭乌达盟之翁牛特旗。翁牛特是以成吉思汗幼弟斡惕赤斤(即《蒙古源流》的"乌济锦")为始祖的。据和田清氏的考证,明代兀良哈三卫的泰宁卫,就是此部。和田氏在《论兀良哈三卫之研究(上)》一文中说,《武备志》(卷二二七《北虏考》)所引《北虏译语》,蒙古语称三卫之名:朵颜为"五两案",泰宁为"往流",福余为"我着"(见《东亚史研究(蒙古篇)》第一二七页)。

4 察干·图们·额色灰(Chaghan-Tümen-Eseküi),《成吉思汗传》(第三十三页上第五行)及《喀喇沁本蒙古源流》(藤冈本第三部第十七页第十一行)均作 Chaghan Tümen-ü Eseküi,意思是察干·图们的额色灰。Chaghan 是"白",Tümen 是"万"。可能这是一个万户单位的名称。额色灰才是人名。Eseküi 疑 Ensenküi 之讹,理由见前节注1关于"额色库"的一段。

5 按前哨或步哨(kharaghul)一字的另一解释是"两军相遇",也可译为"当两军冲杀(或相遇)时,派翁兀惕部的察干图们·额色灰出阵"。

6 失古失台·巴图尔·王(Shigüshitei Ba'atür〔Ba'atur〕Ong),《成吉思汗传》(第二十三页上第七行)及《喀本源流》(藤冈本第三部十七页第十三行)均作 Shigüsütei Ba'atür Wang。他是合撒儿的后裔。Ong 是"王爵",Ba'atür 是"勇士",Shigüsütei 是"有汁液"或"有精力的"之意。Shigüshitei 则不知当作何解。
《蒙古源流》作"乌尔哈特(Urkhad)之巴图鲁·锡古苏特(Shigüsüd)",但是所记他的时代较晚(见注12)。

由〕贵林赤·巴图尔（Ghuilinchi-Baghatür）[7]出阵。

他们两个人原来是"安答"[8]，就说："蒙古、瓦剌交战，我们两个也出〔阵〕了！"贵林赤说："凡穿铠甲的，都逃不过我的箭法！"失古失台就说："凡戴盔兜的，都逃不出我的刀法！"其后交绥的时候，蒙古的失古失台·巴图尔，穿了三重铠甲，胸前挂上铁板〔护胸〕骑上〔一匹〕白鼻梁的粟子毛马，叫豁儿剌惕〔Ghorlad，又称郭尔罗斯〕的斡勒灰·篾儿干（Olkhui-Mergen）骑上了〔一匹〕白鼻梁的红马，勇士失古失台来到阵前。瓦剌的贵林赤戴上双重的盔兜，骑上〔一匹〕白鼻梁的青马出阵。〔双方〕在哈剌·诺海因·召（Khara-Nokhai-in Jon）[9]的〔坡〕上打起仗来，贵林赤几乎把勇士失古失台射得从马鞍的前翘坐到后翘上[10]。这时斡勒灰·篾儿干射中了贵林赤的马，把心脉[11]给射断了。失古失台说："凭我的马首所向，凭我的环刀所指吧！不能再看亲族的情分了！"说罢就把戴着八角盔兜的贵林赤的头给

---

7　贵林赤·巴图尔（Ghuilinchi Ba'atur），Ghuilinchi是"乞丐"之意。《蒙古源流》在记述时代较后的一段战争中，称他是属于布里雅特（Buriyad）部的（见注12）。
8　"安答"（anda），即盟兄弟之意。成吉思汗与札木合曾结为"安答"。其事请详《蒙古秘史》第一一六、一一七两节（卷三）。
9　哈剌·诺海因·召（Khara-Nokhai-in Jon），地名，是"黑狗脖脊"之意，可能是一个高坡之地，位置不详。
10　意思是射中了他戴的铁板，震得他倒坐了一下。
11　原文作kharchakhai，《成吉思汗传》（第三十三页下第六行）及《喀本源流》（第三部第十八页第十、十一两行）均作khara chiginagh，不知所指为何。小林高四郎未加翻译，鲍登（C. R. Bawden）的翻译也不恰当（见日译《蒙古黄金史》第一〇二页及英译Altan Tobchi第一六〇页）。今承旺沁多尔济先生指教，说这是把khara chaghan这两个字，和一个役格的格助词——i写在一起的讹误。khara sudal是通过心脏的动脉，chaghan sudal是静脉。这才解决了这一个问题。

砍碎了。

　　跟着这个行动，追袭瓦剌，杀了〔浩海〕·达裕的儿子巴图拉丞相[12]。可汗自己纳了他的妻。把他的儿子脱欢（Toghon）[13]交由阿鲁台太师（Arughtai Taishi〔Tayishi〕）拿去放羊。这就是所谓"瓦剌人的一个朝代，被蒙古人〔鞑靼〕给夺取了"的那一次。

　　其后，阿岱可汗自己召集了一次盟会[14]。脱欢太师在放着羊走的时候，遇到了从盟会回去的人们，脱欢太师就问从盟会中回去的两个人说："盟会谈了些什么？"那〔两〕个人就讥笑他说："因

---

12　这一次的战争，似为《明史·瓦剌传》所说"明年〔永乐十四年，一四一六〕，瓦剌与阿鲁台战，败走。未几，马哈木〔即巴图拉〕死"（见百衲本卷三二八第二页上）的那一场战争。也就是《鞑靼传》所说的"〔阿鲁台于永乐〕十四年，以战败瓦剌，使来献俘"（百衲本卷三二七第七页上）的那一次战役。
　　《蒙古源流》："阿岱台吉已占据前所余剩蒙古人众……即君位。……阿岱汗、阿寨台吉、阿噜克台太师三人为首，加兵于济勒满汗，征伐四卫喇特，俘虏巴图拉〔马哈木〕丞相之子巴噶穆〔即脱欢〕。"（见《笺证》卷五第九页下至第十页上）
　　可知《明史》《蒙古源流》及本书所记的这一段，都是这一场战争。这是鞑靼三巨头合谋并力打击共同敌人——瓦剌的战争。各种史料中，以《黄金史》的记载较详。
　　《蒙古源流》把《黄金史》所记的这一段战争，分成了两段，第一段就是我们在前面所提到的，第二段是《蒙古源流》的作者把锡古苏特及贵林赤两个勇士的决战，写在岱总可汗于己未（正统四年，一四三九）即位后，攻伐瓦剌反为瓦剌所败的那一次战役之内（见《笺证》卷五第十三页下至十六页上），与本书大有出入。

13　《蒙古源流》说："阿岱汗、阿寨台吉、阿噜克台太师三人为首……征伐四卫喇特，俘巴图拉丞相之子巴噶穆。……阿岱汗……将巴噶穆羁留。阿噜克台太师谓之曰：'昔日尔父巴图拉丞相，曾令我负筐拾粪，呼为阿噜克台，以供使役。今日所值，诚如日月旋转。今将昔时尔父之仇，即报之于尔。'因取覆于釜中之义，名曰托欢。"（见《笺证》卷五第十页）
　　又据《蒙古源流》，巴图拉之妻是萨穆尔公主，请详下节注1。

14　盟会，原文作 chighulghan，这就是蒙古盟旗制度中所说的"盟"字。盟的成立是以会盟为它的历史背景，所以这里所说的"盟会"，就是元代的"忽剌儿台"，也就是宗亲勋臣之会的意思。

为你不在场，就什么都没谈。"等那〔两〕个人走了之后，脱欢摘下帽子说："这不是你们的话语，这是〔上〕天的旨意!"说着就向天叩拜了[15]。

〔又有一天，〕阿鲁台太师对他的妻子说："这个脱欢太师，是好人的子嗣，在他的面前梳头发挠身子都不应该!"[16]听了这话，脱欢就立刻〔跑〕出去说："这不是你们的话语，这是上天的旨意!"说着又向上天叩拜。

以后〔有一天〕，斡讷依·阿嘎（Onoi Agha）[17]正给脱欢太师梳头发，阿鲁台太师的弟弟[18]说："听说这脱欢太师为大人物的子嗣啊! 与其梳他的头发，莫如断他的喉咙! 不然就把他放逐〔野地〕丢在那里吧!"斡讷依·阿嘎不听他话，并且还阻止他。〔阿鲁台〕的弟弟又说："阻止〔我说〕这话么! 将来可不要为你的头颅后悔呀!"这些话使蒙古的女儿们痛哭，马群聚在一起悲嘶，狗也号叫起来了! 脱欢太师知道〔已〕成这样的凶兆，就拜谢上天。

在那以后，脱欢的母亲奏禀阿岱可汗说："你叫我作了可敦，为何叫我儿子脱欢给人家操贱役呢? 如不〔想〕杀死，就〔把他〕驱逐了吧。"可汗同意可敦的这句话，就叫失勒篾臣

---

15 这可与成吉思可汗每当大难临头而得天祐之时，向长生天叩拜的情形，对照来看（见《秘史》第一〇三节）。可证这种对天崇拜的习俗，一直到瓦剌、鞑靼争雄时期，仍是照旧。

16 原文作nighultai，是"有罪恶的"之意。

17 斡讷依·阿嘎（Onoi Agha），《蒙古源流》说给脱欢栉发的是阿噜克台之妻格呼勒·阿哈（Gerel Agha）（见《笺证》卷五第十页下）。Onoi是"衣襟的开岔"，Gerel是"光明"，Agha是妇女的尊称。

18《蒙古源流》称他是蒙郭勒津（Mongholjin）之蒙克拜（Möngkebei）（见《笺证》卷五第十页下）。

（Shilemechin）[19]、赛亦木臣（Sayimuchin）两个使臣，把脱欢太师欢送了回去[20]。

脱欢太师被遣返之后，就与瓦剌的厄鲁特（Ögeled）、巴噶图特（Baghatudt）、辉特（Khoyidt）[21]等四个万户（tümen）会盟：〔会众〕向脱欢太师问："蒙古〔鞑靼〕的可汗，太师以及上邦[22]的国情怎样?"脱欢太师说："我想阿鲁台太师老了，庶政多有错误。

他的箭囊，虽然换了；

他的思想，还没改变。

叫当掌国政的良臣，远居边外；

良驹战马，骑在家中。

用知识浅陋的匹夫，执掌社稷；

硬拿幼驹，充当铁骑。

以无定性的亡命徒，操持国务；

强把烈酒，倒入皮壶。

---

19 此处称此人之名为 Shilemüjin，以后作 Shilemüchin。《成吉思汗传》第三十四页五行及他处均作 Sayimalchin。

20 《蒙古源流》说脱欢的得以遣返，是萨穆尔公主向阿噜克台太师央求的；萨穆尔公主是额勒伯克汗的女儿，嫁给巴图拉的。

21 蒙古俗称"瓦剌"为 Dörben Oirad，即"斡亦剌惕（卫拉特）四部"之意。本书前于记载额勒伯克汗杀死浩海·达裕之后，命其子巴图拉、乌格齐·哈什哈二人管理瓦剌四个万户之事。这里虽说四个万户，但仅指出三部的名称:（一）厄鲁特（Ögeled），就是后来的准格尔，这是脱欢和其子也先（Esen）的本部;（二）巴噶图特（Baghatud）;（三）辉特（Khuyid）。独缺其第四部的部名。不知是否把土尔扈特（Torghud）客列亦惕（Kereyid）氏脱落了。又辉特部原文作 Khuyagh，仅从字义上看来就得作"披甲兵"解，想必是 Khuyid 的讹写。

22 上邦，原文作 yeke ulus，是"大国"的意思。

他们是：

没有雄驼的驼群；

没有牡牛的牛群；

没有儿马的马群；

没有公羊的羊群。

你们若不信我的话，

必步乌格齐·哈什哈的后尘！"

〔他们〕使诡计，说服了蒙古的两个使者，失勒篾臣和赛亦木臣，宣称脱欢太师要〔亲自〕把骏马、貂鼠、猞猁和良美器具献给阿岱可汗，送过国境来。可汗看了就降上谕说："莫非这就是遣送脱欢太师回他故乡的好处吗？"失勒篾臣和赛亦木臣两个人也奏禀说："瓦剌并无可疑之处。脱欢太师从远方很辛苦的给你来献贡赋，请准许〔他们〕仅仅留宿一天吧。"可汗允许说："要尊敬外人。"

随脱欢太师之后，四万瓦剌军队追上前来，掩袭蒙古。脱欢太师就在那里拿获了阿岱可汗。可汗降上谕说："叫你的母亲做了可敦，也没杀你呀！"脱欢太师说："我的母亲不是丧了丈夫吗？我自己不是失去了父亲吗？"说着就要杀死可汗，可汗说："〔误〕信失勒篾臣和赛亦木臣两个人的话，连只箭都没能射，就死了啊！"

阿岱可汗即大位后十四年，马儿年〔戊午，正统三年，一四三八〕在瓦剌脱欢太师手中殡天了[23]。蒙古的一个朝代为瓦剌

---

23　阿岱汗之死，《黄金史》《蒙古源流》均称死于脱欢之手，故事虽然不同，但都

所〔篡〕取，就是指这个说的<sup>24</sup>。

说是在一次突袭之后遇弑的。《胜教宝灯》也说"阿岱汗在位第十三年为脱欢太师所弑。"（见日译本《蒙古喇嘛教史》第五七、五八两页）《墨尔根活佛的黄金史纲》第九十二页称："阿台可汗，丙申年〔永乐十四年，一四一六〕即汗位，在位二十三年，至丁午〔或戊午之讹〕为岱总可汗〔即脱脱·不花〕、阿噶巴尔济（Agh-barji）及脱欢所害"，都与《明史·鞑靼传》所记"阿鲁台既死，其故所立阿台王子及所部朵儿只伯等复为脱脱·不花所窘，窜居亦集乃路"（《明史》卷三二七第八页）的说法不同。

24 这一段故事的记载，与《蒙古源流》颇有出入；但若干要点却是一致。《黄金史》的记载，与《成吉思汗传》和《喀喇沁本蒙古源流》两书，几乎一样；不过《黄金史》所录用的这一段文字较古，而那两本书的文字似乎是经过后人整理的。《墨尔根活佛的黄金史纲》和《蒙古源流》，都不记斡亦剌台可汗的这一段。《墨尔根活佛的黄金史纲》称阿岱汗的即位是丙申（一四一六）。《蒙古源流》说是庚寅（一四一〇），那时德勒伯克可汗尚在位，似可旁证《明史·鞑靼传》所说"阿鲁台……至是奏马哈木等弑其主，又擅立答里巴，愿输诚内附，请为故主复仇。天子义之，封为和宁王"（卷三二七第六页下第七页上）的记载是正确的。同时也可以知道答里巴（或德勒伯克）是瓦剌所立的傀儡可汗，不是阿鲁台等东部蒙古的领袖们所奉立的。因此就另立了旁系的阿岱台吉为可汗。

## 第二十五节

# 岱总可汗

### （下卷一三五页第六行至一四一页第一行）

　　其后，就在这马儿年〔戊午，正统三年，一四三八〕，岱总（Daisung）可汗[1]即大位[2]。即位之后，岱总可汗和阿卜乞尔臣

---

[1]　岱总可汗，本书作 Daisung〔Dayisung〕Khaghan，《成吉思汗传》（第三十六页第六行）作 Daizung〔Dayizung〕Khaghan。据鲍登（C. R. Bawden）氏的英译 *Altan Tobchi*（第七十四页第七十一节注四十三）和棍布业夫（Gomboev）氏的 *Altan Tobchi* 也是作 Daisung Khaghan。《喀本蒙古源流》（第三部第二十二页第七行）作 Daisung（Taisung）。《墨尔根活佛的黄金史纲》（第九十二页）作 Daizung。按《蒙古源流》，先是额勒伯克汗杀其弟哈尔古楚克·鸿台吉，而纳其弟妇鄂勒哲依图·鸿·拜济，后额勒伯克汗为乌格齐·哈什哈所弑，鄂勒哲依图·鸿·拜济又为卫喇特之乌格齐·哈什哈所娶。时鸿·拜济已怀孕七月，又三月，岁次庚辰〔建文二年，一四〇〇〕生一子，取名阿寨（Ajai）。后乌格齐·哈什哈卒，其子额色库即汗位。额色库汗曾娶已死巴图拉（即马哈木）之妻，额勒伯克汗正后之女萨穆尔公主为妻。比额色库卒，萨穆尔公主怀记乌格齐·哈什哈作恶之仇，将鄂勒哲依图·鸿·拜济并其子阿寨台吉匿而出之，遣往蒙古地方。此时旁系之阿岱台吉已登汗位，乃与阿寨台吉并阿鲁台台太师协力讨伐卫喇特，败之。后阿岱汗为卫喇特之托欢所袭遇弑。阿寨台吉生三子。长子岱总台吉，生于壬寅年〔永乐八年，一四一〇〕；次子阿噶巴尔济台吉，生于癸卯年〔永乐二十一年，一四二三〕；幼子满多固勒台吉，生于丙午年〔宣德元年，一四二六年〕。岱总年十八岁〔丁未，宣德二年，一四二七〕即位（见《笺证》卷五第四页上至十三页下）。

沈曾植氏及他的《笺证》中说："岱总事不见《明史》……以后文为瓦剌所破、为彻卜登所杀考之，岱总即脱脱·不花也。脱脱·不花是其名，岱总乃称号耳。"（见《笺证》卷五第十三页下）

[2]　如果按注 1 里所提到的，他就是脱脱·不花，那么按《明史》卷三二八《瓦剌传》所

（Abgirchin）³、济农⁴两个人，与瓦剌在明安奈·合剌（Mingghan-ai Khara）⁵聚会。瓦剌先到明安奈·合剌扎营驻下。〔可汗与济农两个人驻营在额勒·忽失温（El-Khushighun）地方〕⁶。与可汗和济农一同〔聚会的〕，有瓦剌的也先太师（Esen Taishi）⁷、涅卜图列·薛禅（Nebtüre Sechen）、萨都拉·额客台（Sadula-Eketei）等。此时阿拉克·帖木儿（Alagh-Temür）〔即阿剌知院〕、哈丹·帖木儿（Khadan-Temür）、阿巴孛儿吉（Ababorgi）、岱同（Daitung）、托欢·忽篾赤（Toghon-Kümechi）、劳卜失（Lobshi）等太师们，率

载"马哈木……〔以〕脱脱·不花〔王〕子在中国，请遣还"（列传第二一六第一页下）和卷三二七《鞑靼传》所记"宣德九年，阿鲁台复为脱脱·不花所袭"，可知脱脱·不花或岱总可汗的即大位，是由瓦剌贵族所支持，用他来作号召，以便统一东部蒙古的。

3  阿卜乞尔臣（Abgirchin），《蒙古源流》作"阿噶巴尔济"（见《笺证》卷五第十三页下）。《墨尔根活佛的黄金史纲》（第九十二页）及《喀喇沁本蒙古源流》（第三部第二十二页第七行）均作 Agbarjin，与《源流》同。《成吉思汗传》（第三十五页下第六行）作 Anbarchin，当为 Agbarchin［Aghbarchin］之讹。《胜教宝灯》作 Anabarji，当为 Agbarji［Aghbarji］之论训（见日译本《蒙古喇嘛教史》第五九页）。本书后于下卷第一五三页第二行及第一八〇页第五行均作 Agbarchin。

4  济农，亦作"吉囊"或"吉农"。本书此处首作 Jonong，以后多作 Jinong。Jinong 是现代的一般写法，意思是"副汗"或"副王"之意。明代蒙古右翼三万户之贵族多具此一封号，故清代凡任伊克昭盟之长者，均有"吉囊"之称；但清代其他蒙古各部贵族，没有使用这一个尊号的。

5  明安奈·合剌（Mingghan-ai khara），地名，地点不详。《成吉思汗传》（第三十五页下第七行）及《喀喇沁本蒙古源流》（第三部第二十二页第八行）均作 Mingghan-ai Ghar。《蒙古源流》作"吐鲁番之哈喇地方"（《笺证》卷五第十四页上）。当为瓦剌四部之一的，明安所属的哈喇地方。

6  额勒·忽失温（El-Khushighun），地名，是"平安山嘴"之意。这一句话是按《喀本源流》第三部第二十二页第八、九两行及《成吉思汗传》第卅五页第七行补加的。

7  也先太师（Esen Taishi），即《明史》上的也先，系巴图拉（脱欢）之子，《蒙古源流》译作"额森"。Esen 是"平安"的意思。

领一千人兼程先行，拿着〔能致风雨的〕"札答"〔石〕，招来了一阵寒风[8]，使蒙古的士兵和战马感到寒冷异常。可汗和济农召开大会，说要与瓦剌把意见统一起来。

敖汉（Aukhan）〔部〕[9]的撒答克臣·薛禅（Sadagchin Sechen）来晚了，就在会后问可汗说："来的瓦剌太师们是谁跟谁呀？"〔可汗〕就都数给〔他听〕。撒答克臣·薛禅说："这是天赐的〔机会〕呀！杀掉他们，摧毁他们的军队吧！"可汗和济农两个人阻止，并且责备〔他〕说："叫制止〔冲突〕的人，丧尽人格〔吗〕？〔这个该〕责备的人！"[10] 撒答克臣·薛禅就生起气来，打着他一匹白马的头，说："毁该毁的；拣该拣的吧！"[11] 哈尔固察克·台吉（Kharghuchagh Taiji）[12]赞同撒答克臣·薛禅的话；可是岱总可汗仍然阻止〔他们〕降谕说："死愿与大家同死；生愿与大家共生！"

---

8  "札答"（jada）是一种能致风雨的魔石，见前第十四节注10，并《蒙古秘史》第一四三节及《辍耕录》卷四"祷雨"条。

9  敖汉（Aukhan），本书作 Aghukhan，即"比较伟大的"之意。Aukhan 是由它转音而来的。今内蒙古昭乌达（Juu-Uda）盟的敖汉旗，就是这一部的后裔。按《蒙古源流》（《笺证》卷六第十五页上）说：当达延汗统一蒙古后，由其子格呼·博罗特率，后来这部的统属权又转入达延汗长子图噜·博罗特、曾孙岱青·杜棱之手（《蒙古游牧记》第六〇页）。

10  这一句话，无论小林高四郎依棍布业夫（Gomboev）的俄译（见《蒙古黄金史》第一一〇页）或鲍登氏的英译（见英译 Altan Tobchi 第一六三页第七二节），都不中肯。这句话似有文字脱落之处，不过原文 Kümün baran 一语（下卷第一三六页第三行），是一句俗语，是"丢人"或"丧人格"之意。这是困惑小林和鲍登两氏的地方。斯钦自己的翻译也觉得有一点牵强之处。

11  这句话中的"毁"（bara）字。《喀喇沁本蒙古源流》（第三部第二十二页第六行）作 bari。bari 是拿的意思，不知正误谁属。这句话的意思是"乘机去做，不要把时间错过"的意思。

12  "台吉"（taiji）是贵族的尊称。原是汉语"太子"的音转，现在是一切属于成吉思汗属孛儿只斤（Borjigin）一族的称呼。

于是瓦剌来聚会的人们都回去了。

回去之后，有阿拉克赤兀惕（Alaghchi'ud）部名叫〔亦那克〕·察干（Inagh-Chaghan）的〔一个〕人，在岱总可汗〔回来〕之前，偷了〔可汗的一匹〕名叫哈儿哈（Kharkha）的黄马和铠甲等物，逃亡到阿卜乞尔臣·济农那里。可汗要把他捉回去，济农不肯交出。亦那克·察干又说了些挑拨的话，叫济农向可汗说："公黄羊几时会〔跑〕进来呢？牡鹿的犄角几时会掉下来呢?"¹³ 可汗〔听了非常〕忿怒说："跑进来的公黄羊是拙笨的；问〔这话〕的阿卜乞尔臣是愚蠢的!"阿卜乞尔臣济农听了〔也很〕忿怒说："〔你〕也不是不知道我的愚蠢!"

其后〔可汗〕硬把亦那克·察干捉去了。阿卜乞尔臣·济农就发誓说："我再不拿你当作哥哥!"以后当济农叛变将投奔瓦剌的时候，哈尔固察克·台吉说："俗语说：

背叛故乡的不能兴旺；

离开母腹的才能生长。

袒护外邦的不能兴旺；

维护血族的才得隆昌！

把在当上了可汗的自己，降低下来；

把已经当了领袖的自己，充当尾巴；

实在可怕!"

虽然这般规劝，仍是不从。

---

13 这句话的意思是，用比喻来说明这是一件永不可能的事。

　　阿卜乞尔臣·济农叫鄂尔多斯（Ordos）部[14]的哈丹·帖木儿（Khadan-Temür）、永谢布（Yüngshiyebüü）部[15]的涅海·帖木儿（Nekei-Temür）两个人做使臣去到瓦剌说："我已经离开〔我的〕哥哥岱总可汗，要和你们四万户瓦剌合在一起了！哈尔固察克·台吉不就是一支〔军队〕吗[16]？我们杀死〔他和〕撒答克臣·〔薛禅〕两个人吧！"瓦剌不肯答应。〔那时〕涅卜图列·薛禅（Nebtüre-Sechen）[17]正攥着拳头，坐在〔那里〕说："他〔一个〕小孩子知道什么？"瓦剌的太师们和那颜们就说："济农若是想合作，〔叫〕济农你做可汗，把你自己的'济农'名号送给我们。

---

14　鄂尔多斯（Ordos），部族名。Ordo是宫帐——斡儿朵，s是复数的标记。今内蒙古伊克昭盟的鄂尔多斯七旗，就是这一个部族的后裔。按《蒙古源流》，达延汗曾说："鄂尔多斯者，乃为汗守御八白室之人。"（《笺证》卷六第六页下）他们是属于右翼三万的。在达延汗之后，由其子巴尔斯·博罗特，并其后裔统属。

15　永谢布（Yüngshiyebüü），部族名，和田清氏在《论达延汗》及《论中三边及西三边之王公》两文内，对于这一部论证极详。他说这是属于右翼诸部中最强的一个。明、清两代史料中作"应绍不""永邵卜"及"永谢布"。其地包括今察哈尔及锡林郭勒盟中西部地区。达延汗即位初期的权臣亦思马因（Ismail〔Ismayil〕）太师就是这部的"诸颜"。达延汗统一蒙古右翼之际，首先平定这一部，由其第六子乌巴缴察〔鄂卜锡衮〕·青·台吉（Ubasanja Ching Taiji）来统治，后为其兄巴尔斯·博罗特之子博特达喇·鄂特罕台吉（Bodidara-Odghan Tayiji）所据。在明末之记录中，此部颇强大，部落四万有余。后再分为两部，一部曾与林丹汗对抗，一部迁至青海。虽均强盛一时，后随察哈尔被清军所迫西迁和西方厄鲁特部的兴起，而崩溃消失。（见《东亚史研究（蒙古篇）》第四九〇至四九七、六七七至六八二）

16　原文作Khushighu（下卷第一三七页第八行）。此字的意思是尖嘴的东西、山嘴、一旗的"旗"和一支队的"支"字，故译为"一支军队"。

17　涅卜图列·薛禅（Nebtüre-Sechen），《成吉思汗传》作Nebtere Sechen（第三十五页下第八行），《喀喇沁本源流》作Abdara Sechen（第三部第二十四页第十一行）。古写，na字时常不加一个点，所以容易误作a。这里的Abdara，是Nebtere之讹。Nebtere是"贯通"之意。汉译的《蒙古源流》作"阿卜都拉"（见《笺证》卷五第十四页下），想必是出于同一的误会。

若是同意这话，要合作就合作吧。"那使臣回来，把〔瓦剌的〕太师们和那颜们的话，完完全全的报告济农。济农同意〔他们的意见〕，就离开他的哥哥岱总可汗，另外游牧去了。

从那里，济农与瓦剌合兵向他的哥哥进军，〔晚间〕士兵们燃火的时候，济农降旨说："我的哥哥可汗〔很懦〕弱。士兵们每人要点起十把火来！"[18] 说着就按照旨意，把火点起来了。可汗的哨望知道是济农和瓦剌的〔联〕军〔来到〕，就给可汗去报信，可汗说："要自己去看。"看了就说："这火好像是天星降在地面一般，怎能得胜呢？"岱总可汗说了〔这话〕，就同几个伴当〔和子女〕逃向客鲁涟河去了[19]。

先是因彻卜登（Chebden）的女儿阿勒塔噶纳夫人（Altaghana Khatun）[20] 与塔剌沁〔氏〕的哈勒察海（Tarachin-ai Khalchakhai）有染，〔可汗〕就把哈勒察海杀死，把〔阿勒塔噶纳〕夫人的耳鼻刺伤之后，送回她的娘家郭尔罗斯（Ghorlas）[21] 的彻卜登那里

---

18 《秘史》第一九三节说：成吉思可汗征乃蛮时，也曾叫士兵们每人燃火五起以为疑兵。

19 《明史·瓦剌传》说："也先与脱脱·不花内相猜。脱脱·不花妻，也先姊也。也先欲立其姊子为太子，不从。也先亦疑其通中国，将谋己，遂治兵相攻。脱脱·不花败走，也先追杀之，执其妻子，以其人畜给诸部属，遂乘胜迫胁诸蕃。"（见卷三二八第六页下）
这里"和子女"一句，原文缺，这是按《喀本源流》第三部第二五页第八、九两行和《成吉思汗传》第三十七页上第十行加入的。

20 阿勒塔噶纳（Altaghana），原文（下卷第一三八页第七行）作 Altai，这里是按第一三九页第二行更正为 Altaghana。《源流》作"阿勒塔噶勒沁"（Altaghalchin）（《笺证》卷五第十五页下）。

21 郭尔罗斯（Ghorlas），部族名。《秘史》第一二〇节作"豁罗剌思"。今内蒙古哲里木（Jerim〔Jirim〕）盟的郭尔罗斯两旗即其后裔。

去[22]。有一个原籍是撒儿塔兀勒（Sarta'ul）[23]地方，名叫阔出克（Köchüg）的人，用计把〔一只〕银锅切破，留在〔他〕那里，可汗知道失锅的事情，就问："谁靠得住？可以派去〔查问〕。"阔出克就禀告可汗说他要去，可汗就从自己所骑的一匹黑马上下来，给〔他骑上〕，叫〔他〕前去。阔出克，就拿了银锅，背叛到济农那里去了。

可汗到彻卜登家，住在他所休回的夫人那里，彻卜登说：

"哈剌温纳山[24]的山背，以前是暖和的[25]，现在怎么冷了？

可敦夫人的怀抱，以前是〔冰〕凉的，现在怎么〔又〕温暖了？

阿勒台汗（Altai-Khan）〔山〕的山背，以前是暖和的，现在怎么寒冷了？

我女儿阿勒塔噶纳的怀抱，以前是〔冰〕凉的，现在怎么〔又〕温暖了？

牧草一没，就挪到别的地方去下营，

面子[26]一没，就要〔往日〕遗弃的老婆了！"

岱总可汗有三个儿子，长子蒙哥来（Möngkelei）台吉，说是

---

22 原文本是与下文连接的一句话，但为文意清楚起见，把它分为两段。

23 撒儿塔兀勒（Sarta'ul），即《秘史》汉译和《元史》中所称为"回回的花剌子模"或"波斯"之谓。

24 哈剌温纳（Khara'una）山就是兴安岭，其名曾见《秘史》第一五○、一八三节作哈剌温—硕都山。

25 蒙古山脉向阳的一面因水分不足，多无树木；阴面多是森林，可以挡风，均比较温暖。

26 原文（下卷第一三九页第四行）作öngge，本意是颜色、姿色和光彩，也有面子的意思。

早年就殡天了。可汗和他的两个儿子伊里（Ili）、答里（Dali）[27]，两个伴当——郭尔罗斯的阿噶·博罗特（Agha-Bolod）和巴噶·博罗特（Bagha-Bolod）等五个人都被擒住。猴儿年〔壬申，景泰三年，一四五二〕岱总可汗在斡尔臣的齐乞尔（Orchin-ai Chigir）地方，在彻卜登的手里，殡天了[28]。可汗在位计十五年。

阿噶·博罗特、巴噶·博罗特两个人的哥哥满都·兀尔鲁克（Mandu Ürlüg）[29]〔那时〕住在别的人家，他名叫忽拉干（Khulaghan）和哈喇干（Kharaghan）的两匹〔骏〕马，向着〔可汗住的〕那个方面，用蹄子刨地悲嘶。满都·兀尔鲁克看见他的战马悲嘶，就说："到有害的地方去，就是这样！"〔第二天〕一早起来，就去追赶可汗，在他到达之前，可汗和他两个弟弟都已经遇害。满都·兀尔鲁克就把可汗的头，枕在他一个弟弟〔的身上〕，把〔另〕一个弟弟放在〔可汗的〕脚下，〔一同〕埋葬。后来满都·兀尔鲁克带领着几个伴当袭击彻卜登，报了他的冤仇。

那事以后，瓦剌人自己聚会，〔他们〕商议说：

"不疼爱自己亲族的人，能疼爱我们的亲族吗？

不爱护自己社稷的人，能爱护我们的社稷吗？

---

27 答里（Dali），《成吉思汗传》第三十七页下末行作Düli。

28 沈曾植氏在《蒙古源流笺证》说："《四夷考》：景泰三年春，脱脱·不花与也先不相能……也先亦疑其主与中国通，疑己，遂治兵相攻。不花王败走，依兀良哈〔《类函》'也先攻普化，普化败走，依兀良哈沙不丹'即此事〕弑死。也先尽收其妻子，杀元裔几尽。"（见《笺证》卷五第十七页下）这与《明史·鞑靼传》所记相类似（《明史》卷三二七列传第二一五第九页）。

29 满都·兀尔鲁克（Mandu Ürlüg [Örlög]），人名。Mandu是"兴旺"，Ürlüg是"将军"之意。可能此人是忠于脱脱·不花王的一员大将。

不关心自己名誉的人，能关心我们的名誉吗[30]？

〔他〕在自己的火里倒了水，在我们的火里倒了油。

这是对谁能有帮助的济农啊？"说着就研究要毁掉〔他〕的办法。瓦剌的"那颜"和大臣们就〔派人〕去向济农禀奏说："济农为要做可汗，曾说要把自己的尊号——'济农'，赐给我们的也先太师。我们不是说定了吗？〔我们〕给济农上可汗的尊号。〔济农〕把自己的尊号赐给也先吧!"因此就准备宴会，请济农前来。

瓦剌人在房子当中挖下了一个大洞，洞上铺好毡毯，他们请济农和三十三个饰以羽毛的，四十四个头戴翎子的，六十一个佩带小旗帜[31]的〔长官们〕，从一个门进去，从两个门出去，杀的把那一个洞都填满了。"贵族（noyan）之死，死于聚会，家犬之死，死于野猪"[32] 的这句比喻，就是由这件事来的。

---

30　这里所用的"疼爱""爱护"和"关心"，在原文都是Sanaghsan，但包括以上的三个意思。

31　在记载妥欢·帖木儿可汗的第十六节里，也记有佩带小旗子的将军，想这必是当时贵族们的一种华饰。

32　原文作ghang（下卷第一四〇页首行），旁注bodong，意思是野猪。《成吉思汗传》（第三十九页第十行）作ghang，《喀喇沁本蒙古源流》（第三部廿八页第五行）作ghang，藤冈氏译为"礓"字。鲍登氏也就译作alleyway（鲍登英译本 Altan Tobchi 第六七页第七八节）。

# 第二十六节

# 哈尔固楚克·台吉及其子 并失古失台·勇士的故事

（下卷一四一页第一行至一四六页第十行）

那里哈尔固楚克·台吉[1]对他的伴当纳噶出（Naghachu）说："进前面房子里去的济农和大小'那颜'们都怎么了？"说着就叫〔他〕去〔看〕。纳噶出去看了，回来说："济农和别的人，我都没有看见；可是沿着房子左边的毡帷流出血来。"哈尔固楚克·台吉说："要睡〔的睡吧！〕寻死的死吧！"[2]说着就带了他唯一的伴当逃亡到山崖里去。

在山崖峡缝的一条路上，有穿上了两层铠甲〔的人〕，一前一

---

1　哈尔固楚克·台吉（Kharghuchug-Taiji），《蒙古源流》称之为岱总汗之弟、阿噶巴尔济农之子，且称为有威可畏、才智过人（见《笺证》卷五第十四页下、十五页上）。

2　《黄金史》上的这句话有文字脱落之处，按《成吉思汗传》（第三十九页第三行）和《喀喇沁本蒙古源流》（第三部第二十六页第九、十两行）加以补充。但仍按《黄金史》所采的动词现在形译出，不用前述两书所采的过去形。

后的走过来[3]。纳噶出射穿两重铠甲，那个人就向后和他的伴当倒下去了，又有三个〔身〕穿重铠甲，〔手里〕拿着扎枪〔的人追上〕来，纳噶出说："我不行，你来射吧！"哈尔固楚克·台吉就用青角头箭[4]射穿三个穿双重铠甲的，〔射得那〕角头箭都出了声，那〔三个〕人也倒下去了。纳噶出说："即便活着出去，徒步还是不行，从这〔些〕瓦剌人偷匹马吧！"说着，就去了。

也先太师正在上风头，用斗篷[5]挡着火坐着，〔纳噶出〕就从围绕〔也先太师〕睡卧的人们〔身上〕迈过去，解拴在也先太师附近的〔一匹〕不生驹黄骠（牝）马，〔一匹〕快黄儿（牡）马的时候，忽有咚咚的响声，一看，并不见人，就解下来，骑上一匹，牵了一匹走。又有咚咚的声音，一看〔还是〕没有人，这才知道是自己的心跳。

那时兵营里的人们就问："你是谁？"〔他〕回答说："你是多么机警的人啊？〔这儿〕有蒙古的哈儿固楚克·台吉〔和〕纳噶出两个人。〔去〕抓他们去！"说了，就越营而去。来到哈尔固楚克·台吉附近呼喊，但是没有回音，他已经逃跑了。再往后去呼喊〔他〕才出来。〔纳噶出〕就问："为什么逃跑了？"他说："恐怕瓦剌人捉住你，把我指出来。"说了他两人就骑上纳噶出带来的

---

3　原文（下卷第一四一页第七行）作Chibun，似有讹误，按《成吉思汗传》（第三十九页上第五行）及《喀喇沁本源流》（第三部第二十八页第十二行）改为Chobun，并加汉译。

4　原文（下卷第一四一页第十行）作jorgha，《蒙汉满三合》第十一册四十八页下之汉译作"角头箭"。

5　原文（下卷第一四一页末行）作Yangchi，按《成吉思汗传》第三十九页上末行改为jangchi，译为"斗篷"。

马〔逃〕走了[6]。

到了豁多郭都（Khodoghodu）有芦苇[7]的地方，用缎子把马拴起来[8]，坐下〔休息〕的时候，看见有人正按迹追赶沙狐，他们〔马上〕就逃跑，没有带食粮，也没有把鞍子备在马上。哈尔固楚克〔台吉〕就射死〔一匹〕带斑纹的牡鹿，用它的肋骨做鞍子，用肉做食粮，走到托〔克〕木克（Tomog=Togmog）[9]〔一个〕富翁的家里。富翁的弟弟说："这个人眼中有火[10]，不能和他做伙伴，杀死了吧！"〔富翁〕说："谁的人不能跟谁做伴呢？"就没有杀。

其后纳噶出对〔哈尔固楚克〕台吉说："我们孤孤单单的怎么行呢？我到瓦剌去，看看能不能把你的夫人[11]给你接来。在我回来

---

6 若按词句的构造，这里不应分段，但分开，意义比较明显。

7 原文为 Khodoghodu-yin khulusun。khulusun 是芦苇或竹子，似以译为"有芦苇的北方"为相宜；鲍登、小林两氏也译为尊有名词，似不妥善。
Khodoghodu 是"胃"的意思，是个地名。《成吉思汗传》（第三十九页下第十行）和《喀本源流》（第三部第十页第三三行）均作 Khutugh Toyin，意思是"有福的贵族喇嘛"，似乎是错了。

8 本书这句话原文不明，这里是按《成吉思汗传》和《喀本源流》译出的。

9 原文作 Tomogh，《成吉思汗传》（第四十页上第二行）及《喀本源流》（第三部第三十页第四行）均作 Tongmogh，其实都是 Toghmogh 的讹写。《蒙古源流》这里也作"通玛克"（见《笺证》卷五第十八页下），并说是通玛克汗为珠齐（即拙赤）之后嗣。同处王静安校卷四云："成吉思汗在时，令次子珠齐于托克马克地方即汗位，此通玛克即托克马克。"又本书下卷第一〇五页第八行亦称拙赤之封地为托克木克，似是钦察汗国的代称，其实是指察哈台汗国说的。Toghmogh 是伊斯色克湖以西楚河以南的地方。

10 是指大有福之人说的，《秘史》第六十二节德·薛禅曾称幼年的帖木真是眼里有火，脸上有光。
《蒙古源流》称这个富翁之名为阿克·蒙克（Agh-Möngke），其弟为章锡·蒙克（Jangshi-Möngke）（见《笺证》卷五第十九页上）。

11 据《蒙古源流》，哈尔固楚克·台吉的夫人是额森（也先）之女齐齐克·拜济·哈屯（Chichig-Begi Khatun）（《笺证》卷五第十九、二十二页）。请参照本节注16。

之前，不要叫人知道你是'那颜'。不要依靠人。不要把许多的野兽一起杀绝!"说了这话，纳噶出就〔到〕也先太师那里去，说："我杀了哈尔固楚克·〔台吉〕，把他的辫发[12]拿来作证。"

　　以后那富翁把他的女儿〔嫁〕给了哈尔固楚克·〔台吉为妻〕。〔一天〕在打猎的时候，遇到二十只黄羊，哈尔固楚克·〔台吉〕射中两只，把其余的也都杀光了。〔以后〕再打猎的时候，那富翁的弟弟因为嫉妒，就声称是个误杀把他害死了。

　　纳噶出到〔瓦剌〕之后，〔也先太师的〕母亲[13]用计对[14]也先太师说："纳噶出如果来的话你要杀吗?"〔他〕说："纳噶出来，如果〔我〕看见他，就吃他的肉，喝他的血!"他母亲说："若是把哈尔固楚克·〔台吉〕害死了，还杀〔他〕吗?"说："那就不杀。"因此他母亲就让纳噶出和也先太师见面，因此这有福分的人得以活命。

　　后来也先太师出兵征伐托〔克〕木克[15]，在那支军队中没有带

---

12　原文作 gejige（辫发）。头发是 üsü，在鞑靼、瓦剌争雄的第十五世纪，蒙古男子的发饰究竟怎样，我们除看到有梳发的记载之外，还不见其他，这里辫发（gejige）的出现，还是第一次。

13　也先的母亲，据《蒙古源流》卷五所载，是额勒伯克汗大福晋（夫人）库伯衮岱（Köbegüntei）之女萨穆尔公主（Samur Güngjüü）。额勒伯克汗把她嫁给巴图拉（即马哈木）。巴图拉被乌格齐·哈什哈杀死后，乌格齐之子额色库库汗（即斡亦剌台汗）娶她为妻。巴图拉之子巴噶穆为阿鲁克台所俘，改名托欢。后由萨穆尔公主把他带回卫喇特。额森为托欢之子。所以萨穆尔公主应是也先之祖母，而非母亲。按蒙古游牧地区之习惯，为表示更亲爱起见，孙辈常有称祖父母为爸爸、妈妈，而祖父母也称孙辈为儿子女儿的，这里的称呼必是因此搞乱了。

14　原文作 akha（下卷第一四三页第九行），是兄长之意，按《成吉思汗传》（第四十页上末行）及《喀本源流》（第三部第三十一页第二行）的 arga〔argha〕一字，译为"计谋"。

15　同注9。

纳噶出前去。纳噶出骑了两匹马，从军队外边〔绕着〕走。这时
瓦剌军已经击破托〔克〕木克。纳噶出跟着瓦剌的先头部队走，
得到一个马群，就献给也先太师。也先太师因为〔纳噶出〕曾把
〔一个〕银海碗〔和一件〕灰鼠外衣，暗中送给他的母亲，就生了
气。他母亲说："跟妈妈也要较量吗？〔他不是〕杀死哈尔固楚
克·〔台吉〕，把你不生驹的黄骠马给〔你〕拿来了〔吗〕？"〔现
在〕也先太师见〔他〕带来马群来，就说："这不是个人，是〔一
头〕鹞鹰！"因此纳噶出就得了"鹞鹰"这个名字。〔人们〕叫他
"鹞鹰"纳噶出。

也先太师的女儿，哈尔固楚克·台吉的〔阿勒坦〕别乞
（Altan Bigichi）[16]〔那时〕正在怀孕。瓦剌的斡儿拜·豁吉乞儿
（Orboi-Khojigir）[17]娶了〔她〕。等瓦剌占领蒙古〔鞑靼〕之后，也
先太师把失古失台·那颜（Shigüshitei Noyan）〔招赘〕，又把她嫁
给了。因此失古失台就带了三十名伴当同去。带十名伴当进了穹
帐。也先太师派人去向失古失台索取砍死贵林赤（Guilinchi）的
刀[18]。失古失台知道〔他们的〕恶意，就用带着鞘的刀砍了七个[19]

---

16《黄金史》没有提她的名字。"阿勒坦"是按《成吉思汗传》第四十页下末行的
　Altan Bigiyachi增添的。《喀本源流》（第三部第卅二页首行）作Altan Bigchichi。
　Bigiyachi、Bigchi，都是《秘史》Begi（"别乞"）的转写和讹写。请参照本节
　注11。

17 斡儿拜·豁吉乞儿（Orboi-Khojigir），人名，《成吉思汗传》（第四十一页上第一
　行）及《喀本源流》（第三部第卅二页首行）均作Oboi-Khojigir。khojigir是"秃
　头者"的意思。

18 这段故事见前有关阿岱可汗的那一节（第二十四节）。

19 这里说是七个（dologhan），《成吉思汗传》（第四十一页上第五行）和《喀本源
　流》（第三部第卅二页第六行）均作tologhai，意思是"头"。

人。这时斡勒灰·蔑儿干（Olkhui-Mergen）就抓住〔他〕，不叫再砍。失古失台就把他的刀给了〔他们〕。那人拿了刀，说："是不是砍死贵林赤的刀？"失古失台说："物是原物，主非原主！"[20]于是〔瓦剌人〕就把失古失台王、斡勒灰·蔑儿干和十个伴当一同都杀死了。

〔有一个〕瓦剌人捉住了〔一只〕鸟，正想："这是什么鸟儿呢？"〔这〕时候，来了一个赤着身子的小孩儿，说："它的嘴大，爪子长，翅膀宽，尾巴尖，这样的鸟儿是要放入野熊群里的。这是大雕的幼雏，叫作Khajir-derbid的。"那个人就去对也先太师说："我们认不出这个鸟儿，有一个蒙古的小孩儿知道〔它〕。"也先太师说："这个孩子很好胜，带〔他〕来！找失古失台勇士的孩子，正找不到。他必是仇人的子嗣。若是女儿就梳她的头发；若是男儿就断他的咽喉[21]！"说着，就派使者前去。

高丽（Solongghud）[22]桑固勒答理（Sangghuldari）的妻子哈喇克沁太夫人（Kharaghchin Taibujin）[23]看见使者，就叫〔那孩子〕，博罗乃（Bolonai）[24]不要动，用〔一只大〕锅盖上他，在锅上

---

20　影射也先并非其主之意。

21　就是切断他的咽喉之意。

22　蒙语称高丽为Solonggho或Solonggha。《蒙古秘史》第二七四节（续卷二第廿八页上）作"莎郎合思"。

23　《成吉思汗传》第四十一页下第五行作Kharachin Taibujin〔Tayibujin〕。《蒙古源流》译为"岱福晋"（见《笺证》卷五第十七页上），当为汉语"太夫人"的转音。

24　博罗乃（Bolonai），人名，《成吉思汗传》（第四十一页下第五行）及《喀本源流》（第三部第卅三页第五行）均作Bolohai。《蒙古源流》称，萨穆尔公主妈妈（祖母之意）命名为巴延·蒙克（Bayan Möngke）（《笺证》卷五第二十页上）。鲍登（C. R. Bawden）在他英译的《黄金史纲》第一七〇页第八十五节注一，把各种史料中对这个小儿名字的记载相异之处，写的很清楚。这一段小说式的记录和它人名的

〔又〕倒了干牛粪²⁵。把自己的儿子交出来哄骗他们。其中一个
〔人〕说："勒死〔他〕吧!"就脱他衣服,在脖子上套了绳套。他
的伴当说:"那天的孩子颈背相连的地方像兔儿,眼中有火,不是
这个。别杀!"说着就放了。

等那使者出去之后,哈喇克沁太夫人教训〔那〕孩子说:"〔现
在〕放你去逃命。你把瓦剌人连大带小都恨透了! 你以后就这样
说着走吧:'从小被俘,不知道父母的家乡氏族。后来就〔被〕放
在瓦剌亦拉出·富翁(Ilachu Bayan)家里。〔我〕也不知道父母
〔是谁〕。以为就是瓦剌人的子嗣。〔他们〕很疼爱我。'"

哈喇克沁太夫人对她丈夫说:"把'那颜'当做我们的子
嗣,送回蒙古地方去吧。"桑固勒答理因为地太远,不愿意
〔去〕。〔她〕说:"你住下,我带这儿子走!"说着就叫长子马嘎
什(Maghashi)把博罗乃偷出来,就送到他弟弟诺颜·博罗特王
(Noyan-Bolod Ong)那里²⁶。

诺颜·博罗特王说:"哥哥你不在〔这儿〕我就无理的做了
王,〔现在〕我的哥哥,你做王吧!"说着,就把黑色大纛旗交给
了他。

---

不一致,对研究这一个时期的蒙古史,反能解决一个重要的问题。其理由详下第
三十二节注27。
25 这是指当燃料用的干牛粪说的。
26 诺颜·博罗特王(Noyan-Bolod Ong),此处原作Nayan-Balad,后于第一五三页
第十二行作Noyan-Bolod。《喀喇沁本蒙古源流》(第三部第三十四页第三行)作
Noyan-Bolod。《成吉思汗传》(第四十二页上第五行)误作Noyan Bologhad,兹改
正为"诺颜·博罗特"。他的故事见后第三十一节,前后互证可知这里的记载颇有
出入。

# 第二十七节

# 脱欢之死，也先太师和明英宗

## （下卷一四六页第十行至一五一页第三行）

占据了蒙古社稷之后，脱欢太师就想得到可汗的〔大〕位。〔他〕怀着雄心，来到〔圣〕主的八白室¹，拜伏叩头，做了可汗。脱欢太师得了主的恩典，竟像醉酒〔般的狂傲起来〕说："你若是有洪福的圣者，我就是有洪福可敦的子嗣！"说着大话，大声喊叫，敲打圣主的〔神〕帐。等脱欢太师反身出去，就从他口鼻流出血来，〔他〕抱着马颈呆在那里，说："这是怎么一回事?"一看原来圣主箭囊里有雕翎的挑远箭正带着血在颤动。〔这个〕大家都看见了。脱欢说："大丈夫圣主显了他的威力！有洪福的妇人之子，我脱欢死了！我的荆棘都经除尽，惟有蒙古勒真

---

1　八白室是指祭祀成吉思汗的宫帐说的，《蒙古源流笺证》（卷四第八页）说："遂造长陵，共仰庇护，于彼处立白屋八间。"下面有张尔田氏的按语说："尔田案史，至元三年，丞相安图·巴延言，祖宗世数、尊谥、庙号、法服、祭器等事，皆宜定议。命平章政事赵璧等，集群臣议定为八室。"又这几句话为文词通顺起见，翻译时把原来次序略加颠倒。

227

（Monggholjin）[2]的蒙哥（Möngke）还在[3]，把他除掉！"把这话告诉他的儿子之后就死了。照他父亲的话，〔也先〕就把蒙古勒真的蒙哥杀死。这次瓦剌夺取了蒙古的社稷[4]。

那以后，也先太师做了可汗[5]，率领瓦剌〔和〕蒙古两部征讨水滨三万女真，收降他们[6]。也先太师说："女真的〔这〕一座城，因为建筑在像马胸脯的山嘴上，没能攻下，全城的人〔都〕看见了，〔现在攻下也〕没有再要的理由。"[7]就〔把他们〕都杀绝，扔在湖里。因为流〔满〕了血，就〔把那湖〕叫作红湖（Ula'an Na'ur）。

在远征女真的途上，永谢布（Yüngshiyebü）[8]的额森·撒米（Esen-Sami）[9]梦见把大明可汗擒住了，就报告也先太师，也先太

---

2　蒙古勒真（Mongholjin〔Monggholjin〕）是蒙古（鞑靼）右翼诸部之一，是一个强有力的部族。今卓索图盟的土默特左旗就拿Mongholjin作它的族名。《蒙古秘史》作"忙豁勒真"（见卷一第二页下）。它也是明人史料上的"满官嗔"。《源流》作"蒙郭勒津"（见《笺证》卷五第十二页上）。

3　蒙哥（Möngke），人名，《蒙古源流》作"蒙克拜"（见《笺证》卷五第十二页上）。

4　这一段故事与《蒙古源流》的记载大同小异（见《笺证》卷五第十一页下至十二页上）。
　　这一段是追述脱欢袭杀阿岱可汗的一段往事。

5　也先称汗是在袭击岱总可汗脱脱·不花之后，据《明史·瓦剌传》说："明年〔景泰四年，一四五三〕冬，也先自立为可汗……来朝，书称大元田盛大可汗，末曰添元元年。田盛，犹言天圣也。报书称曰瓦剌可汗。"（卷三二八第七页上）

6　按《明史》这事在也先称汗之前，《明史·瓦剌传》说："脱脱·不花败走，也先追杀之……乘胜迫胁诸蕃，东及建州、兀良哈，西及赤斥蒙古、哈密。"（见卷三二八第六页下）建州，就是这里所说的女真，也就是后日的满洲。

7　这几句话与《成吉思汗传》和《喀喇沁本蒙古源流》两书说的前后次序不一致。

8　永谢布（Yüngshiyebü），部族名，见前第二十五节注15。

9　额森·撒米（Esen-Sami），人名，《成吉思汗传》（第四十二页下末行）、《喀本源流》（第三部第卅五页第九行）均作Esen-Samai。

师说：“但愿能擒住！如果擒住，就交给你！”

　　占领女真国，回师的时候，汉人的〔正统〕可汗[10]正带着军队来攻蒙古。中途相遇，不等汉〔军〕挖好围濠，也先太师就回头来，逆迎而上，越过汉〔军〕的壕沟，把汉〔军〕击败。〔其中〕有三百人不肯逃走，就把他们一起砍死。只活捉了一个人，就问：“你们为什么不走？”那人说：“我们是大明可汗的大臣，怎能把可汗扔下走呢？”问：“你的可汗是哪一个？”那人就把藏在地〔洞〕里的可汗指认出来[11]。把他从〔地〕洞里弄出来，〔用刀〕砍也砍不动，那刀却一节一节的断了。扔在水里，浮着不沉。因为没能杀死，就按梦的预兆，把〔正统〕可汗交给了额森·撒米。

　　也先太师回来的时候，降谕说：“不许说这件战利品——掳获〔正统〕可汗的事！谁说就杀谁！”也先太师到家〔没分给〕他母亲战利品，〔只是〕说：“〔我们〕还平安。”〔他母亲〕说：“你为什么还藏着呢？听说有很大的战利品，〔不是〕把大明正统可汗给抓住了〔吗？〕”〔也先问：〕“这话是谁说的？”他母亲就对她儿子也先说：“蒙古永谢布的索尔逊（Sorsun）说的。”也先说：“我们〔不〕是说，不许说。你为什么说呢？”说完就把索尔逊杀死，把

10　原文作 Jing-tai，译音当是“景泰”。这很明显的是把 Jing-tung 写成 Jing-tai 了，不然岂不是把所俘的英宗变成了景宗？《成吉思汗传》和《喀本源流》都犯了同一的毛病。可能所用的史料是出于一源。
　　明英宗被俘之事，是正统十四年（一四四九）七月间的事，远在脱脱·不花被弒之前，《蒙古源流》的记事顺序是对的。
11　关于这一段的记载，《成吉思汗传》（第四十三页上）和《喀本源流》（第三部第三十六页）较全，就按两书加上几句。

他的臀部胸部都挂在树上。

那事以后，瓦剌右翼的阿拉克·帖木儿（Alagh-Temür）丞
相 [12]〔和〕左翼的哈丹·帖木儿（Khadan-Temür）[13] 两个人说："也
先你做了可汗，把你的尊称太师给我们吧。"也先不肯听从这话，
说："我太师尊号已经给我儿子了。"不肯答应 [14]。他们说："你借着
阿拉克·帖木儿的武勇，哈丹·帖木儿的决心，涅卜图列·薛禅
（Nebtüre-Sechen）[15] 的智谋，享有瓦剌〔和〕蒙古双方的社稷，做
了可汗，以为就是凭了你自己的力量吗？" [16] 他们就聚兵前来攻袭，
也先出亡。〔他们〕掳获了他的妻儿物资和家畜 [17]。

---

12 阿拉克·帖木儿丞相是《蒙古源流》（《笺证》卷五第二十二页上）的"阿拉克丞
相"，也就是《明史》的"阿剌知院"。据《瓦剌传》说："也先……〔正统〕十四
年〔一四四九〕七月，遂诱胁诸番，分道大举入寇，脱脱·不花以兀良哈寇辽东，
阿剌知院寇宣府，围赤城。"（见卷三二八第四页上）可知阿拉克是与也先、脱
脱·不花鼎足而三的一个巨头了。

13 在前第二十五节有两个哈丹·帖木儿。一个是瓦剌的，就是此人。另一个是阿卜
乞尔臣·济农的使者鞑靼鄂尔多斯的哈丹·帖木儿。

14 《明史·瓦剌传》只说："明年〔景泰四年，一四五三〕冬，也先自立为可汗，以其
次子为太师。"（卷三二八第七页上）但未提到这一件事，曾引起他重要支持者们的
不愤。

15 见前第二十五节的注 17。

16 《蒙古源流》说："卫喇特右翼之阿拉克丞相，左翼之特穆尔丞相，二人前来告
于额森汗云：'尔已为……汗矣，今可将尔太师之号，给与阿拉克丞相。'汗答
以：'我未计及尔等出此言，已与我子矣。'二人大惠云：'尔不过仗阿卜都拉·彻
辰之计、巴图拉·巴图尔之谋、尼根德·墨尔根之力，承受蒙古之统耳，岂以尔
之善乎？试看尔父子二人承受〔蒙古及瓦剌〕之统！'言讫而去，旋乘马来战。"
（《笺证》卷五第二十一页下第二十二页上）所说人名略有出入。

17 《明史·瓦剌传》说："也先恃强，日益骄，荒于酒色。六年，阿剌知院攻也先，
杀之。鞑靼部孛来复杀阿剌，夺也先母妻，并其玉玺。也先诸子火儿忽答等徙
居干赶河。弟伯都王、侄兀忽纳等往依哈密。伯都王，哈密王母之弟也。"（卷
三二八第七页上）
和田清氏于《兀良哈三卫之研究（下）》一文中，引《明实录》"景泰五年十月甲

那以后，也先太师只身逃亡，来到索尔逊家里，喝马奶子，将出去的时候，索尔逊的妻子看见，就说："这个人走的快，一幌一幌的走，好像也先的走法。"对他母亲的话，她儿子说："他干什么来我们这里？"他母亲说："听说也先太师他们自己内部失和了。这就是他，好好的留意看吧！"以后〔他〕又来了，索尔逊的儿子孛浑（Bokhun）[18]认出也先，抓住〔他〕杀了。孛浑兄弟九人。

〔也先在时〕，曾把〔一个〕名叫摩罗·札嘎图（Molo-Jaghatu）的女子[19]，给了〔正统〕可汗，给他起名叫摩豁儿·小厮（Mokhor Shigüse）[20]，放在永谢布的额森·撒米家中做使役[21]。在那些百姓之中，虽然没有天灾疾病；可是使用〔正统〕可汗的人，都不顺绥。

---

午"条说，宣府、大同等处总兵官奏报阿剌攻也先，也先为阿剌旧部卜剌秃金院等所剌。又引郑晓《吾学编·皇明北房考》说，平章哈剌欲继也先为太师，未果，引兵攻之，也先败走，道中饥窘，至一妇人乞酪，其夫归，妇以状告之，夫疑为也先，追而杀之（见《东亚史研究（蒙古篇）》第三四八至三四九页）。

18 索尔逊（Sorsun），《源流》作"布库·索尔逊"，称其子"孛浑"（Bokhun）为"巴郭"（Baghu）（见《笺证》卷五第十三页上及二十二页上）。"布库"（Böke）是力士的意思。

19 摩罗·札嘎图（Molo-Jaghatu），《成吉思汗传》（第四十四页上第九行）作Molo-jaghatu，《喀本源流》（第三部第卅九页首行）作Molo-jaghutu。本书此处（第一五〇页第二行）作Jaghtu，第一五一页第二行作Jaghatu。《蒙古源流》说："阿〔苏〕特（Asud）之阿里玛丞相（Alima Chingsang）将女摩罗，给与正统汗。"（见《笺证》卷五第二十二页上下）

20 "摩豁儿"是"秃"。Shigüse是"小厮"。两字在一起，就是"秃小厮"之意。《蒙古秘史》第二七三节也有把金帝称作小厮——"薛兀薛"（Se'üse）的记载。《蒙古源流》说是改名为"察罕·秀萨"（ChaghenSi'üse〔Chaghan-Sigüse〕）（《笺证》卷五第二十二页下），意思是"白小厮"。

21 本书说是把正统汗交给永谢布族的额森·撒米。《蒙古源流》说："交与〔阿苏特族之〕阿里玛丞相，留养于六千乌济叶特之高阜和暖地方。"（见《笺证》卷五第十三页上）

在他睡后，从他身上有光出现。

〔正统可汗〕写了〔一封〕信，〔信中〕说："我在这里。"把〔信〕藏在要卖的皮袄的〔长〕毛里，寄了出去。汉人看到那封信，就上书说："你们使唤正统可汗，对你们不方便，给我们拿来吧。"

山前的六千乌济叶特（Ūghiyed）人²²就把他给送回去²³。〔因此〕得了"敕书"²⁴。〔他们〕曾为永乐可汗效力，得了三百份敕书，为〔正统〕可汗效力，又得了三百份敕书。那就是山前的六百份敕书。有人说蒙古人送回〔正统〕可汗，他对山后的〔蒙古人〕也给了三百份敕书。因为蒙古人自己失和，耽误了，没能领取。山前六千乌济叶特人就把山后三百份敕书也要过去了。

据说那〔正统〕可汗在蒙古娶的，名叫摩罗·札嘎图的妻子生了一个小孩儿，蒙古人把他留下了。他的子嗣就是阿速惕（Asud）的塔勒拜·塔布囊（Talbai Tabunang）²⁵、²⁶。

---

22 乌济叶特（Ūghiyed〔Ūjiyed〕）部已见前第十五节注5。

23 据《明史·景帝本纪》，没有提到也先叫何部把英宗送回（卷十一第四页）。《瓦剌传》也只说："也先……遣其头目七十人送至京。"（卷三二八第六页上）

24 "敕书"，原文作dayidu（下卷第一五〇页第八行），旁注作Shang，即"赏赐"之意。诸参照前第十五节注8。

25 《蒙古源流》说："正统汗所娶蒙古地方之女名摩罗者，生子朱泰萨，为阿〔苏〕特之女塔勒拜之婿（Tabunang）。"（见《笺证》卷五第廿三页上）

26 关于明英宗被俘的记事，《黄金史》把它写在脱脱·不花〔岱总〕汗被弑之后，显然是错误的，但有几点与《明史·瓦剌传》相似的地方。《明史》说："土木地高，掘井二丈不得水，汲道已为敌据，众渴，敌骑益增。明日，敌见大军止不行，伪退。〔王〕振遽令移营而南。军方动，也先集骑四面冲之，士卒争先走，行列大乱。敌跳阵而入，六军大溃，死伤数十万，英国公张辅、驸马都尉井源、尚书邝埜、王佐，侍郎曹鼐、丁铉等五十余人死之，振亦死。帝蒙尘，中官喜宁从。"（卷三二八第四页下）和《黄金史》所说："中途相遇，就不等汉军挖好围濠，也先太师回过头来逆迎而上，跳过汉军的壕沟，也先太师把汉军击败。其中有三百人不肯逃走，

232

把他们一齐砍死。只活捉了一个人，就问：'你们为什么不走?'那人说：'我们是大明可汗的大臣，怎能把可汗扔下走呢?'问：'你的可汗是哪一个?'那个人就把藏在地洞中的可汗指出来了。"非常相似。此外《黄金史》《蒙古源流》等蒙古史料都说，从英宗的身上有光出现，也和《明史》所说"上皇北行，也先夜常于御幄上遥见赤光奕奕若龙蟠，大惊异"的传说相似。不过《明史》说，也先"致礼甚恭"，"置酒为寿，稽首行君臣礼"，和蒙古史料所说给他起名叫作"白小厮""秃小厮"之说，大相径庭。可能也先没有苛待英宗，但也不会"致礼甚恭"。这是明人史料中所避讳的地方。

# 第二十八节

# 马嘎·古儿乞可汗

## （下卷一五一页第三行至第五行）

其后，马嘎·古儿乞（Magha-Gürgi）可汗即大位，在位八年，鸡儿年〔乙酉，成化元年，一四六五？〕殡天。马嘎·古儿乞可汗没有子嗣[1]。

---

1 《成吉思汗传》第四十五页首行作 Magha-Gürgis。

《喀本源流》第三部第三十九页第四行也作 Magha-gürgis。喇希彭苏克书第四册第六五六页作 Maghagürgis，并且说他是岱总可汗小可敦 Samara 的儿子。

《胜教宝灯》说："岱总可汗之子 Merkürgen 台吉，丙寅年〔一四二六〕生，七岁壬申〔一四五二〕即汗位，后为多伦一土默特之多郭郎台吉所弑。"（见日译本《蒙古喇嘛教史》第五十九页）

《蒙古源流》作"蒙古勒克呼·青吉斯·台吉"。（见《笺证》卷五第廿三页上）

惟施密特（Schmidt）德译本第一七〇页作 Mergüs-khas Tayiji。《蒙古源流》称：蒙古勒克呼·青吉斯·台吉，丙寅年生，其母萨睦尔福晋贮于皮柜，以马负之，七岁即汗位，称乌珂克图（Ükegtü）汗。"岁次癸酉，年八岁，为多伦土默特（Dolon Tümed）之多郭郎台吉（Dogholang Taiji）所害"。（《笺证》卷五第廿三页上）以上诸书，虽然都说这一可汗在鸡儿年殂殁，可是都没说他在位八年，而且这鸡儿年，也是一个有问题的年号。关于这一可汗在位的年代，若依《明史》的记载来看，至少是在十年左右，所以这里所说的在位八年，是比较可靠。同时这一个鸡儿年，不应是《源流》所说的癸酉（景泰四年，一四一五），可能是乙酉（成化元

234

年，一四六五）。

《明史·鞑靼传》说："也先为瓦剌可汗，未几，为所部阿剌知院所杀。鞑靼部长孛来复攻破阿剌，求脱脱·不花子麻儿可儿立之，号小王子。阿剌死，而孛来与其属毛里孩等皆雄视部中，于是鞑靼复炽。……〔天顺六年，壬午，一四六二〕……时麻儿可儿复与孛来相仇杀，麻儿可儿死，众共立马古可儿吉思，亦号小王子。自是鞑靼部长益各专擅，小王子稀通中国，传世次，多莫可考。……〔成化〕二年〔丙戌，一四六六〕……未几，诸部内争，孛来弑马古可儿吉思，毛里孩杀孛来，更立他可汗。"（见卷三二七第九页下至十一页下）看来似有讹误之处。其中，麻儿可儿与马古可儿吉思均为一人，也就是"马嘎古儿乞"的变音。

《墨尔根活佛的黄金史纲》第九十四页说："岱总可汗次子马哈·古儿乞（Makha-Gürgi），其母将其放于柜中，移动之时与其母并为多郭郎·帖木儿·台吉（Dogholang Temür Taiji）所弑。岱总可汗长子之母，为可汗所出，其子摩伦与其母另居他处，往依巴图尔·毛里孩，毛里孩借口弑之。"由此可知这马哈·古儿乞是脱脱·不花王的幼子，是摩伦可汗的异母弟。

和田清氏在《兀良哈三卫之研究（下）》一文中，引用若干明人史料，谓麻儿可儿、麻马儿可儿吉思、马可古儿吉思、麦儿苦儿吉思、马儿苦儿吉思，都是同一人名的讹转（见《东亚史研究（蒙古篇）》第三五二至三六〇页）。

# 第二十九节

# 摩伦可汗

## （下卷一五一页第五行至一五二页第二行）

彻卜登（Chebden）杀害岱总可汗的时候，因摩伦（Moulun）[1]台吉是〔他〕自己的外孙没有杀害[2]。后来克木齐古特（Kemchigüd）〔部〕的达嘎达尔太傅（Daghadar Taibu）[3]，郭尔罗斯（Ghorlas）

---

1　摩伦（Molon），《成吉思汗传》（第四十五页第二行）及《喀喇沁本蒙古源流》（第三部第三十九页第五行）均作Molan。《明史》上找不到这一个名字。和田清氏在《兀良哈三卫之研究（下）》一文中，说：'郑晓《吾学编·皇明北虏考》在述说无名的初代小王子被李来等所杀之后，说：'是时，李来稍衰，其大酋毛里孩、阿罗出少师、猛可与李来相仇杀，而立脱思为主。虏中言：脱思，故小王子〔马哈·古儿乞〕从兄也。'无论其为兄或为弟，总是异母兄弟，与蒙古所传吻合，无疑是正确的。脱思恐怕是Tögüs的略译。"（见《东亚史研究（蒙古篇）》第三六○至三六一页）斯钦按，"脱思"（tos）乃蒙古古语"正主"之意，也就是"正统的可汗"之意，见《秘史》第一四九节（卷五）第五页下第二行。

2　《蒙古源流》说："初，岱总汗离异阿勒塔噶勒沁福晋时，曾留其三岁子，系丁巳年〔正统二年，一四三七〕生，名摩伦·台吉，年十六岁，彻卜登谓系己甥，收养之。岁次癸酉〔景泰四年，一四五三〕，彻卜登既殁，乃役于郭尔罗斯之和巴齐尔（Kebchir）家。"（见《笺证》卷五第廿三页下）

3　达嘎达尔太傅（Daghadar Taibu〔Tayibu〕），人名。Taibu汉译可作"太傅"，也可以译作"太保"。Daghadar，《成吉思汗传》（第四十五页第三行）和《喀本源流》

〔部〕的忽卜赤儿（Khubchir）、摩拉台（Molatai）两个人[4]，把他从彻卜登〔那里〕送到大国的边上，交给〔一个人〕，那个人把他送到毛里孩王（Mokhulikhai Ong）[5]那里。

那时翁牛特（Ongnighud）[6]〔部〕的大臣〔Sayid〕毛里孩王，执掌大国的社稷，〔有人劝他〕说："你坐汗位吧！"毛里孩说："我的汗主也不是没有子嗣。这对我本身和〔我〕后裔都不相当。"就没有听从。鸡儿年〔乙酉，成化元年，一四六五〕毛里孩王叫〔十〕七岁的[7]摩伦可汗，骑上他自己的〔名叫〕奎苏图（Küisütü）的黄白马，插上金杖，坐在大位里。

其后，鄂尔多斯（Ordos）〔部〕的蒙哥（Möngke）、哈答·不花（Khada-Bukha）[8]两个人来挑拨说："毛里孩王与他萨满岱夫人

---

（第三部第卅九页第七行）均作 Daghadir。《蒙古源流》（《笺证》卷五第廿四页上）作"达嘎泰"。

4　忽卜赤儿·摩拉台（Khubchir Molatai），《成吉思汗传》（第四十五页第四行）及《喀本源流》（第三部第卅九页第七行）均作 Khubuchir-Molantai。《蒙古源流》只称他为"摩勒泰"。忽卜赤儿，即《源流》所说的"和巴齐尔"（见注2），当为另外一个人。所以这里所说的两个人，应作克木齐古特部的一个人和郭尔罗斯部的两个人，计三个人解。

5　Molighai，《明史·鞑靼传》（卷三二七第十一页下）作"毛里孩"，《蒙古源流》作"摩里海"（《笺证》卷五第二十四页上）。

6　翁牛特（Ongni'hud），《蒙古源流》（同上处）作"翁里郭特"，即今内蒙古昭乌达盟的翁牛特旗，原本是成吉思汗末弟斡惕赤斤的属族。明代的泰宁卫，亦作"往流"，就是这部的对音。惟下节记诺颜·博罗特所说，毛里孩杀摩伦可汗，是别勒古台之裔报帖木真、合撒儿杀其兄别克帖儿之仇。以此来看这一部似乎是别勒古台之裔了。这一个问题应另行详考。

7　《蒙古源流》作"十七岁"（见《笺证》卷五第廿四页上）。《墨尔根活佛的黄金史纲》第九十四页，说他是岱总汗的长子，是马哈·古儿乞的异母兄。十七岁之说比较可靠。

8　《蒙古源流》（同上页）称这挑拨的人是高丽的和托卜罕（Khada-Bukhan?）。

（Samanantai Khatun）通声息 [9]，对你将有恶意。"〔可汗信以为真〕，说："在他们〔行动〕之前，我们出兵吧！"说着就出了兵。

〔有人〕看见摩伦可汗的军马，就给毛里孩王送消息。毛里孩王不信，等看见军〔马扬起〕的灰尘，才知道〔这是真的〕。毛里孩王召集自己的军队，向天上洒奠〔马奶子〕说："在上的长生天（Möngke Tenggeri），愿你垂鉴！有洪福的圣主，愿你处分他们！我对你的后嗣做过好事！你的子嗣却对我怀起恶意来了！"

毛里孩王带着三百士兵隐藏起来，以有蒙古"札儿忽赤"（Jarghuchi）[10]名分的弟弟为首，三个弟弟们出去迎战，擒住了摩伦可汗。狗儿年〔丙戌，成化二年，一四六六〕[11]就在毛里孩王的家里殡了天。

孛尔孛克（Borbogh）的富翁，斡尔默格尔（Örmerger）被生擒了。大家都要杀〔他〕。〔毛里孩王〕说："这是在摩伦可汗前面当先锋的，为自己可汗充当先锋的〔必〕是好人。怎么不能给我

---

9 这句话因daliju（下卷第一五一页第二行）这一个字，容易发生困惑。鲍登（C. R. Bawden）氏也曾对这一句发生过问题（见英译 Altan Tobchi，第一七五页第九一节注四）。《蒙汉满三合》（第八册第五十二页）dalimui作"斜眼看"讲。所以译为"通声息"。

10 "札儿忽赤"（Jarghuchi），字义是"司词讼的人"，就是《元史》上的断事官。《元史·百官志》说："断事官……国初尝以相臣任之，其名甚重……其人则皆御位下及中宫、东宫诸王各投下怯薛丹等人为之。"（卷八十五《百官志一》第六页）据《秘史》，第一任"札儿忽赤"是失吉·忽秃忽，而以怯薛丹等人辅之。其事见《秘史》第二三四节。

11 这个狗儿年，《蒙古源流》作甲戌（景泰五年，一四五四），这是不对的。按本书前一节所说，马嘎·古儿乞可汗的殂殁年代来考证，应为丙戌（成化二年，一四六六），这才与《明史》的记载符合。和田清氏的考证，也以摩伦汗的殂殁当为成化元、二年之交。见本节注14。

238

作先锋呢?"<sup>12</sup> 就没有杀。释放之后，斡尔默格尔用〔一把〕有黄
色〔刀〕柄的环刀，在可汗尸体周围，划量土地，给葬埋了。

　　摩伦可汗的蒙古勒台夫人（Mönggholtei〔Monggholtai〕Khatun）<sup>13</sup>
悲伤痛哭〔说〕:

　　"使我伟大可爱的社稷崩溃了的;

　　使我和万有之主可汗分离了的;

　　是这蒙哥、哈答·不花，两个〔恶〕人啊!

　　使我伟大完整的社稷残损了的;

　　使我和一切之主可汗分离了的;

　　是这蒙哥、哈答·不花，两个恶人啊!"<sup>14</sup>

　　摩伦可汗没有子嗣<sup>15</sup>。

---

12 成吉思汗对于为正主（Tos ejen）尽忠，而抵抗他自己的人，都予以宽容和奖励，
　　可能这种封建道德，在这极度混乱的时代，仍受尊敬。参照《秘史》第一四九、
　　一八八等节。

13 《蒙古源流》称蒙古勒台夫人为蒙古彻福晋（《笺证》卷五第廿五页上）。以摩伦汗在
　　位的短暂和他夫人的事来推，他的即位，不可能是七岁。十七岁之说，比较正确。

14 《蒙古源流》说毛里孩听见之后，很悼悔，就把说谗言的人杀了（《笺证》卷五第
　　二十五页上）。

15 马嘎·古儿乞和摩伦两汗的即位和殂殁年代，颇有问题。和田清氏在《兀良哈三
　　卫之研究（下）》一文中，论述甚详。在他列举许多明人及蒙古方面的史料之后，
　　他作了一个结论说:
　　"也先为阿剌知院所杀，瓦剌势力倾坠。代表鞑靼势力的大酋孛来、毛里孩与脱
　　脱·不花王的嫡妻萨睦尔太后共立其幼子乌珂克图汗马可·古儿吉思。其时必在
　　景泰五、六年之际。拥立乌珂克图汗之后，袭击瓦剌汗。在位约十年。当在其将
　　达成年之时，约在天顺、成化之间（一四六四至一四六五），为权臣孛来、多郭郎
　　等所杀。毛里孩击破孛来，拥立先可汗之异母兄摩伦脱谷思，旋两者不和，毛
　　里孩弑摩伦汗。其时当为成化元、二年（一四六五至一四六六）之交。"（见《东
　　亚史研究（蒙古篇）》第三六三至三六四页）

# 第三十节

# 满都固理可汗

## （下卷一五三页第二行至第十行）

　　岱总可汗、阿克巴尔臣（Agbarchin）[1]济农两人被瓦剌和彻卜登双方夺去社稷的时候，他们名叫满都固理（Mandughuli）[2]的异母弟

---

[1]　阿克巴尔臣（Agbarchin〔Aghbarchin〕），《黄金史》在前第二十五节作 Abgirchin。

[2]　《蒙古源流》说："摩伦汗无嗣。殁后，其叔阿寨台吉之卫喇特福晋所生一子，名满都古勒（Mandughul）台吉者，系丙午年〔宣德元年，一四二六〕生。岁次癸未〔天顺七年，一四六三〕，年三十八岁即位。为乌珂克图汗复仇，兴兵杀哈齐金〔成吉思汗弟合赤斤〕之姻亲多郭郎台吉，收抚多伦·土默特。适于彼处邂逅表弟巴延·蒙克台吉……"（见《笺证》卷五第二十五页）喇希彭苏克书第四册第六五九页说："毛里孩杀死进谗言的蒙哥、哈答·不花两个人，就在七月奉阿寨〔台〕可汗瓦剌夫人所生的满都固理台吉，在金帐之内，做可汗。"说明这一个可汗也是毛里孩所立的傀儡。《墨尔根活佛的黄金史纲》第九十三页说："阿寨台吉蒙古夫人所生的满都兀勒台吉，十三岁时分开，迁居到东部去住。"第九十四页说："〔毛里孩、多郭郎等杀摩伦之后〕……满都兀勒·台吉与诺延·博罗特（Noyan-Bolod）二人合兵击败毛里孩、多郭郎台吉。满都兀勒做了可汗。给他从瓦剌回来的〔孙儿〕巴延·蒙克（Bayan-Möngke）以济农的封号。"满都兀理是"使之兴旺的"之意。《明史·鞑靼传》称之为满都鲁可汗。成化七年（一四七一）条说："满都鲁入河套称可汗，乩加思兰为太师。九年秋，满都鲁等与孛罗忽并寇韦州。……满都鲁等败归……自是不复居河套。……初，乩加思兰以女妻满都鲁，立为可汗。"（卷三二七）

分出去，住在吉苏特山坡（Jsüd-un〔Jisüd-ün〕Jon）。以后羊儿年〔?〕满都固理可汗在哈撒阑台山坡（Khasarantai-yin Jon）³即大位。

　　满都固理可汗有两位可敦：一位是满都海（Mandukhai）⁴，另一位是伊克·哈巴尔图·钟金（Yeke-Khabartu Junggin）⁵。满都海可敦的父亲是土默特（Tümed）的恩古特部（Enggüd-otogh）的绰罗思拜·特穆尔丞相（Chorosbai-Temür Chingsang）。伊克·哈巴尔图·钟金的父亲是畏兀惕（Uyighud）⁶的伯格呼逊·台吉（Begersün Tayiji）。听说可汗因病未能同伊克·哈巴尔图·钟金同衾。满都固理可汗在位五年，猪儿年〔?〕殡天⁷。满都固理可汗的遗体安葬在卯·温都儿〔山〕（Mau〔Maghu〕-Öndör）。

---

3　哈撒阑台山坡（Khasarantai-yin Jon），《成吉思汗传》（第四十六页上第六行）及《喀喇沁本蒙古源流》（第三部第四十一页第七行）均作Khasaghritai-yin Jon。此地所在不详。但《明史·鞑靼传》说"满都鲁入河套称可汗"（卷三二七第十三页上），可能这是今日伊克昭盟之内的一个地方。

4　《蒙古源流》称为"满都海·彻辰（Mandukhai Sechen）福晋"（《笺证》卷五第廿六页上）。Mandukhai是"兴隆"之意。

5　伊克·哈巴尔图·钟金是"鼻子很大的钟金"之意。她父亲伯格呼逊，就是《明史》乩加思兰太师。

6　Uighud〔Uyighud〕是"畏吾儿"的复数形。《成吉思汗传》（第四十六页上第九行）作Oirad。《蒙古源流》作"卫喇特"（《笺证》卷五第二十六页上）。《喀本源流》（第三部第四十一页第十一行）作Oirad。但本书所说的畏兀惕是指右翼诸部中的Uighurchin说的，也就是明人史料中的"委兀慎"，明季驻牧于张家口之西北。

7　《蒙古源流》说："满都古勒汗自癸未〔天顺七年，一四六三〕至丁亥〔成化三年，一四六七〕，在位五年，四十二岁殁。"（《笺证》卷五第二十七页下）这两个年代，都有问题。我们根据《黄金史》马嘎·古儿乞可汗崩殂的乙酉〔成化三年〕来推，满都固理可汗即位的羊儿年，可能是乙未〔成化十一年，一四七五〕。崩殂的猪儿年，是己亥〔成化十五年，一四七九〕。和田清氏在他的《兀良哈三卫之研究（下）》一文内也曾作这样的假定（《东亚史研究（蒙古篇）》第三九六页）。

# 第三十一节

# 诺颜·博罗特王的复仇和毛里孩王之死

## （下卷一五三页第十一行至一五四页第二行以下原文缺）

科尔沁勇士（Ba'atur）失古失台（Shigüshitei）的儿子，诺颜·博罗特（Noyan-Bolod）[1]在蒙古社稷被瓦剌侵占的时候，出去到斡难（Onon）〔河〕居住。后来为要给摩伦可汗复仇，骑上他的银合马[2]，进兵攻打毛里孩王。毛里孩探知诺颜·博罗特王已经发兵，就逃走了。

在那里，诺颜·博罗特王说："也速勇士是我们共同的父，由我们〔以下原文缺，且把这一大段误插在一五六页第十行至一五九页第四行之间，兹按后文补正〕诃额仑母亲生的，有帖木真、合撒儿、合赤斤、斡惕赤斤。我们都是同胞。由另一个速勒赤斤母亲（Sülchigin Eke）[3]生的，是别克帖儿（Begder［Begter］）、别勒

---

1　诺颜·博罗特是失古失台勇士的儿子。

2　银合马是白中略有一点黄灰色的马。

3　别勒古台之母，其名不见《秘史》。据鲍登（C. R. Bawden）书，说伯希和（P. Pelliot）曾在 *Deuxlacunes* 第一一八页处有专论，惜未见到。本书上卷第二十八页第九行则称别勒古台之母名为 Süchigel。

古台（Belgütei）两个人。圣主带着我们的祖宗合撒儿，杀了别克帖儿，因为那仇现在把摩伦可汗给害了[4]。我的可汗虽然没有子嗣，我合撒儿的后裔来报复吧!"

说着就从兀勒灰（Olkhui）〔河〕[5]的客里也（Keriye）〔地方〕去追。追到，就把毛里孩王和他的弟弟、孩子等七个人〔都〕杀了。掳获了摩伦可汗遇害时，丢掉的镀金钢盔。斩了蒙古"札儿忽赤"[6]等七个人的首级，丢在那里。因此，这地就叫"七颗人头"（Tologhadun Tolughai）。

毛里孩王骑着他的黄白马，穿着他苍白色塔儿皮[7]的大衣，在洪灰—亚巴干（Küngküi Yabaghan）〔山上?〕，用一种矮小的树木[8]，搭成一个窝篷，用潮湿的皮子[9]做食粮，干渴倒毙而死。〔这〕就是"合撒儿的后裔，对〔成吉思〕可汗的后裔，所做的那件好事"。（以上见下卷一五六页第十行至一五七页第七行）

---

4 按这句话来讲毛里孩当是别勒古台之裔。别克帖儿少亡无嗣。翁牛特部似乎也是属于别勒古台一系的。但今日的翁牛特部确是属于斡惕赤斤的后裔。阿巴嘎（Abagha）、阿巴哈纳尔（Abakhanar）两部才是属于别勒古台的后裔。不知翁牛特部是否原属别勒古台之裔，后因毛里孩王的被杀，而改隶斡惕赤斤之裔，尚待进一步的考证。
5 兀勒灰（Ulkhui）河，见《秘史》第一五三、一七三两节似即今锡林郭勒盟东乌珠穆沁之兀勒灰。
6 蒙古"札儿忽赤"不是人名，是官衔，是"蒙古国的大断事官（司法官）"之意。见前第二十九节。
7 塔儿（Tarbagh），就是土拨鼠，毛棕栗色，是蒙古出口皮毛之一，多产于内蒙古与外蒙古东部交界之处。新疆塔城——塔尔巴哈台，就是因产"塔儿"而得名的。
8 原文Altaghana，是一种矮小的木丛，枝梗作金色故名。没有用途，骆驼饥饿时用它充饥。
9 原文Neki，是不调面子的大皮袄，今译为"皮子"，以求合理。

## 第三十二节

# 博勒呼·济农

### （前部原文缺，后部见一五四页第二行至一六〇页第一行）

被瓦剌人掳去的哈尔固察克（Kharghuchagh）台吉的拜济（Bigiyechi，即夫人）生产时候，也先太师派阿巴孛儿吉（Ababorgi）、岱同（Daitung）[1]等人去，告诉他们说："若是女孩就梳她的头；若是男孩就断他的喉！"拜济知道了，就把她儿子的小鸡向后拉过去，叫像女孩子一样撒尿，那人看了，就告诉也先说："是个女孩子。"那个人走后，拜济把儿子藏起来，把在家里使用的，家在察哈尔[2]豁罗巴特（Kholobad）〔地方〕的老妈妈，奥台（Otai）[3]的女儿，假装放在摇篮里，〔果然〕那个人又〔回〕来，把摇篮解开看了一看，确实知道是个女孩子之后，〔又〕去报告也先。

---

1　阿巴孛儿吉、岱同二人之名，见前第二十五节，岱同（Daitung）就是"大同"的译音，是以地为名的。

2　察哈尔（Chakhar），部族名，也就是现在察哈尔部，曾是达延汗以后，可汗直辖的部属。关于明代的察哈尔，和田清氏的《察哈尔部之变迁》一文论之极详（见《东亚史研究（蒙古篇）》第五二一至六六六页）。

3　奥台（Otai），《蒙古源流》（《笺证》卷五第二十页上）作"鄂推妈妈"。

那以后，瓦剌的乌格特依勇士（Ögetei Ba'atur）抱怨自己的"那颜"说："我十三次[4]当先锋，这样出力，也得不到爱顾！"他的"安答"〔盟兄弟〕、"鹞鹰"纳嘎出（Eliye Nagachu）[5]说："你如果想受人敬重，哈尔固楚克台吉的拜济，生了一个男孩，你把他给送到蒙古去吧！六万户蒙古不算远啊！"

塔塔儿（Tatar）[6]的图吉勇士（Tugi Ba'atur）曾娶乌格特依勇士的姊姊。因此，就由图吉勇士把这个孩子给带出来，由瓦剌的委末敦（Oi-modon）[7]之子乌格特依·太保（Ögetei Taibo）[8]，翁吉刺惕（Khonggirad）[9]的阿撒来·太保（Asalai Taibo）[10]，喀喇

---

4　这一个"次"字，原文作 uye，原意是"代"或"节"字，是一个有问题的字，《蒙古源流》在谈到这一件事时，译作"十三岁时"的"岁时"，但十三岁当先锋，或十三代都当先锋，似于情理不合，所以译作"十三次"的"次"字。

5　"鹞鹰"纳嘎出（Eliye Naghachu），原文误作 Aliya Naghachu，此人前见第二十六节。Aliya 的字义是"顽皮的"。Naghachu 的字义是"舅父"。Eliye 是鹞鹰，是也先给他的绰号。

6　塔塔儿（Tatar）这一部族，虽在十二世纪末叶相当强大，但为成吉思汗覆灭之后，其人多被分入其他氏族之中，所以塔塔儿就不再是一个部族了。今日在新疆和中亚的塔塔儿，是属于突厥系统的，并不是蒙古人。这里所说的塔塔儿虽然可推想是当时一个部族的名称，但仍是有待研究的一个问题。

7　委·末敦（Oi-modon），人名，字义是"林木"。

8　《蒙古源流》称乌格特依·太保（Ögedei Taibo［Tayibo]）是属于卫喇特的明安（Mingghan）部的（《笺证》卷五第廿一页上）。

9　翁吉刺惕（Khonggirad, Onggirad）是成吉思汗孛儿帖皇后所出的氏族，世世与元朝皇室结亲。其封地在今昭乌达盟克什克腾一带，应昌府就是他们的首邑。元末应昌一带成为元、明之间主要战场之后，这一族受了极大摧残，以后就不大听见了。这里所说的当然是它迁至西北的残部。据和田清氏的研究，此部被击溃之后，残部迁至肃北、陕北一带蒙古地区（见同氏《明初的蒙古经略》，《东亚史研究（蒙古篇）》第九页）。

10　阿撒来·太保（Asalai Taibo），《蒙古源流》作"额塞垒"（《笺证》卷五第二十一页上）。

沁[11]的字来太师（Bolai Taishi）[12]，撒儿塔兀勒（Sarta'ul）[13]的巴延台·阿嘎拉忽（Bayantai Aghalakhu）[14]这四个人带着小孩走。在瓦剌追索者还没追上之前，阿巴孛儿吉（Ababorgi）从他自己〔所骑〕的一匹粉嘴粉眼的好枣骝马上下来，〔把马〕给了"鹞鹰"纳嘎出。瓦剌的"那颜"们说："你去把这孩子赶上带来，就叫你管理〔一个〕部落人民和有儿马的马群！"说着就叫他去追。

　　"鹞鹰"纳嘎出赶上前来，〔他们〕就把孩子扔下逃走。"鹞鹰"纳嘎出弓的一头，钩住摇篮的绳子，把孩子拿起来，说："你们把这孩子扔下，还干什么走呢？"说完就把孩子〔还〕给他们，彼此之间，又〔假装着〕厮射了一番。〔"鹞鹰"纳嘎出〕也不拣〔地〕上的〔乱〕箭，就在那里等着。一会儿，他的伴当们赶来了。"鹞鹰"纳嘎出说了〔一些谎话〕。他们看见厮射的〔乱〕箭，

---

11　关于喀剌沁（Kharachin）这一部的沿革，和田清氏考证颇详。他说据《元史·土土哈传》，这来自钦察的部众，开始以哈剌赤为号。明代称之为哈剌嗔。他们原居漠北，至孛来之世势力大强。后属于右翼诸部的范围之内，游牧于独石口外，在张家口互市。明万历间白洪大为"颜诺"，势力复强。林丹汗之世，为可汗所击溃。兀良哈三卫中的朵颜，与喀剌嗔有亲娅关系，许多人就都投奔了朵颜。因此这一个混合的新部，就以喀剌沁为号（见同氏《东亚史研究（蒙古篇）》第三三七、五七二至五九八、六八二至六九〇页）。因此这里所说的喀喇沁，不是今日内蒙古卓索图盟的喀喇沁部。

12　孛来太师，《明史》说："鞑靼部长孛来复攻破阿剌，求脱脱·不花子麻儿可儿立之，号小王子。阿剌死，而孛来与其属毛里孩等皆雄视部中。……天顺二年，孛来大举寇陕西。……成化元年春，孛来诱兀良哈……入辽河……秋散掠延绥，冬复大入……二年夏大入……冬复入延绥。……未几，诸部内争，孛来弑马可·古儿吉思。毛里孩杀孛来，更立他可汗。"（卷三二七《鞑靼传》第九页下）

13　撒儿塔兀勒（Sarta'ul〔Sartaghul〕）本是元代指波斯人及缠回而说的。《元史》多译为"回回"。可能这是当时一部分，在蒙古住下来，而且同化于蒙古的撒儿塔兀勒人。

14　《蒙古源流》称此人为"巴延岱·墨尔根"（《笺证》卷五第二十一页下）。

也信〔以为真〕，就回去了。

　　他们四个人把孩子带回来，放在兀良罕（Uriyangkhan）[15]的胡图克图·实固锡（Khutughtu-Shigushi）[16]那里就走了。等他长大之后，胡图克图·实固锡把他的女儿锡吉尔（Sigir）献给〔他〕。〔这就是〕博勒呼·济农（Bolkhu Jinong）（以上见一五七页第七行至一五九页第四行）。

　　其后巴延·蒙克·博勒呼·济农可汗（Bayan-Möngke Bolkhu Jinong Khaghan）猪儿年〔丁亥，成化三年，一四六七？〕即大位[17]。

　　〔满都固理可汗〕在位的时候，〔赐给〕博勒呼〔济农尊号〕，两〔人〕[18]共同统御六万户〔蒙古〕[19]。其后好说闲言的鸿郭赉（Khonggholai）对可汗说："听说你弟弟[20]博勒呼·济农要娶你的

---

15　兀良罕（Uriyangkhan），《蒙古源流》称为"乌梁海"。这是属于成吉思汗功臣者勒篾所属的部族。明代的兀良哈三卫中的朵颜卫，是他们的后裔。同时他们的别部，在今乌兰察布盟北部一带地方游牧，向以善战著称。这一部后为达延汗所灭。据《蒙古源流》说，达延汗曾称他们是："为汗守金谷仓库之人，均属大有福者。"（见《笺证》卷六第六页下）

16　胡图克图·实固锡（Khutughtu-Shigushi），本书说他是兀良哈部人，《蒙古源流》说他是属于鄂罗郭特部的（《笺证》卷五第二十一页下）。

17　按《明史》和蒙古史料（连本书在内）都说，博罗呼的被杀似乎是满都固理在位的时候；但从这一句话来看，又像两者之间虽有冲突，而其被杀似乎在可汗崩殂之后。

18　《黄金史》这一句话，文字脱漏不全，略加增补。

19　蒙古六万户，据《蒙古源流》，说顺帝出亡时，"各处转战蒙古人等四十万内，惟脱出六万。其三十四万，俱陷于敌。于是先后脱出之六万人聚集于克呼伦河边界，起造巴尔斯·和坦城居住"（《笺证》卷五第三页上）。后来这代表了蒙古（鞑靼）的全部力量。和田清氏在《论达延汗》一文中，有《六万户考》一节，论述甚详（见《东亚史研究（蒙古篇）》第五一一至五一四页）。

20　这里说博勒呼·济农是可汗之弟，似有错误。按辈分，济农是满都固理可汗的从孙。喇希彭苏克书（第四册第六五九及六六〇页）说："瓦剌的斡格特依等把巴延·蒙克台吉和锡吉尔拜济二人送到他们的祖父满都固理可汗处。可汗大悦，给

伊克·哈巴尔图·钟金〔夫人〕。"可汗不信他的话，降旨说："派使臣到博勒呼·济农那里对证一下。"鸿郭赉对可汗拨弄是非〔之后〕，又挑拨博勒呼·济农说："听说，你可汗哥哥，因你将要和〔他〕自己并驾齐驱对你起了恶念，如果认为我说的是谎话，〔他〕会派使者来刺探你的。小心着吧！"

那以后，可汗为折证，派去两个使臣。济农一见那使臣，就认为挑拨的话都是真的，误解〔可汗〕怀有恶意，〔因此〕济农对那使臣没说好话。两个使臣回来禀报可汗说："你济农弟弟没说好话。"可汗想："对我怀恶意是真的了，我身体不好没有子嗣，以后连嫂嫂'可敦'，带全国百姓都是他的，现在〔他〕心就这么坏〔吗〕？"因此就发起怒来，在将要有所行动的时候，济农察觉，就出走到他姐姐孛忽罗勒公主（Bokhurol Güngji）那里去[21]。

公主瞒着〔她丈夫〕伯格呼逊（Begeresen）〔太师〕[22]对她两个儿子涅莫呼·超扬（Nemekü-Choyang）、巴格拜（Baghbai）[23]

---

巴延·蒙克'博勒呼·济农（副汗）'的尊称，给乌格特依四个人'太师'的封号，世世做'答儿罕'（darkhan），叫〔胡图克图〕·实古锡做宰相。"

21 张尔田在《笺证》卷五第二十八页小注说："案《〔蒙古〕世系谱》，济农逃匿其姑博罗克亲公主处。公主恐其夫伯格尔僧知，遣去。至永奢布界……被杀。"《蒙古源流》也说："满都古勒汗……以博罗克沁公主下嫁于鄂尼郭特之伯格呼森。"（《笺证》卷五第二十七页）

22 伯格呼逊太师（Begeresün Taishi），即《明史·鞑靼传》的"乩加思兰"。《鞑靼传》说："〔成化〕六年〔庚寅，一四七〇〕……乩加思兰、孛罗忽亦入据河套，为久居计。……〔其后〕满都鲁入河套称可汗，乩加思兰为太师。……初，乩加思兰以女妻满都鲁，立为可汗。久之杀孛罗忽，并其众，益专恣。满都鲁部脱罗干、亦思马因谋杀之，寻满都鲁亦死。"（卷三二七第十三页上下）

23 巴格拜（Baghbai），本书此处（第一五五页第八行）原作Baghbar，以后作Baghbai。《成吉思汗传》及《喀喇沁本蒙古源流》均作Baghbai。所以把它改正为"巴格拜"（Baghbai）。

说："我们赚出伯格呼逊的实话吧。"〔就去〕探听伯格呼逊的口吻。她说："只要他们一到我们边境上，我就叫他来依靠太师。"伯格呼逊说："只要看见他们的影儿，我就去吃他的肉，喝他的血！"说的时候散着头发，翻着鼻尖儿，露出恨意坐在〔那里〕。

伯格勒逊出去围猎，涅莫呼·超扬和巴格拜两个人没有同去，随后就叫济农出来，打发他走了。伯格呼逊太师在围猎中，知道〔这事〕，就派人去问公主："带绊的银合马是谁的?"公主降谕说："和你〔心〕肝〔般〕的〔亲人〕为仇吗？和你所爱的亲戚作对吗？〔那〕带绊的银合马已经回它家去了。"等伯格呼逊从围猎中回来之后，公主把她两个孩子叫出来说："我死的早，是不会看见了！〔你们〕小心可别遇见把你们后嗣系锁起来的人啊！"

博罗呼·济农在胡图克图—得尔苏台（Khutughtu-Dersütei）地方住着的时候，锡吉尔太后（Shigir Taikho〔Tayikho〕）生了达延可汗（Dayon〔Dayun〕Khaghan）。〔济农〕把达延可汗交巴勒嘎沁（Balghachin）〔部〕[24]巴该（Bakhai）〔养育〕。其后畏兀惕的〔亦〕思马勒（Ismail）太师[25]来袭，这〔亦〕思马勒太师掳了锡吉尔太后，作

---

24 巴勒嘎沁，《蒙古源流》译为部族名。Balghachin字，见《秘史》续卷二第四十八页上，作"巴剌合臣"，旁译是"管城的"。

25 亦思马勒，原文（下卷第一五六页第八行）作Smal，把字首的I字丢掉。《成吉思汗传》（第四十九页下第二行）作Ismal。《蒙古源流》称他为永谢布之依斯满太师。正音是Ismail，是一个回教人名，也就是基督教《圣经》上所说的亚伯拉罕的儿子以实玛利。《明史·鞑靼传》作"亦思马因"，说他是满都鲁可汗的部下，因乩加思兰（Bergeresun）杀孛罗忽（Bolkhu）而并其众之后，日益专横杀之。又说满都鲁死后，成化十六年〔一四八〇〕春，亦思马因等益纠众盗边，延及辽塞。秋，又攻迫大同。以后时侵山西，迄成化末年，均无宁岁。不久亦思马因亦死云（卷三二七第十三页下至十四页上）。本书（第一五六页第八行）称他是畏兀惕部的。《成吉思汗传》（第四十九页下第二行）称他是瓦剌人。《蒙古源流》《笺证》

为妻室。

博罗呼·济农和孛罗岱（Bolodai）二人，在孛儿孛克（Borbogh）地方逃亡。走到永谢布的（原文在这里有一段错误的插入，略）[26]边卡那里，济农留在野地，叫孛罗岱去联络。孛罗岱的姐姐遇见了，就抓住她弟弟不放他走。济农口渴，不能〔再〕等，就到〔一个〕人家去喝酸奶子。有一个怀孕的女子看见济农骑的白马，穿的灰鼠里子蟒袍，和金腰带，就起了疑心。等济农上马走了以后，那个女子看见水旁有许多人，就去告诉〔他们〕，说有那么一个可疑的人过去了。永谢布五部（otogh）的克哩叶（Keriye）、察罕（Chaghan）两个人，和特穆尔（Temür）、蒙克（Möngke）、哈喇·班弟（Khara-Bandi）等都去追赶，问济农是什么人。〔他〕说："是过路的。"〔他们〕说："把你金腰带拿来！"〔济农〕不肯给。永谢布的几个人就抓着巴延·蒙和·博罗呼·济农（Bayan-Möngke Bolkhu Jinong）用马鞯勒死他。虎儿年〔壬寅，成化十八年，一四八二？〕[27]〔博罗呼·济农〕殡天。这是永谢布〔做的〕一件罪恶[28]。

---

卷五第二十七页上）称他是永谢布人。和田清氏在《论中三边及西三边王公》一文中，说委兀慎（Uighurchin〔Uyighurchin〕）是属于Asud（阿速）和永谢布两族的范围之内。因此本书和《蒙古源流》所说的比较可靠。

26 原文自下卷第一五六页第十行至第一五九页第四行一段，应属前第三十一节的后半段和本节的前半段，不应插在此处。

27 虎儿年，《蒙古源流》作"庚寅年"，即成化六年（一四七〇）（《笺证》卷五第二十八页上）。若按马嘎·古儿乞可汗崩殂的鸡儿年作乙酉（成化元年）来推（见第二十八节小注），这个虎儿年似乎不是庚寅（成化六年，一四七〇）。《明史·鞑靼传》把乩加思兰杀害孛罗忽之事，列在成化九年与十六年之间，那么这个虎儿年似乎是壬寅成化十八年（一四八二）才对。

28 在前第二十六节也记有一个鞑靼王子由人私密护送，脱出瓦剌迫害的故事。那里

称他的名字是博罗乃（Bolonai）。《喀喇沁本蒙古源流》和《成吉思汗传》均作
Bolokhai。本书这里所记的类似的故事，说他是巴延·蒙克·博罗呼·济农。《蒙
古源流》卷五所说的是巴延·蒙克。按济农的本名巴延·蒙克，另名是博罗呼
（Bolokhu）。Bolokhai是它的转音。Bolonai是Bolokhai的讹写。因此可以断定《明
史》上的孛罗乃与孛罗忽同是一个人。和田清氏虽然没有利用这一段史料，但他
也认为孛罗乃与孛罗忽同是一个人（见同氏《东亚史研究（蒙古篇）》第三八五至
三八六页）。请参照前第二十六节注24。

## 第三十三节

# 达延可汗

（下卷一六〇页第一行至一七六页第六行）

　　巴该没把达延可汗[1]养育好，唐古特（Tangghud）脱列格赤（Tölegchi）[2]的七个儿子中的特穆尔·哈达克（Temür-Khadagh）来求他说："请把这个男孩儿交给好人，不然就交给我吧!"〔巴该〕不肯给他，后来特穆尔·哈达克弟兄七人骑着他们的好红马

---

1　《黄金史》只说达延可汗出生的地点是胡图克图·得尔苏台，没说他出生的时间，《蒙古源流》也说："岁次戊子，博勒呼济农年二十九岁时，生巴〔图〕·蒙克。"（《笺证》卷五第二十八页上）后又说："巴图·蒙克系甲申年生。"（同第三十页上）《墨尔根活佛的黄金史纲》第九十四页也说他是甲申年生的。按甲申是天顺八年（一四六四），戊子是成化四年（一四六八），当中相差五年。喇希彭苏克书（第四册第六六〇页）说："辛午年（？）四月，巴延·蒙克的锡吉尔夫人生了一个儿子。〔满都固理〕可汗大喜，降旨说：'愿此子言必有信（Batu），社稷长存（Möngke），起名巴图·蒙克。'"

2　唐古特（Tangghud）就是《秘史》上的西夏——唐兀惕。《蒙古源流》称此人为"唐拉噶尔"（《笺证》卷五第二十八页）。《成吉思汗传》（第五十页上第三行）说他是Tülegei。《喀本源流》（第四部第四页第五行）说是Tüyelgeri。本书说他是Tölegchi，意思是"卜者"。按"唐拉噶尔"即明人所说的"当刺罕儿"（参照本节注99）。此处所说的Tanggud，必是Tanglagar〔Tanglaghar〕之讹。

---

**252**

来，硬抢去了[3]。

达延可汗得了膈症〔胃病〕。特穆尔·哈达克的妻子，用九只初生羔儿的白骆驼奶，擦穿三只银碗的〔偏方〕，来医治那病。结果掉下七块水藻样的东西[4]，病就好了。这是达延可汗所遭到的一次灾难。

那以后唐古特的特穆尔·哈达克把达延可汗送到〔满都海〕·赛因·可敦（Mandukhai Sain〔Sayin〕Khatun）[5]的家里去。满都海·赛因·可敦想起旧仇，发兵〔进攻敌人〕，在步兵〔和〕牛军出发之后，过了三宿〔才〕带着骑兵出发。满都海·赛因·可敦好好的佩上箭囊，〔去〕收抚散失的百姓，把赛因·达延·可汗（Sain Dayon Khaghan）放在〔皮〕柜子里，〔带着〕出征[6]。

叫克什克胜（Keshigten）的阿来东（Alaidung〔Alayidung〕）作向导，去讨伐四万瓦剌的时候，赛因·可敦的帽子坏了，后边的飘带挂在脖子上，瓦剌的人们看见，就说：“可敦没有帽子怎么

---

3 《蒙古源流》说：“先是其子巴图·蒙克四岁时，其母锡吉尔福晋为伊斯满太师所娶，生巴布岱·布喇该二子。伊斯满太师去时，以巴勒噶沁之巴该不善抚养巴图·蒙克，乃取回交唐拉噶尔之特穆尔·哈达克养育。”（《笺证》卷五第二十八页下）

4 原文（下卷第一六〇页第七行）作jamas，兹按《成吉思汗传》第五十页上第八行jamag〔jamagh〕，改译为“水藻”。

5 满都海·赛因·可敦，按前第三十节她是满都固理可汗之妻、土默特恩古特部绰罗思拜丞相之女。《蒙古源流》称她是满都海·彻辰·福晋（《笺证》卷五第二十九页上）。

6 原文（下卷第一六〇页第十行）作Üker-tü cherig，意思是用牛的或有牛的兵。《成吉思汗传》（第五十页上末行）及《喀本源流》（第四部第五页第二行）均作Ükerjil，意思是牛儿年，与原意不合。鲍登（C. R. Bawden）在他的英译Altan Tobchi第一八二页第一〇一节注三中，也曾论到此字。按这一段故事，似乎是误把乌珂克图汗〔马嘎·古儿乞〕的故事重述一遍（见《笺证》卷五第廿三页上）。

行?"就把他自己的帽子给了可敦。可敦接过来,就挥军前进,袭击四万瓦剌。在塔斯·博尔图(Tas-Bordo)袭击,在得格得涅(Degdene)厮杀。粉碎〔敌〕军,赢得无比的胜利。平定了〔瓦剌〕。〔可敦〕以六万之众[7]收复了瓦剌一朝的疆土。

其后科尔沁(Khorchin)[8]的诺颜·博罗特(Noyan-Bolod)〔王〕[9]对赛因·可敦说:"我给你挑一挑火,给你指一指下营的地方吧。"赛因·可敦降上谕说:"你合撒儿的后嗣,想要得我可汗的产业吗?我们还要你那份财产吗?有不能背起来的门,有不能迈过的门槛。我可汗既有后嗣,〔我〕不会到你那里去!"以后〔可敦〕又问阿拉克楚兀特(Alaghchughud)[10]部的萨岱·〔多郭郎〕(Sadai Dogholang)[11]说:"这位王爷的话对吗?"萨岱·多郭郎说:"对。〔你〕就去吧。"后来又把以前的话问郭尔罗斯的满都·兀尔鲁克(Mandu Ürlüg)[12]之〔妻〕札罕·阿嘎(Iakhan

---

7 "六万之众"就是指蒙古左右翼各三万户说的,也就是指鞑靼全体而言。前见第三十二节注19。

8 科尔沁(Khorchin)就是《秘史》上的"豁儿臣"——"带弓箭的侍卫"之意。科尔沁部就是现在内蒙古哲里木盟的六个旗。张尔田氏在《蒙古源流笺证》卷五第二十八页小注说:"案科尔沁蒙古旧部表传,哈萨尔十三传至图美尼·雅哈齐,长子奎·蒙克·塔斯·哈喇游牧嫩江,号嫩科尔沁。次子巴衮·诺颜游牧呼伦贝尔。巴衮·诺颜长子昆都伦·岱青号所部曰阿噜·科尔沁。"

9 诺颜·博罗特王见前第三十一节注1。

10 阿拉克楚兀特是察哈尔部之一族,见和田清氏《察哈尔部之变迁》一文(《东亚史研究(蒙古篇)》第五七二页)。

11 阿拉克楚兀特的萨岱·多郭郎(Sadai Dogholang),《蒙古源流》作"郭尔罗斯之萨岱"(《笺注》卷五第二十九页上)。Dogholang是"跛子"之意。

12 郭尔罗斯部的满都·兀尔鲁克(Mandu Ürlüg)见前第二十五节,他是脱脱·不花〔岱总〕可汗的忠臣,原文(第一六一页第十二行)误为Khorkhun Madu Örlög,兹按前第一三九页改正。

Agha )[13]。札罕阿嘎说：

　　"若是嫁给合撒儿的子嗣啊，

　　至多能赶一匹黑马走，

　　远离了你所有的国民，

　　丢掉了你'可敦'的名分！

　　若是嫁给可汗的子嗣啊，

　　就蒙'汗·腾格里'的护祐，

　　统御着你所有的国民，

　　传扬出你可敦的美誉！

　　若是嫁给〔可汗〕那边的人啊，

　　才能勒住了你的白马，

　　统御起你察哈尔万户，

　　〔你〕美名嘉誉无限传扬！"

　　札罕·阿嘎禀奏了这些话，赛因·可敦同意阿嘎的话。因为萨岱·多郭郎的〔话〕错了，就把〔一杯〕热茶[14]倒在他的头上。降旨说：

　　"以为我可汗的子嗣弱小吗？

---

13　札罕·阿嘎（Jakhan Agha），Jakhan的意思是"小的"，Agha是女人的尊称。《蒙古源流》作"扎哈·阿海"（《笺证》卷五第二十九页上）。

14　这一个"茶"（Chai）字，在蒙古史中，以年代来计算，这是第一次出现，可知在这个时代已经开始饮茶，并不一定是后来阿勒坦（俺答）汗征服西藏与喇嘛教一同接受过来的习惯。但它的普遍使用似乎还是那以后。

全国人民没有主宰吗?

可敦我自己守了寡吗?

合撒儿叔父的子嗣强大吗?"

赛因·满都海·可敦这样降下旨意,就叫达延·可汗[15]穿上三重〔高〕底子的靴子,叫阿拉克楚兀特〔部〕的兀涅格(Ünege)的〔儿子〕阿拉克(Alagh)拿着酒瓶,由家宰中的蒙肯·伊喇古(Mengen Iraghu)[16]给有洪福的可敦[17]洒奠〔马奶子〕致祭,宣布敕令(Jarghu)说[18]:

"在不能分辨外方[19]马匹颜色形状的地方当媳妇[20],

虽有合撒儿[21]叔父的后裔要来娶〔我〕,

我为了指定可汗你的子嗣,

终于来到可汗〔你〕斡儿朵的近旁!

在不能分辨一匹花马颜色形状的地方当媳妇,

---

15 达延·可汗,《蒙古源流》说:"因欲占据达延国,遂称为达延可汗。"可知 Dayan("达延")是 Dayon("大元")的讹转。达延可汗就是大元可汗。这个尊号也先也曾用过。《明史·鞑靼传》说:"弘治元年〔一四八八〕夏,小王子奉书求贡,自称大元大可汗。"(卷三二七第十四页上)又《黄金史》下卷自第一六二页第七行起也都作 Dayun Khaghan。

16 蒙肯·伊喇古(Mengen Iraghu),《成吉思汗传》(第五十一页第一行)作 Mangkhan Irugh,《喀本源流》(第四部第六页第十二行)作 Mangkha Jirughu。

17 有洪福的可敦(Suutu Khatuu)是指孛儿帖皇后说的,"额失·可敦"是她的称号,额失(Eshi)是根源之意,参照注25。

18 原文 jarghu 是"词讼"也是"判决案"之义,兹为文意通顺译为"敕令"。

19 原文(下卷第一六二页第九行)作 Kharin,意思是"外邦",鲍登等译为"黑色"。黑是 khara,不是 kharin。

20 这样的话是为了押韵,同时也说是她已经嫁到本部族以外的地方。

21 原文(下卷第一六二页第十行)作 Khadar,是 Khasar 之讹。

虽有远房叔父的子嗣要来娶〔我〕，

我为了你的子嗣年龄幼小，

撇掉性命〔也要〕来到你黄金斡儿朵的近旁！


不顾我所爱惜的性命了！

不保我所保持的[22]颜面了！

因为你宽大的〔帐〕门轻，

因为你高大的门槛细，

与其嫁给诺颜·博罗特王，

还是你的套索[23]长，你的福泽广！


请你套住我吧！

若因你的子嗣幼弱，

要加护啊，

请也套住诺颜·博罗特王。


统御外邦的汗子已经诞生！

我若是仍因你的汗子崩殂，

就任凭自己的愚念[24]而行啊，

愿〔我的〕百体四肢全部破碎。

我伟大圣主已经生下了子嗣！

---

22 原文（下卷第一六二页末行）作ichikü，意思是"觉得羞耻的"。

23 原文（下卷第一六三页第二行）作orgha〔urgha〕，意思是"套马竿"。

24 原文（下卷第一六四页第四行）作khara，是"黑"也是"平凡"的意思。

我若是仍因主你的儿子死了，

就按个女人的意思去做啊，

愿在额失·可敦（Eshi Khatun）[25]面前遭遇灭亡！"

在额失·可敦的前面，用这样至诚的话语，发誓之后，〔又〕向额失·可敦祈福说："我说的话，如蒙垂鉴，我母额失·可敦啊！我愿

从我的里襟，生出七个男儿，

从我的外襟，出生一个女儿！

若按我这话，赐给七个男儿，（我）就给（他们）七个人，每人都起名叫作'博罗特'（Bolod）〔钢铁〕！"祷告〔完毕〕就回去了。

听说可敦〔传出〕那样的旨意，诺颜·博罗特王就把以前的话放下了。

据说达延可汗七岁时候，掉在豁罗固尔河（Kholghur-un Ghol）[26]里，唐古特〔一个〕名叫阿因·特穆尔（Ayin-Temür）[27]的人，潜水把他救出来。

当巴图·蒙和（Batu-Möngke）达延可汗七岁时候，满都海·赛因·可敦把自己嫁给〔他〕，就在这猪儿年〔己亥，成化

---

25 额失·可敦（Eshi Khatun）也是指孛儿帖皇后说的。《圣成吉思汗格言拾遗》（第三页）说，当可汗即位之后，"大家给孛儿帖皇后上 Khamugh-un Eshi Eke Khatun 的尊号"。意思是一切的根源、母亲、皇后。

26 豁罗固尔（Kholghur-un〔Khulghur-un〕Ghol），河名，地方不详。Kholghur，"剪过的耳朵"之意。在蒙古，马有疾病的时候，有人把它的耳朵剪掉一块，来刺激血液的循环，治疗它的病。

27 阿因·特穆尔（Ayin-Temür），《成吉思汗传》（第五十二页上第七行）作 Anji-Temür，《喀本源流》（第四部第八页第四行）作 Amin-Temür。

十五年，一四七九〕[28]叫他坐了汗位。

由那次祈福的关系，满都海·〔赛因〕可敦生了七个男孩、一个女孩。图噜·博罗特（Töurü〔Törü〕-Bolod）、乌鲁斯·博罗特（Ulus-Bolod）两个是双生。阿尔苏·博罗特（Arsu-bolod）、巴尔斯·博罗特（Bars-Bolod）二人〔也〕是双生。其后，赛因·可敦在怀着斡齐尔·博罗特（Wachir-Bolod）和阿勒楚·博罗特（Alchu-Bolod）九个月的时候，去征伐瓦剌。那时赛因·可敦堕马，巴尔虎特（Barghud）[29]部的赛因·赛罕（Sayin-sayikhan）保护〔她〕骑上米喇甘（Miraghan）的一匹好黄马，再由巴勒嘎沁（Balghachin）[30]的巴延·布和（Bayan-Böke）、阿苏特（Asud）的巴图·博罗特·布和（Batu-Bolod-Böke）两个人，扶着，逃出〔阵〕去。一个月之后，生了斡齐尔·博罗特、阿勒楚·博罗特两个双生儿。那以后，生了阿勒·孛兀喇（Al-Bo'ura），因此都给他们起名叫作"博罗特"[31]。

兀良罕〔部〕[32]胡图克图·实古锡的孙女，萨穆尔·太后（Samur Taikho）[33]生了格呼森札（Girsenje）、格呼·博罗特（Ger-

28 这一个猪儿年，按《蒙古源流》（《笺证》卷五第三十页上）说，可汗的即位在庚寅，那么这个猪儿年，似乎是丁亥〔成化三年〕；但按前节注17看，这个猪儿年似乎是己亥（成化十五年，一四九七）。

29 巴尔虎特（Barghud），即今呼伦·贝尔的巴尔虎旗。《秘史》称为"巴儿忽"或称为"巴儿忽真"，原是在贝加尔湖东巴儿忽真河一带的部族。

30 巴勒嘎沁（Balghachin），部族名，原意是管城子的或管仓库的。

31 此处所说达延可汗诸子出生的先后，与《蒙古源流》略有不同，请参照《源流》卷五末尾。

32 《蒙古源流》称为"札赉尔·呼图克·实古锡"（《笺证》卷六第一页上）。同书卷五称其人属于鄂罗郭特部。

33 《蒙古源流》（《笺证》卷六第一页上）作"苏密尔·福晋"。

Bolod)[34]两个人，有的史书上，把兀鲁特·台吉（Urud Taiji）称为札赉尔·台吉（Jalair Taiji）[35]。另外的一位古实·夫人（Güshi Khatun）[36]生了格呼图（Geretü）、青·台吉（Ching Taiji）两个人[37]。那就是达延可汗的十一个儿子。

那以后，〔可汗〕就向南移动，在察罕·格尔台（Chaghan Gertei）[38]下营。由额尔古特（Ergud〔Ergüd〕)[39]派出哨望。〔他们〕看见有汉军前来，就去报告可汗。又从额尔古特派库登（Ködüng）、博博斯（Bobos）两人去当哨望。〔他们〕看见有汉军从呼和城（Köke Khota）[40]出发前来。库登、博博斯二人急报可汗。一个在房后警戒，一个〔赶快〕解下拴着的马，拉来叫可汗，可敦两个人骑上，从马因平原（Ma-yin Tala）逃了出去。〔可汗〕儿媳察噶靖夫人（Chaghajin Khatun）〔仅〕穿着半截灰鼠皮

---

34 这两个人的名字，《成吉思汗传》（第五十二页下第七行）及《喀本源流》（第四部第九页第一行）均作 Gire-Semje 及 Gire-Bolod。

35 这一句话不见《成吉思汗传》和《喀本源流》。它在这里与上下文气也不连贯，可能这是指格呼森札说的。

36 古实夫人（Güshi Khatun），《蒙古源流》称为"卫喇特·巴图特·巴噶尔观·鄂托克之阿拉克丞相之子孟克类·阿古勒呼之女古宝·福晋"（《笺证》卷六第一页上）。

37 格呼图（Geretü）之名，与《蒙古源流》同，字义是"有房子的"。《成吉思汗传》（第五十二页下第八行）称他为 Karudi，字义是"凤凰"。《喀本源流》（第四部第九页第二行）称为 Girudi 或 Hiruti（？），是 Karudi 的讹写。
   青·台吉（Ching Taiji），《蒙古源流》称为"鄂卜锡衮·青·台吉"（以上同见《笺证》卷六第一页上）。

38 察罕·格尔台（Chaghan Gertei），地名。Chaghan 是"白"，Ger 是"室"字，tei 是共同格格助词。可能是指"八白室"之所在地，即今之鄂尔多斯境内。

39 似为部族名，也可能是地名。

40 见前第十五节注2。Köke 是青，Khota 是城，是绥远归化城的旧名。不过这城在阿勒坦（俺答）汗以后才著名，可能在他建筑这城之前，Köke Khöta 是指古丰州或防卫鄂尔多斯一带的东胜州，也可能是指这一地区其他边城而说的。

袄逃出来。那个察噶靖海·拜济（Chagh-ajingkhai Begechi）就是召温·那苏图太后（Ja'un-nasutu Taikho）[41]。那以后，〔可汗〕就〔挪〕到克鲁伦河住下了。

达延可汗进兵征伐蒙古勒津（Monggholjin）〔部〕[42]，兼程而行，在图尔根（Türgen）河渡口住宿。蒙古勒津知道了，就派兵前来，〔两军〕在图尔根河相遇。蒙古勒津的达拉特（Dalad）[43]的勇士诺阔尔海（Nökörkei）向左右〔两翼〕吹起军号[44]，前来袭击。可汗的军队惊慌失措，慌乱之中，可汗在图尔根河里骑着一匹巴林（Ba'arin）[45]〔部〕的白肚脐淡黄马走，陷入泥中，盔尖插住，不能起来。别速惕（Besüd）[46]部的托欢（Toghon）因为白鼻梁的好淡黄马倒在泥中，就向别速惕的察罕·卯·齐来（chaghan-mau-chirai）招呼说："下来！"两个人就一同下〔马〕，赶紧把可汗的盔尖拔出，叫〔他〕上马走了。这叫可汗上马逃走的别速惕的

---

41 察噶靖海，人名，Chaghajing 是"瓷器"。Chaghajingkhai 是"瓷器一样的"之意。召温·那苏图（Ja'un-nasutu〔Jaghun-nusutu〕）字义是"百岁"，也是人名。她是可汗长子图鲁·博罗特之妻、博迪·阿拉克可汗之母（《笺证》卷六第十页下及第十一页下）。

42 蒙古勒津（Mongholjin），部族名，与永谢布、鄂尔多斯、土默特诸大部族，同属右翼诸部。明人史料中多称为"满官嗔"。后与土默特之一部东迁，成为现在卓索图盟的土默特左旗，俗称蒙古勒津旗的前身。参照本节注99。

43 达拉特（Dalad）为鄂尔多斯之一部，即今伊克昭盟达拉特旗之前身，明人史料中有称为"打郎"者，打郎（Dalan）是 Dalad 的单数形。

44 原文（下卷第一六五页第十一行）作 khaljin bürege，《成吉思汗传》（第五十三页上第七行）作 büriye，为军号的大海螺。

45 巴林（Ba'arin），部族名，《秘史》作"巴阿邻"，是今内蒙古昭乌达盟巴林左、右翼两旗的前身，当时是属于五部内喀尔喀的。

46 别速惕（Besüd），部族名，曾见《秘史》第一二○节。成吉思可汗的功臣迭该和古出沽儿两位千户，就是属于这族的。

托欢和察罕·卯·齐来二人，〔后来〕在郭尔罗斯的哈喇—图鲁（Khara-Türü）〔地方〕[47]，他们〔也〕曾出过力[48]。

达延可汗出征击溃了蒙古勒津的军队，达延可汗回到图尔根河的河源下营，等待后面的车队。达延可汗用克什克腾部诺颜台·老爹（Noyantai Echige）[49]的锅煮肉，开锅之后，把肉倒在地上，把锅拿走了。〔可汗〕巡查点殿后军队的数目[50]之后，就回师了。

其后征伐畏兀惕的亦思马勒（Ismal）[51]的时候，郭尔罗斯的托郭齐·实古锡（Toghochi shigüshi），浩齐特（Khauchid）[52]的额森·图格勒（Esen-Tügel）、察罕·阿满（Chaghan-Aman）、赤本（Chibun）[53]、勇士明噶图（Minghatu），阿尔剌惕（Arlad）[54]的卯兰

---

47 哈喇—图鲁（Khara-Türü [Törü]），地名，所在不详，意思是"黑山头"。

48 《蒙古源流》把这一段战争的故事，写在以后可汗讨伐右翼三万户的战役之内（见《笺证》卷六第五、六两页）。

49 诺颜台·老爹，原文（下卷第一六六页第六行）作Oyaghtai Echige，似有讹误。按《成吉思汗传》（第五三页下第四行）及《喀本源流》（第四部第十页第十行）改为Noyantai Echige。Noyantai是"有长官的"之意，Echige字义是"父亲"，意思是表示尊敬这一位老者，与《秘史》称蒙力克为"额赤格"（第一三〇等节）相同。这也可以证明《秘史》称蒙力克为"额赤格"，只是表示敬老，并不是称他为成吉思可汗的后父。

50 原文（下卷第一六六页第七至八行）作Toghogha，意思是"锅"，很难把这句话读得通。《成吉思汗传》（第五三页下第五行）、《喀本源流》（第四部第十页第十一行）均作togha，意思是"数目"，是比较正确的。

51 畏兀惕的亦思马勒，此人已见前第三十二节注25，《黄金史》前于下卷第一五六页第八行作Smal，这里（下卷第一六六页第八行）作Ismal。《成吉思汗传》（第五十三页下第六行）作Samal。

52 浩齐特（Khauchid），部族名。今锡林郭勒盟浩齐特左、右两旗之前身，达延可汗之后隶属于可汗长子图鲁·博罗特之裔。

53 赤本（Chibun），人名。《成吉思汗传》（第五十三页下第七行）作Chübün。

54 阿尔剌惕（Arlad），部族名，疑即成吉思可汗勋臣孛斡尔出所属之阿鲁剌惕（Arulad）族。

（Moulan），克什克腾的巴尔齐（Barchi）、纳嘎忽（Naghakhu）、拉布克（Labugh）、失格沁（Shigechin），塔塔儿（Tatar）[55]的塔尔棍·哈喇（Targhun-Khara）、失喇·巴图拉特（Sira-Batulad），肯木楚兀惕（Kemchügüt）[56]的忽里·巴雅思忽（Khori-bayaskhu），郭尔罗斯的巴巴海·兀尔鲁克（Babakhai Ürlüg），塔里牙沁（Tariyachin）[57]的巴苏海（Basukhai）、豁你·哈卜塔海（Khoni-Khabtakhai），布尔巴克（Burbagh）[58]的蒙哥·别勒古（Möngke-Belgü）、别乞·斡哥歹（Beki Ögedei），阿哈·帖木儿（Akha-Temür）的锡古色（Shigüse）、明哈特（Mingghad），撒儿古惕（Sarghud）[59]的额森台（Esentei）[60]等，这些大臣们都率先派兵〔参加〕。

亦思马勒的一个修理穹帐，名叫阿拉克（Alagh）的妇女听见那些军队震撼的声音，就〔去〕告诉亦思马勒说："地震！怎么回事！"那个女人，解下一匹好斑点马，叫亦思马勒太师骑上。亦思马勒就骑了那匹马，去察看那个声响，正好遇到郭尔罗斯的托郭

---

55　塔塔儿，见前第三十二节注6，及本书摘要（二）《达延可汗的子嗣》阿勒·布兀喇及青·台吉尔两条。

56　肯木楚兀惕（Kemchü'üd），部族名，不详。Kem是今唐努乌梁海地方的河名。其字义有"Kem人等"之意，或即原住于该河流域的氏族。

57　塔里牙沁（Tariyachin），部族名，不详。其字义为"种田的"。

58　布尔巴克（Burbagh），部族名，或即注76的"布尔布克"（Burbugh），似乎是郑晓《皇明北虏考》所说"亦克罕（Yeke Khan）〔就是博迪·阿拉克〕大营五：曰好陈·察罕儿（Khauchin Chakhar），曰召·阿儿（Jeün Ghar），曰把郎·阿儿（Barun Ghar），曰克失旦（Keshigten），曰卜尔报（Burbagh），可五万人"的卜尔报。

59　撒儿古惕（Sarghud），部族名，不详。

60　额森台（Esentei），人名。本书（下卷第一六六页末行）原作Asantai，字义不明，《成吉思汗传》第五三页下第十行作Esentei，意思是"有平安"，故按该书改正。

齐·实古锡。托郭齐·实古锡认出亦思马勒太师，就〔把他〕射死。托郭齐·实古锡娶了亦思马勒名叫豁拉来（Kholarai）<sup>61</sup>的夫人。浩齐特的勇士明噶图要了他的铠甲。〔他们〕叫锡吉尔太后（Sigir Taikho）上马，她哭着不肯听从。托郭齐·实古锡生了气说："你的丈夫〔博勒呼〕济农不好吗？你的儿子可汗不好么？你的百姓察哈尔不好么？你为什么为别人哭呢？"说着就拔出刀来，〔把她〕放在马上，带〔回〕来了。把锡吉尔太后所生的巴布台（Babutai）、布儿海（Burkhai）两个〔儿子〕也带来了。当达延可汗见他母亲锡吉尔太后的时候，托郭齐·锡古实说："我把嫉妒你的给杀死了，把你有仇的给降服了。"以后锡吉尔太后在锡拉—木伦（Shira Mören）〔河〕<sup>62</sup>色尔莫格尔（Sermeger）逝世。

〔以前〕畏兀惕<sup>63</sup>的伯格呼逊太师煮宴会的食物，在一个木碗里凉着有油的汤要喝，蒙古勒津〔部〕图卜新（Tübshin）的儿子赛因·图鲁格根（Sayin-Tülügegen）想尝尝味道，就〔对〕伯格呼逊说："给点汤。"伯格呼逊把凉着的汤倒在另一个碗里给〔他〕。〔他〕不知道是热汤，喝一口，就把嘴烫了。〔赛因〕·图鲁格根想："把这热汤咽下去，会烫坏我的心，吐出去又太丢人。"

---

61 豁拉来（Kholarai），妇人名。《成吉思汗传》（第五四页上第四行）、《喀本源流》（第四部第十一页第九行）均作 Kholatai。《蒙古源流》（《笺证》卷六第一页下）作"郭罗泰"。

62 锡拉-木伦（Shira Mören），字义是"黄江"。内蒙古有两条 Shira Mören 河。一条在乌兰察布盟的四子王（Dörbed）旗。在这河的东岸有一所很大的寺院——Shira Mören Süme。另一条在昭乌达盟。这就是古代的潢水，是辽河的上游。这里虽未指明是哪一条河，但以达延汗的本据推测，似为乌盟四子王旗那一条的。

63 本书与《成吉思汗传》（第五四页下首行）均作 Uighud（畏兀惕）。《喀本源流》（第四部第十二页第四行）作 Oirad（瓦剌）。请参照前第三十二节注25。

就含在嘴里凉一凉，上腭的皮都〔烫〕掉了。说："这仇我到死也不忘，时时刻刻想着吧！"〔他〕就记住了那仇<sup>64</sup>。

后来达延可汗带了察哈尔、土默特两〔部〕，一起去征伐伯格呼逊。〔赛因·图鲁格根〕叫蒙古勒津的掌吉·帖木儿·阿克拉忽（Janggi-Temür Aglakhu）〔去〕刺探〔消息〕。掌吉·帖木儿·阿克拉忽就闭起一只眼，走进伯格呼逊的家。〔伯格呼逊〕问："掌吉·帖木儿·阿克拉忽怎么啦？"掌吉·帖木儿·阿拉忽说："咳！我这个破身子，好好的呆着就〔变〕成敌人，〔没病的呆着，就遇到疾患！〕"<sup>65</sup> 伯格呼逊太师在〔一个〕银酒海里倒上酒递给他。掌吉·帖木儿·阿克拉忽坐着喝酒，说："我所喝的是遗赐啊！"说着就把〔那〕银酒海搋在怀里出去了。

掌吉·帖木儿·〔阿克拉忽〕出去以后，伯格呼逊太师说："掌吉·帖木儿·〔阿克拉忽〕半吞半吐的说了些什么呢？"就问卜来看，〔卜〕出了黑牛犄角的尖端。〔他〕说："我的卦不好！"就把军队集合起来。

〔伯格呼逊太师〕看见这方军队〔扬起的〕灰尘，就问他儿子涅莫呼·超扬（Nemekü-Choyang）说："怎么啦？"涅莫呼·超扬说："是你那些战马〔扬起的〕灰尘。"达延可汗赶到突袭，伯格呼逊逃亡。〔可汗的士兵〕看见，就去追赶。将要赶上的时候，〔伯格呼逊〕把戴的兜盔给他马夫带上，赚敌而逃。土默特图卜新的儿子赛因·图鲁格根和乞塔惕（Kitad）的儿子乌努固

---

64　按原文句法这里不应分段。

65　这一句话是按《成吉思汗传》第五四页下末行及《喀本源流》第四部第十三页第二行补加的。

齐（Ünügüchi）、札灰·忽喇噶齐（Jakhui-Khuraghachi）两个人以为〔那〕戴兜盔的伯格呼逊，就〔把他〕包围起来。〔看见〕不是伯格呼逊就问："那个是你的'诺颜'？"他就指给〔他们〕说："〔他〕在那儿走着哪。"〔他们〕就赶上伯格呼逊，捉住〔他〕，在乞勒扯儿洼地（Kilcher-yin Tököm）杀死了[66]。据说在那杀〔他〕的地方出了盐。伯格呼逊的儿子涅莫呼·超扬很痛心的说：

"把出生的刨出去了；

把生长的剜出去了；

把长出来的压毁了；

把你的头颅扔下了！"

伊巴哩（Ibarai）[67]的弟弟盗了兀良罕（Uriyangkhan）巴颜·托克托（Bayan Toghto）未经调练的〔一匹〕淡黄黑脊尾的儿马，不给赔偿。因为不给赔偿，〔巴颜·托克托〕就去赶回马群，伊巴哩的弟弟追来厮杀，被他杀死。因此就更成了罪案。为了请求达延可汗治他的罪，右翼三万户派蒙古勒津的乌勒济（Öljei）的儿子

66 按《明史·鞑靼传》，伯格呼逊（乜加思兰）是亦思马勒（亦思马因）杀死的（见前第三十二节注22），其时间当在达延可汗治世之前。这里的记录似有讹误，可能是把亦思马勒袭杀伯格呼逊的故事，写在达延可汗的名下了。

67 伊巴哩，原文（下卷第一六九页第十三行）作Ibira。《成吉思汗传》（第五五页下第四行）及《喀本源流》（第四部第十四页第七行）均作Ibarai。本书后于第一六九页第十三行亦作Ibarai。可知Ibira一字写错了。此人即《明史·鞑靼传》的"亦卜剌因王"（卷三二七第十四页上）和"赤卜剌"（下卷第十五页下以后）。他是永谢布部的"诺颜"，是右翼三万户的领袖。他的根据地在河套，也就是现在的鄂尔多斯。

翁古喇灰（Ongghurakhui）[68]、鄂尔多斯的哈里固沁（Khalighuchin）的乌塔嘎齐·沙毕（Utaghachi Shabi）[69]为使者，到〔供奉成吉思可汗的〕八白室，献上祭物，请求偿命。请求〔可汗〕整饬国纲。

达延可汗〔自己〕没有去，派他的儿子乌鲁斯·巴亦呼·阿巴海（Ulus-baikhu Abakhai）[70]带着郭尔罗斯的巴巴海将军前去，把一个使者翁古喇灰留下，叫另一个使臣乌塔嘎齐回〔他们〕的聚会去。阿巴海到"白室"之后，又再下拜。

与阿巴海同去的伴当曾欠畏兀惕人一匹马的债，〔他们〕来要债，就吵架斗殴起来。阿巴海发怒说："为什么殴打我的伴当！"就去把那个人砍死。畏兀惕的伊巴哩太师和鄂尔多斯的勒古锡（Legüshi）、阿克拉忽（Aghlakhu）[71]两个人来看见了就生着气

---

68　翁吉喇灰（Ongghurakhui），人名，《成吉思汗传》第五十五页下第八行及以下各处均作 Ongghurakhai，字义是"敞开的"。

69　乌塔嘎齐·沙毕（Utaghachi Shabi），人名。Utaghachi 是"放熏烟者"之意。沙毕就是"沙弥"，今作"弟子"解。这是因信奉佛教而产生的字。从这一个字来看，可能这时还有佛教的遗传。而这一个人可能曾是某一个宗教家的弟子。

70　这里对乌鲁斯·博罗特的称谓很不清楚。《蒙古源流》说："以乌鲁斯·博罗特，授为右翼三万人之济农，令郭尔罗斯之巴巴岱·乌尔鲁克随往，称为阿巴海。"沈增植氏的小注说："阿巴海，蒙古语叔父也。此阿巴海·巴巴岱，即前卷锡吉尔·福晋归伊斯满后所生之巴布岱。伊斯满为郭尔罗斯、托郭齐·实古锡所杀，而娶其妻郭罗泰意，巴巴岱从而归之，故曰郭罗斯之巴巴岱也。与达延汗同母，故谓之乌鲁斯之叔父。"（《笺证》卷六第二页上）似甚合理，但与本书下文仍不贯通。"阿巴海"一个字在这里是乌鲁斯·博罗特的尊称。

71　勒古锡（Legüshi）、阿克拉忽（Aghlakhu）看来好像一个人的名字。后于第一七五页第三行作 Aglakhu〔Aghlakhu〕、Legüshi，且于《成吉思汗传》第五十八页下第四、五两行处更可证明是两个人。参照注104。《蒙古源流》称为鄂尔多斯之满都赉、阿都勒呼（后在同卷第九页下作"阿固勒呼"）。沈曾植并注解说："明人所谓西海之阿尔秃厮，即此满都赉，不审其名，以部称之。"（见《笺证》卷六第三页上）

说："不是来要整理我们的国家吗？是来要整治我们的头颅吗？从现在起就这样治理的人，今后还分别谁呢？"说了就起兵前来厮杀。库呼逊勇士（Ba'atur Kürisün）[72]从他所骑的一匹好红沙马下来，叫阿巴海骑上逃走。〔白〕室的家宰们（Ger-ün noyad）说："我们为你去死！"就叫〔他〕逃走。阿巴海刚一出"白室"，就厮杀起来。〔他们〕打败了〔白〕室的家宰们，把阿巴海抢走杀死。他姐姐蒙古勒津的郭锡·塔布囊（Ghosai Tabunang）[73]的多郭朗公主（Dogholang Günji）[74]听见赶来的时候，已经杀死了。公主叫所有蒙古勒津人把穷帐都扎矮一些，表示服丧。

---

72 库呼逊勇士（Ba'atur Kürisün），《蒙古源流》说他是属于洪吉喇特族（即翁吉剌惕 Onggirad）（见同卷第三页下）。

73 郭锡·塔布囊（Khosai Tabunang），"塔布囊"是驸马之意。蒙古语 Khosai 是"卓越"之意，清代用为尊称，写作"和硕"，例如"和硕亲王"之类。沈增植氏在《蒙古源流笺证》（卷六第四页上）小注说："郭锡，即前卷〔卷五第二十七页下〕之科赛，有功于达延甚巨。《明史稿》所谓，弘治八年以后，小王子〔即达延可汗〕与火筛相倚，日益强大者，于情事最为得之。《史稿》《通考》皆不言其终。《名山藏》谓火筛与小王子相仇杀，火筛死，而后亦不剌奔西海，恐是传闻之误也"。在卷五有关科赛·塔布囊的注解中，沈氏提到一件很有趣味的记载。他说："《余冬序录》：'平江伯陈锐性好饮凉酒。'京师语曰：'平江不饮热酒，怕火腮。'已而奉命出师迤北，酋火筛赤面颅伟，骁勇善战。平江畏之，竟以逗留获罪。"
《明史·鞑靼传》也说："〔弘治八年，一四九五〕北部亦卜剌因王等入套驻牧，于是小王子及脱罗干之子火筛相倚日强，为东西诸边患。其年，三入辽东，多杀掠。明年，宣、大、延绥诸境俱被残。十一年秋，王越既节制诸边，乃率轻兵袭敌于贺兰山后，破之。明年，敌拥众入大同、宁夏境，游击王杲败绩，参将秦恭、副总兵马昇逗留不进，皆论死。时平江伯陈锐为总兵，侍郎许进督师，久无功，被劾去。"（卷三二七第十四页）

74 多郭朗公主（Dogholang Günji），"多郭朗"字义是"跛子"，可能是这位公主的绰号。《蒙古源流》说："满都古勒汗之博罗克沁、伊锡克二公主，俱系小福晋满都海·彻辰所生。……以……伊锡克公主下嫁于蒙郭勒津察库特之科赛·塔布囊。"（《笺证》卷五第二十七页）

　　可汗听说阿巴海遇害，就聚集军队前来。全体大臣都奏禀，要求杀死那留下的使者翁古喇灰，可汗叫他坐在自己的后边，降上谕说："〔他们〕杀了我的儿子阿巴海，杀了我的将军巴巴海，杀了你们的什么人？"降完谕旨，就向上天控诉说：

　　"洒下的鲜血；

　　横卧的枯骨；

　　都请上天主宰你垂鉴！

　　都请我父圣主你垂鉴！"

　　〔那时〕巴尔斯·博罗特（Bars-Bolod）济农，在他姐姐多郭朗公主那里，正为了那件坏事疑虑不安的时候，右翼〔三〕万户听见达延可汗出兵的〔消息〕，畏兀惕的伊巴哩太师，鄂尔多斯的勒古锡·阿克拉忽，土默特的赛因·郭锡（Sayin Ghosai）、巴木巴海·锡古锡（Bam-Bakhai-Shigüshi）等人商议，说："把一只海青鹰放在膀臂上调练，〔它〕竟冲向自己的主人，这算对谁有益呢？〔我们〕还得往坏处考虑蒙古勒津吧！"因此他姐姐多郭朗公主就把巴尔苏·博罗特交给鄂尔多斯的库布古特（Köbegüd）[75]的特穆尔太师（Temür Taishi）、布尔布克（Burbugh）的额勒济格将军（Eljige Örlög）、达拉特（Dalad）的阿勒嘎齐（Alghachi）、升忽尔（Shongkhur）[76]的托克托·拜忽（Toghto-Baikhu）、托孛

---

75 库布古特（Kübegüd），部族名，字义是"儿子们"。《源流》说："〔巴尔斯·博罗特之子，衮必里克之弟〕……拜桑固尔……占据右翼扣克特、锡包沁、乌喇特。"（《笺证》卷六第十九页上）"扣克特"与此字同，似为今乌兰察布盟四子王旗Dörben Kübegüd〔Köbegüd〕或Dörben Keüked的前身。

76 布尔布克（Burbugh），部族名，或即注58所说的布尔巴克（Burbag）。

克·图齐颜（Tobogh-tüchiyen），巴拉嘎沁的额森将军（Esen Ürlüg），郭尔罗斯[77]的托孛忽（Toboghu）等这七个人[78]送回去。在那次的旅程中，在摇篮里的小儿断了食物，就拣野韭菜（kümel）来喂，因此就给他起名叫作呼莫勒（Kümel）。他就是〔后来〕被称为默尔根·哈喇·济农（Mergen-Khara Jinong）的[79]。

达延可汗因为他儿子阿巴海遇害，出兵讨伐，右翼〔三〕万户听见就举兵迎上前来，在答兰—特里温（Dalan Terigün）相遇[80]。阿拉克楚兀特（Alaghchughud）的察罕·札阿邻（Chaghan-Ja'arin）[81]、乌珠穆沁（Üjümüchin）[82]的额勒栋格·巴克什（Eldüngge Baghshi）[83]两个人看了预兆，就禀奏可汗说："伊巴哩命

---

77 此处原文（下卷第一七二页第五行）作 Khorighud，似为误植。兹按《成吉思汗传》第五十七页上首行改为"郭尔罗斯"（Ghorlad）。

78 《蒙古源流》也说护送巴尔斯苏·博罗特之事；但七人中除鄂尔多斯之特穆尔一人外，其余六人部族、人名均不同，且称该小儿为三岁的衮·必里克（《笺证》卷六第四页）。

79 默尔根·哈喇·济农（Mergen-Khara Jinong），本书说他的小名是呼莫勒（Kümel）。他就是《蒙古源流》所说的"衮·必里克"（Gün Bilig）。按衮·必里克，亦称衮·必里克·墨尔根·济农。

80 答兰—特里温（Dalan Terigün），地名，地点不详。Dalan 是"七十"，Terigün 是"头"，全意是七十个山头。

81 察罕·札阿邻（Chaghan Ja'arin［Jagharin］），人名。Chaghan 是"白"。Ja'arin（札阿邻）是"指示"。《秘史》第一二一节（卷三第三十七页下）"札阿邻"的字译是"神告"。可知 Chaghan 是此人之名，Ja'arin 表示他是很有地位的萨满。

82 乌珠穆沁（Üjümüchin），即今锡林郭勒盟乌珠穆沁左、右两旗的前身。在达延汗以后，这一部隶属于可汗长子图鲁·博罗特之裔。

83 阿勒栋格·巴克什（Aldungge Baghshi）（下卷第一七二页第十一行）。Aldungge 一字，母音阴阳相混，不合蒙文的规则。《成吉思汗传》（第五十七页上第六行）及《喀本源流》（第四部第十七页第五行）均作 Eldüngge，字义不详。蒙李学智先生见告，eldengge 是满洲语"光辉"，aldungga［aldunggha］是"奇妙"之意。以下文 baghshi 来推，解为满语的 aldungga 似较合理，baghshi 一语字义是"师傅"，是

中有火，〔最〕好在火上倒水。"说着，就点起火来，把银碗里的水，倒在火上。翁牛特的卜者图勒格台（Tölegetei）说："由孛儿只斤（Borjigin）[84]氏族派出一个四四方方的红〔脸〕色人，〔一个〕比〔别〕人都黑的黑〔脸〕色人，和〔一个〕有老虎辔头的、长得四四方方的人，若能上阵，必能制服〔敌人〕。"

科尔沁的鄂尔塔固海·诺颜（Ortaghukhai Noyan）[85]带着他的儿子布喇海（Burkhai）[86]来了。〔布喇海〕骑着〔一匹〕白黄色黑脊尾马。知道时运的塔奔（Tabun）[87]的扯克扯（Chegche），知道〔治〕国的茂明安（Mau-Mingghan）[88]的奥鲁木（Olum），塔塔嘎勒沁（Tataghalchin）[89]的能说"巴兰"语的巴嘎苏海

经畏吾儿传来的梵语。在元代若干白话碑中，亦多称道教的宗长为"仙孔巴克什"。"仙"是汉语"神仙"，"孔"是"人"，"巴克什"即"师傅"之意。这人也必是一个地位甚高的萨满。和田清氏在《论察哈尔部之变迁》一文里引《开原图说》之《宰爱二营图》说："一营爱兔，系兀班长男，生七子……部落万余……领兵用事三江榜什、大榜什……"。和田说领兵用事的"榜什"就是"巴克什"（见《东亚史研究（蒙古篇）》第六二二六二三页）。那么它的字义就是军师了。

84 孛儿只斤（Borjigin）是成吉思可汗一族的姓氏。《蒙古源流》译作"博尔济锦"。

85 鄂尔塔固海·诺颜（Ortaghukhai Noyan）是合撒儿的后裔。原文下卷第一七二页首行及第十三行均作Ortaghchikhai Noyan；惟后文第一七五页第七行作Ortaghukhai。《蒙古源流》（《笺证》卷六第六页下）作"鄂尔多固海·诺延"。《成吉思汗传》（第五十七页上第十行）及《喀本源流》（第四部第十七页第十行）均为Ortaghukhai，故改正之。

86 《蒙古源流》（同上文）作"布喇海·巴图尔·台吉"，似为《明史·鞑靼传》中的"小王子部长卜儿孩"（见卷三二七第十六页上下）。

87 塔奔（Tabun），部族名。本节后文中有"科尔沁万户的塔奔的赛因·扯格扯勇士"一语，可知这是属于科尔沁的一个部族。

88 茂·明安（Mau-Mingghan），部族名，即今乌兰察布盟茂明安旗之前身，似由黑龙江流域西移而来者，其贵族属合撒儿系。

89 塔塔嘎勒沁（Tataghalchin）是属于科尔沁万户的部族名（《黄金史》第一七八页第五行），字义是"互相牵制者"。

（Baghasukhai）[90]，客列亦惕（Kereyit）[91]的能讲许多方言的乌勒图（Ületü），阿勒答沁（Aldachin）[92]的善于言词的赛亦马哈（Sayimakha）〔等都〕说："时间定为〔今〕天中午吧！"布尔布克的巴颜·乌尔莫格尔（Bayan-Ürmeger）把达延可汗的纛旗藏起来，伪装的竖起了兀良罕的旗子。

鄂尔塔固海·诺颜的儿子布喇海、塔奔的扯格扯、赛亦马哈的儿子巴尔栋（Bardung）这三个人〔战〕死〔？〕[93]据说布喇海王、巴嘎孙·塔布囊（Baghasun Tabunang）、扯格扯·诺们（Chegche-nomun）这三个人成了"先生"（Shingshin）[94]。

右翼〔三〕万户编成弓形阵势前来，达延可汗就问瓦剌黑军（Khara Cherig）[95]〔队长〕[96]色古色（Següse）说："这样阵势你知道吧？"色古色说："对这种弓形阵势〔用〕'牤牛角'（bukha-yin sechegür）相宜。"就叫编成六十一〔队〕"牤牛角"。右翼〔三〕万户以为这就是可汗的纛旗，就向兀良罕的旗帜冲杀而去。鄂尔塔固海王叫兀良罕的巴牙海·勇士（Bayakhai Ba'atur），科尔沁万

---

90 原文作 Baran kele。kele 是言语，Baran 不知何解。

91 客列亦惕（Kereyid），旧为王罕属部，今新疆土尔扈特（Torghud）部的贵族，均以 Kereyi 为姓氏。可能这部是土尔扈特部的前身。

92 阿勒答沁（Aldachin），部族名，似为科尔沁的一族。参照下文（第三十四节）科尔沁部和彻卜登子嗣的战役。

93 这里说布喇海、扯格扯、巴尔栋三人战死。可能这"死"字是误写的字。这三人之中，除扯格扯一人战死外，布喇海并未战死，巴尔栋下文中并未推及。

94 "先生"，原文为 Shingshin。"先生"是由汉语转来的，意思是能知未来的人，是道士们的称呼。

95 黑军（Khara cherig），不知是指何种军队说的。当作进一步研究。在近代语汇中，是指曾进入蒙古，不信奉喇嘛教的汉族军队说的。当然不合这里的解释。

96 这字是按《成吉思汗传》第五十七页下第七行 akhalaghchi 一字补加的。

272

户的塔奔（Tabun）的赛因·扯格扯勇士（Sayin-Chegche），五部喀尔喀（Khalkha）[97]"诺颜"们的亲族巴嘎孙·塔布囊〔等〕五个人，给他儿子布喇海做先锋前进。不久兀良罕〔军〕败退，土默特军追过来，于是就举起可汗的黑纛旗冲杀上去，打败了土默特〔军〕。右翼〔三〕万户的许多士兵，误认可汗的纛旗是〔他们〕自己的旗帜，走入，被歼。在那次厮杀中，伊巴哩太师逃亡[98]。达延可汗战败右翼三万户，收服了他们[99]。

---

97　喀尔喀（Khalkha），部族名，《蒙古源流》说："阿勒珠·博罗特统率内五'鄂托克'喀尔喀。格呼森扎统率外七'鄂托克'喀尔喀。"（《笺证》卷六第十五页上）以上计十二"鄂托克"喀尔喀。外喀尔喀即今外蒙古喀尔喀四汗部的前身，内喀尔喀包括巴林、札鲁特、巴岳忒等部。"鄂托克"（otogh）是部族之意。

98　《明史·鞑靼传》说："明年〔正德五年，一五一〇〕，北部亦卜剌与小王子仇杀，亦卜剌窜西海〔即青海〕，阿尔秃斯〔即鄂尔多斯，沈增植氏认为是《蒙古源流》中鄂尔多斯的诺颜满都（见《笺证》卷六第十二页上）〕与合，逼胁洮西诸番，屡入寇。巡抚张翼、总兵王勋不能制，渐深入，边人苦之。八年夏，拥众来川，遣使诣翼所，乞边地驻牧修贡。翼啖以金帛，令远徙，亦卜剌遂西掠乌斯藏，据之。自是，洮、岷、松潘无宁岁。……〔正德九年，一五一四〕小王子部长卜儿孩〔即布喇海〕以内难复奔据西海，出没寇西北边。……〔嘉庆五年，一五二六〕亦卜剌复驻牧贺兰山后，数扰边。……〔嘉靖〕十二年〔一五三三〕春，吉囊〔巴尔斯·博罗特〕……西袭亦卜剌、卜儿孩两部，大破之。"（卷二三七）以后在《明史》中，就再看不见亦卜剌其人了。
　　《蒙古源流》说："……右翼内或有投降者，其余被达延汗驱至青海，将三万人尽行收服。于阿津柴达木之上，将鄂尔多斯之满都赉、阿固勒呼杀死，遂名为阿固勒呼柴达木云。永谢布之伊巴哩太师，只身迷路入于白帽之哈密城，被其人所杀。"（《笺证》卷六第七页下至第八页上）

99　关于右翼三万户，沈增植氏在他的《蒙古源流笺证》里说："《续文献通考》记鞑靼西部诸营甚详，可与此书互相证明，今录其文而释之。其所记皆右翼下属部，阿拉克汗以后事也。其文云：'西部长曰应诏不，曰阿鲁秃斯，曰满官嗔。应诏不下分十营：曰阿速，曰哈剌慎，曰舍奴郎，曰孛来，曰当剌罕儿，曰失保慎，曰八儿厩，曰荒花旦，曰奴母嗔，曰答不乃麻。旧属亦不剌。亦不剌遁，海西遂分散。惟哈喇慎一营独全。'按应诏不即此书之永谢步也，所属之阿速即阿苏特，哈喇慎即喀喇沁。……当剌罕儿即此书唐拉噶尔，失保慎即后文……锡包沁。孛来

*273*

　　〔赛因〕·扯格扯·勇士要再〔杀〕进去，不戴兜盔，光着头前去上阵。他说："像这样好的朝廷，不是每天都可看得到的！"说着，就进去相互砍杀起来，在乱砍的当中，〔赛因〕·扯格扯的头被砍裂了，掉下马去，他躺〔在地上〕支起上身，把对方蹬着铁马镫那个人的腿，给砍断了。〔他〕回到他马夫那里问："国家大局要属于谁？"他的马夫说："国家全局属于我们！"〔赛因〕·扯格扯·勇士说："我为时运所胜！"说罢就死了。

　　那以后，达延可汗把〔讨伐〕右翼三万户阵上出过力的都封为"答儿罕"<sup>100</sup>。封："〔赛因〕·扯格扯的子嗣，永不隶属于〔任何〕诸颜！"封："瓦剌的色古色〔队长〕<sup>101</sup>的子嗣，七世不纳税，不服役！"把由满都海·可敦生的<sup>102</sup>女儿嫁给了巴嘎孙·塔布囊

---

疑下文之布喇哈特。又云：'阿鲁秃厮部下分七营，旧亦属亦不剌，今属吉囊。合为四营：曰孛合斯，曰偶甚，曰叭哈思纳，曰打郎，众至七万。'按孛合斯者，此文之布喀斯也；偶甚者，乌古新之音转；打郎者，达拉特也。又云：'满官嗔部，下分八营，旧属火筛，今从俺答，合为六营：曰多罗土闷，曰畏吾儿，曰兀甚，曰叭要，曰兀鲁，曰土〔王〕吉剌，众可四万。'按多罗土闷者，此书之多伦·土默特，后文所谓阿勒坦汗占据十二土默特而居。今归化城之土默特、喜峰口之土默特，皆其后也。满官嗔，即此书之蒙郭勒津，为火筛之遗人，与永谢布、鄂尔多斯并大。……畏吾儿即后文之卫郭尔沁。兀甚当即下文之土默特杭锦（？）。叭要者，蒙古之巴岳特部属。……土吉喇者，王吉剌之误，即下文之鸿吉剌特，与乌古新皆元时旧部也。兀鲁，即国〔清〕初绥服之兀鲁特部。乌喇特今在四十八旗之列。"（下略）（见卷六第四页下至第五页上）

100《蒙古源流》说："凡有出力一切人等，俱赏给'岱·达尔罕'名号，敕谕金印。"张尔田氏注释说："达尔罕，有勋劳免差役之谓。岱·达尔罕，大达尔罕也。《辍耕录》：'答剌罕言一国之长，得自由之意，非勋戚不与焉。'"（《笺证》卷六第九页上）

101 原文（下卷第一七四页末行）作aghlaghu。兹按《成吉思汗传》（第五十五页下首行）及《喀本源流》（第四部第十九页第十一行）之akhalaghchi，改译"队长"。

102 这句是按《成吉思汗传》第五十八页下第三行，并《喀本源流》第四部十九页第十三行补加的。

（Baghasun Tabunang）[103]。

那以后，右翼的三万户自相攻杀，把鄂尔多斯的阿格拉忽、勒固锡〔和〕伊巴哩〔三个人〕[104]杀了[105]。额尔格古特（Ergegüd）〔部〕[106]的和勒格亦（Kelgei）将勒古锡捉住杀死。和勒格亦把〔杀死〕勒古锡的事禀呈达延可汗说："我把你有仇的奸灭了。把嫉恨你的杀死了。"其后达延可汗封和勒格亦为"答儿罕"。

后来蒙古勒津的郭锡·塔布囊、特穆尔根（Temürgen）两个人〔也〕归顺了。

科尔沁的鄂尔塔固海王说："把右翼三万户分了吧。给所恨的人戴上马衔，在各〔家〕的门里驱役那些仇人吧！把仇人放在一起，必使我们后嗣受害！〔莫如〕把七部喀喇沁[107]和强大的永谢布隶归我们七部科尔沁；八部鄂尔多斯是主干，〔把他们〕隶归八部察哈尔；把十二部土默特隶归十二部喀尔喀吧。"[108]

达延可汗不同意〔鄂尔塔固海〕王的那些话，叫自己的儿子巴尔斯·博罗特·济农驻〔辖〕右翼三万户。

鄂尔塔固海王说："〔我的〕后嗣必受死害！"说罢打着马头

---

103《蒙古源流》说："扎鲁特之巴噶逊·达尔罕·塔布囊，以满都海·彻辰·福晋所生之图鲁勒图（Töröltü）公主降焉。"（《笺证》卷六第九页上）

104 这句是按《成吉思汗传》第五十八页第四、五两行，及《喀本源流》第四部第十九页末行填补的。参照注71。

105 关于伊巴哩、阿格拉忽和勒固锡诸人的末路，本书所记与其他史料不同，似嫌过简。请参照注98。

106 额尔格古特（Ergegüd），部族名，不详。

107 喀喇沁（Kharachin），即明人记述中的"哈剌嗔"，虽与现在的喀喇沁有关，但不完全是现在喀喇沁的前身。请参照本书附录《喀喇沁部的世系》及小注。

108 这一段话见《蒙古源流》（《笺证》卷六第十页下）达延汗子媳追述往事的记录。

〔走了〕。据说鄂尔塔固海王那次走的时候，鄂尔多斯的塔亦理
迪尔（Tayildir）不给他住宿的地方。因此就把塔亦理迪尔杀了。
〔还〕说鸿忽理（Khongghuli）曾进谗言，〔也〕把他的嘴割开杀
死。这些话，众人都听见了[109]。

达延可汗坐了三十七年的汗位，四十四岁殡天[110]。

---

109《明史·鞑靼传》说："〔正德九年，一五一四〕小王子部长卜儿孩以内难复奔据
西海，出没寇西北边。"（卷三二七第十六页上）可能这里所说的就是这"内难"
的原因。他的西奔，可能就是日后以合撒儿系为诺颜的和硕特（Khoshod）部的
起源，但从蒙古方面的史料来看，找不出布喇海王叛离的证据。以后在本书第
一七九页第二行处仍可看他的名字，似乎是仍留在东蒙古而未西奔。

110 达延可汗的生卒年月和他治世期间，都是有问题的。关于他的生年，我们在
注1中曾经提到。《蒙古源流》说："在位七十四年，岁次癸卯〔嘉靖二十二年，
一五四三〕，年八十而殁。"（《笺证》卷六第十页上）喇希彭苏克书说："甲子
（？）三十八年，赛因·大元可汗因病崩殂。在位三十八年，寿四十四。"（张家口
版，第四册第六六八页）。《成吉思汗传》和《喀本源流》都和《黄金史》一样，
说是四十四岁崩殂。但都没说在哪一年。
假如认为可汗的生年是甲申（天顺八年，一四六四），那么四十四年，就是丁卯
（正德二年，一五〇七）与《明史》的记载不符，也与《蒙古源流》不一致。若
按《源流》说他是年八十岁死在癸卯（嘉靖二十二年，一五四三），也与《明史》
所载他的儿子吉囊和他的孙儿俺答等称霸时期不符。可能他殁的时期是在嘉靖十
年（一五三〇）左右。若按本节注28，假定达延汗的即位是在己亥（成化十五年，
一四九七），而他在位是三十八年，那么他的崩殂就是甲午（嘉靖十三年）。喇希彭
苏克氏可能把"甲午"误作"甲子"了。《黄金史》说达延汗孙博迪·阿拉克继汗位
后，曾责备他叔父巴尔斯·博罗特在他年幼僭据汗位之事（见下节）。但《蒙古源
流》只说博迪·阿拉克在达延汗死后第二年，甲辰年（嘉靖二十三年，一五四四）
即汗位，却避讳不说此事，而把达延汗治世的年代和他本人的寿数，都给延长许多。
根据上面的理由，我们可以推测达延汗是死在嘉靖十年左右。死后右翼三万户的
巴尔斯·博罗特·济农乘其侄幼弱，僭据汗位十余年。嗣博迪·阿拉克强大之
后，才从他叔父手中收回可汗的大位。
和田清博士在他《论达延汗》一文中，也提出若干考证，可供参考（见《东亚史
研究（蒙古篇）》第四二七至四三三页）。佐藤长教授发表过《达延汗的史实与传
承》一文，见《史林》卷四八第四号，一九六五年七月。冈甲英弘教授也发表了
"Lite of Dayan khaghan"，见 Acta Asiatica 11，1966。

# 第三十四节

# 博迪·阿拉克可汗

## （下卷一七六页第六行至一七九页第八行）

　　达延可汗长子图鲁·博罗特（Törü-Bolod）没即汗位就殡天了[1]。他的弟弟乌鲁斯·博罗特（Ulus-Bolod）〔也〕没有即汗位，被伊巴哩·太师所害，殡天。其后因博迪·阿拉克年幼，他的叔父〔巴尔斯·博罗特〕坐了大位[2]。

　　后来博迪·阿拉克可汗率领他左翼三万户〔之众〕去到"八白室"叩拜，要登大位的时候，对巴尔斯·博罗特·济农说："你虽然因为我年幼做了可汗。可是你没有做可汗的道理。因此你要向我叩拜！如果不向〔你的〕正统君主叩拜，我就以你为敌！"这样用威吓

---

1　图鲁·博罗特之死，是在他父亲达延可汗崩殂之前。《蒙古源流》说他生于壬寅〔成化二年，一四八二〕，死于癸未〔嘉靖二年，一五二三〕，四十二岁（《笺证》卷六第十页上）。

2　这里巴尔斯·博罗特的名字，是按《成吉思汗传》第五十九页上第九行，填上去的。在达延可汗殂殁之后，巴尔斯·博罗特占据汗位一事，不见《蒙古源流》，此事在达延可汗殂殁年月考证上，非常重要，我们在前节注110中已经提及，这一段时间约有十年。

的言词，加以责备。巴尔斯·博罗特·济农说："想可汗说得对，我来叩拜！"〔可汗〕说："若是这么说，还可以！"于是〔他们〕就请博迪·阿拉克到八白室叩拜〔祖先〕，奉之于可汗大位之上[3]。

从那里要回来的时候，科尔沁万户的勇士摩罗齐（Ba'atur Molochi）骑着一匹怀着驹的甘草黄牝马，前来向博迪·阿拉克可汗禀奏说："把这右翼〔三〕万户，一个一个的挨着袭击之后再回去吧！"博迪·阿拉克汗不采纳他的话。摩罗齐勇士就生了气说："怎能骑一匹怀驹的牝马，空着手回去呢？"[4]

失古失台的儿子博罗乃王[5]来报岱总可汗的仇。彻卜登[6]的儿子摩罗齐、阿勒楚兀台、阿鲁里（Aluri）这三个人，在孛豁罗勒（Bokhorol）扎下营寨，没有〔被〕掳。以后又在圈子（Küriyen）[7]

---

3 《蒙古源流》说："图鲁·博罗特……子博迪·台吉生于甲子年〔弘治十七年，一五〇四〕，至甲辰〔嘉靖二十三年，一五四四〕年四十一岁即位。"（《笺证》卷六第十页上）

《玄览堂丛书续》第三十八册《荒徼通考·北虏》毅皇帝〔正德〕条末尾称："小王子〔达延汗〕死，有三子：长阿尔伦，次阿著，次满官嗔。阿尔伦前死，二子长卜赤、次也明皆幼，阿著称小王子，未几死。众立卜赤，称'亦克罕'（Yeke Khan，大汗），'克罕'犹可汗也，然亦称小王子如故。"这条也可补注2之不足。

4 《蒙古源流》也说摩罗齐主张瓜分右翼，但因博迪·阿拉克可汗之母察噶青·安桑太后的反对，可汗没有采纳他的话（见《笺证》卷六第十、十一两页）。察噶青·安桑太后本书称为"察噶靖海"（请参照前注41）。

5 博罗乃·王（Bolonai Ong），《成吉思汗传》第五十九页下第七行及《喀本源流》第四部第二十二页第五行均作Bolokhui Ong。请参照前第二十六节注24及第三十二节注28。

6 按前第二十五节彻卜登是郭尔罗斯族，本节说他的儿子摩罗齐是科尔沁的勇士，前后似不一致。可能这是说这时的郭尔罗斯已附属科尔沁部。参照附录第一节注12。

7 圈子（Küriye）是指人家居住之地说的。有时一些人家聚集一起或是较大的一家，把许多车子围在穹帐的四周，谓之Küriye。《秘史》第九十节作"古里延"（见卷二第三十页上）。

278

里扎起营寨,〔也〕没被攻陷。

后来〔他们〕去横断库里也森林（Küriye Modon）,〔因为〕不能游牧[8],就往前走,在将要渡斡尔格涅（Örgene）〔河〕的时候,在斡难（Onon）河的沙嘎札甘图（Shaghajaghantu）大平川上[9]〔两军〕相遇。于是就在巴达尔（Badar）山嘴布下了很大的阵势[10]。

额色布里（Esebüri）的儿子额布柴（Ebüchei）[11]说:"就是苍茫大地动摇了,我这黔黑的额布柴也不动!"说着就下了马。〔这时〕他〔一只〕眼睛被箭射中,倒在地上。〔敌〕人刚要剖他的肚子,〔恰巧〕系在他腰带上〔那匹马拉着他〕逃跑了。额布柴起来用箭射穿了那个人和他〔骑〕的马。图鲁固肯（Tülügüken）的儿子满堆·答儿罕（Mandui Darkhan）[12]迎上来。他〔骑〕的一匹好白马的腿,也被射断,那马竟用它的三条腿,跃过了一棵大树[13]。

鄂尔塔固海〔王〕的儿子乌扬古勇士（Uyangghu Ba'atur）给满堆·答儿罕换了自己〔一匹〕带须的银合马,叫他骑着出阵。

---

8　原文（下卷第一七七页十一行）作enekü,字义是"这个"。《成吉思汗传》（第五十九页下第十一行）作negü,字义是"迁移"和"游牧"。

9　沙嘎札甘图（Shaghajaghantu〔Shaghaja-Ghantu〕）,地名,不详。字义是"有喜鹊的"。"平川",原文作aral,字义是"岛""河岸"或"平川"。有人译作"岛"字,似乎不恰当。

10　这一段词义不甚清晰,翻译上可能有错误。请读者谅之。

11　额布柴（Ebüchei）,人名,原文（下卷第一七七页第十三行）作Ebüchei,但以后又作Ebechei。《成吉思汗传》第六十页上及《喀本源流》第四部第二十二页均作Ebüchei。可知Ebechei是本书的误植。

12　满堆·答儿罕（Mandui Darkhan）,"满堆"是人名,"答儿罕"是他的尊称。《成吉思汗传》（第六十页上第四行）、《喀本源流》（第四部第二十二页第十五行）均作Mandu或Mendü。Mandu、Mandui是"兴旺"之义,Mendü是"安好"。

13　原文yeke modon,也可以译为"一块大木头"。所谓"跃过大树",必是夸大的描写。

科尔沁〔部〕塔塔嘎勒沁（Tataghalchin）〔族〕的巴由（Bayiu）与客列亦惕的包来（Bolai）二人是姻弟和姐丈。巴嘎郎古特（Bagharangghud）[14]〔族〕的德固垒（Degülei）洪郭来（Khonggholai）二人是堂兄弟。他们四个人去当先锋，奋战而死。因此没吃败仗。

后来满堆·答儿罕领先，叫哈喇小河（Khara-yin Gorokhana）的"枪尖石"（Jida-yin Chilaghun）上扎下营寨，布了阵势。高丽（Solangghud）哈喇克沁太夫人（Kharaghchin Taibujin）[15]的子嗣、撒嘎歹（Saghadai）的儿子赛因·塔木嘎图（Sayin-Tamughatu），阿勒答沁（Aldachin）部的赛因·豁郭台（Sayin-Khoghotai）两个人充当先锋。

兀古特台勇士（Ügüdtei Ba'atur）[16]对他的哥哥古忽勒台勇士（Gükültei Ba'atur）说："我们两个人出去吧！"〔他哥哥〕说："二十个人或可敌住我，两个人敌不了我。你留下！我出去吧！"〔他〕用箭射〔赛因〕·塔木嘎图。赛因·豁郭台〔和他〕斗成一团。赛因·塔木嘎图起来把古忽勒台的脚跟砍断，杀死。那次〔也〕没能攻陷〔敌人〕仅掳了他们九百匹马回来。

满堆·答儿罕乘胜前进，把〔他们〕赶进了乌尔固尔格涅（Ürgürgene）河。布喇海（Burkhai）的儿子阿尔撒忽·布亦玛王（Arsakhu-buyima Ong）认出阿鲁里勇士，把〔他〕杀死，把阿勒楚兀台在马上绑着走的时候，阿勒楚兀台说："阿勒楚兀台多年的

---

14 巴嘎郎古特（Bagharangghud），部族名，所属不详。

15 见第二十六节注 22、23。

16 兀古特台（Ügüdtei），人名。《成吉思汗传》（第六十页上末行）作 Jügütei。

毒恨，就是阿拉克楚兀特[17]散布的毒恨啊！"于是就把阿勒楚兀台用斧子砍死了。满堆王把摩罗齐绑在马上带来，在撒尔希克洼地（Sarkigh Tököm）献给博迪·阿拉克可汗，将他杀死。〔可汗〕封满堆为王，那就是可汗的后裔对合撒儿的后裔所做的一件美事。

　　博迪·阿拉克可汗，在汗位二十四年，羊儿年〔丁未，嘉靖二十六年，一五四七〕[18]七月十日在卓都龙山（Jodulung Öngdür）[19]殡天[20]。

---

17　阿拉克楚兀特（Alaghchud）是可汗直隶察哈尔部的一族，见第三十三节。《清史稿·太宗本纪》天命十一年及天聪元年十二月两条，均有察哈尔阿喇克绰忒部长来归之记载，就是指这一部说的。

18　本书未提博迪·阿拉克可汗的生年，也没说他即位的年代，只说他死在羊儿年。按《蒙古源流》："博迪·台吉生于甲子，至甲辰年四十一岁即位。……在位四年，次岁丁未，年四十四岁殁。"（《笺证》卷六第十页上及第十一页下）可能丁未（嘉靖二十六年，一五四七年）就是本书所说的羊儿年。《蒙古源流》在位四年之说，恐不可靠。若按本书所说的二十四年来计算，他的即位要在癸未（嘉靖二年，一五二三年）。这时他的祖父达延可汗尚在，他怎能登汗位呢？可能这是本书的著者把他父亲图鲁·博罗特死的那一年——癸未，误为他当年即位所致。

沈增植氏在《蒙古源流笺证》卷六第十一页下小注里说："博迪即《续文献通考》之卜赤·阿拉克汗，即所谓'赤克罕'也。"张尔田氏在同页小注中说："钱牧斋《送董汉儒总督宣大诗注》：嘉靖十二年，元顺帝十七传卜赤立为小王子。……"嘉靖十二年（癸巳，一五三三）与达延可汗殂殁的年代相近（见前节注20）。但这与其叔巴尔斯·博罗特僭据汗位一事又有出入了。

总之，这一个年代问题，仍有进一步考证的必要。

19　卓都龙山（Jodulung Öngdür〔Öngdör〕），不知在何方位。《成吉思汗传》第六十页下第十行及《喀本源流》第四部第二十四页第五行均称为 Jodulang Öngdür。

20　张尔田氏在《蒙古源流笺证》（卷六第十一页下）引"钱牧斋《送董汉儒总督宣大诗注》：嘉靖十二年，元顺帝十七传卜赤立为小王子。其别部赛那剌有七子，长吉囊壁河套。……次俺达壁大同外之丰州滩。二人雄黠善兵，卜赤从父仇也。其弟老把都，一名昆都力·哈（Köndüleng Khan），壁宣府外之张家口地，名哈喇慎。……名尊小王子，实不受其约束。卜赤遂徙壁东方，夺福余卫地居之，号'土蛮'。其所居地，名插汉（Chakhar）。"这也就是《明史·鞑靼传》所说："时〔嘉靖十一年〕小王子最富强，控弦十余万，多留货贝，稍厌兵，乃徙幕东方，称土蛮。"（卷三二七第十七页上）因此《蒙古源流》说："遵母后之言，遂止不行，〔不伐右翼〕以致大国安享太平。"（同上处）大汗直接的察哈尔部的东迁，是十六世纪蒙古史上的一件大事。

## 第三十五节

# 达赉逊·库登可汗，附阿勒坦汗

（下卷一七九页第九行至一八〇页第十二行）

后来，在猪儿年〔辛亥，嘉靖三十年，一五五一〕达赉逊·库登（Dalaisun〔Darayisun〕Küden）可汗即大位[1]。在这位可汗的时代，国家泰平，亲族和睦，使六大部百姓[2]共享安乐。库登可汗的儿子是忽克出台·台吉（Kügchütei Taiji）、杜喇勒·诺颜（Doral Noyan）

---

1　关于达赉逊·库登汗即位的年代，《蒙古源流》说："〔博迪·阿拉克汗〕生子达赉逊·库登·台吉、库格珠特·台吉、翁衮·都噶尔三人。长子达赉逊·库登·台吉，甲辰年〔?〕生，岁次戊申〔嘉靖二十七年，一五四八〕，年二十九岁，于白室前称汗号。"（《笺证》卷六第十一页下十二页上）关于甲辰，王静安氏校订为甲申〔嘉靖三年，一五二四〕（见同处）。这与本书所说的猪儿年〔辛亥，嘉靖三十年，一五五一〕即位之说，又有三年的出入。《胜教宝灯》说："他是辰年〔一五二〇〕生的，戊申年二十九岁即位，三十八岁崩殂。"（日译本第六三页）《明史·鞑靼传》称他为"打来孙"。在记述林丹汗之时说："虎墩兔者，居插汉儿（Chakhar）地，亦曰插汉儿王子，元裔也。其祖打来孙始驻牧宣塞外，俺答方强，惧为所并，乃徙帐于辽，收福余杂部，数人掠蓟西，四传至虎墩兔，遂益盛。"（卷三二七第三十一页）这样说来，与前节注20所说察哈尔之东迁是在博迪·阿拉克汗时代有了出入。

2　六大部百姓，是指左翼三万和右翼三万说的。

**283**

卓里克图·台吉（Jorightu Taiji）和布库·台吉（Büküü Taiji）[3]。在位十九年，三十八岁，蛇儿年〔己巳，隆庆三年，一五六九〕[4]殡天。

在这位可汗的时代，巴尔斯·博罗特·济农的儿子格根·阿勒坦可汗（Gegen Altan Khaghan）[5]因为我们圣父[6]辛辛苦苦所收服

---

3 库登可汗子嗣之名不见《成吉思汗传》及《喀本源流》，且与《蒙古源流》所记的不同。《蒙古源流》说他们是：图们·台吉（Tümen Taiji）、达赉·巴噶·达尔罕·岱青·台吉（Dalai Bagha Darkhan Daiching Taiji）二人（《笺证》卷六第十二页）。

4 本书说库登可汗在位十九年，三十八岁，蛇儿年崩殂。《蒙古源流》说他是丁巳（嘉靖三十六年，一五五七）殁（《笺证》卷六第十二页上）。他似乎未能在位十九年。以《源流》所记戊申年即位之说推之，不过九年而已。两书相差十年。若按《源流》所记的生卒年代来推算，他享年三十九岁，与本书所说的仅多一岁，出入尚小；但这在位年代的问题，仍须再作考证。和田清氏在《察哈尔部之变迁》一文中，认为施密特德译本《蒙古源流》作"达赉逊汗，庚辰年〔正德十五年，一五二〇〕生，岁次戊申〔嘉靖二十七年，一五四八〕，年二十九岁即位"之说为可靠（见《东亚史研究（蒙古篇）》第五二二页）。按施密特本所记，与《胜教宝灯》同，见注1。

5 格根·阿勒坦·可汗（Gegen Altan Khaghan），就是《明史》和明代史料中的"俺答"。"格根"是光明之意，是他的尊称。此外他还有一个尊称是"赛因"，意思是"良善"。"阿勒坦"是他的名字，是"黄金"之意。他是统辖右翼三万户济农·巴尔斯·博罗特的次子、济农·衮必里克之弟。
《蒙古源流》说他"丁卯年〔正德二年，一五〇七年〕生，占据十二土默特而居。"（《笺证》卷六第十五页下）又说："达赉逊·库登台吉……岁次戊申〔嘉靖二十七年，一五四八〕，年二十九岁于白室前称汗号，与右翼三万人和睦相会而旋。阿拉克〔即巴尔斯·博罗特，又名赛因·阿拉克〕第二子阿拉坦来迎，向汗求赐号，云：'今统治已平，原有护卫汗治"索多"汗小汗之号，祈附将此号赐我，我情愿护卫大统。'汗然之，遂与以'索多'汗之号。"（《笺证》卷六第十二页）可知他的汗号是个小汗，是类似"济农"的副可汗。最后《源流》说："岁次乙卯〔万历七年，一五七九〕，年七十六岁，大病……又在位一年……七十七岁殁。"（同卷七第八页上第九页下）按《源流》所记，他是丙辰年〔一五八〇〕死的，与他年龄不合，如果他是七十七岁死的，那年是癸未（万历十一年，一五八三）才对。《胜教宝灯》说他是七十七岁癸未年死的（日译本第七十五页）。《明史·鞑靼传》说："万历十年〔壬午，一五八二〕春，俺答死。"（卷三二七第二十八页）与蒙古方面的史料相距一年。

6 圣父（Boghdo Echige），是指成吉思可汗说的。

五色四裔的外邦[7]、斡歌歹可汗、忽鲁克可汗（Külüg Khaghan）[8]、蒙哥可汗时代所得的〔国土〕，和至圣忽必烈·薛禅可汗所建立康泰的国家、宝贝的宗教、坚坚固固建筑的宫室都城，都因〔天〕命〔的移转〕而失丧了。那以后额勒伯克·可汗、阿岱可汗、岱总可汗[9]被逐，阿噶巴尔沁·济农[10]中计遇害的缘故，就去讨伐旧敌，汉国和瓦剌。

赛因·阿勒坦可汗（Sayin Altan Khaghan）克服艰苦，去收服唐兀惕（Tangghud）[11]、吐蕃[12]和靠这边的安多（Amdowa）[13]，以及沙喇·卫郭尔（Shirghor）[14]等国。捉住阿里克·桑吉尔·察思

7　"五色四裔的外邦"曾见本书下卷第一〇七页，说世界各国共分九色，语多荒诞不经。《胜教宝灯》说："成吉思可汗收抚的国家，有蓝色的蒙古、红色的汉国、黑色的西藏、黄色的畏吾儿、白色的高丽等五色国民，和女人国、胸前有眼目之人、左襟之人和狗头人等四种相异的国民。"（日译本第四十三页）从这两段，我们可以看出，这是在当时传说上，后人又给加上一段神话之后的产物。

8　忽鲁克可汗（Külüg Khaghan），就是《秘史》续卷二和本书第二部第二节所说的古余克（Güyüg）可汗，也就是定宗贵由可汗。许多蒙文史料中，都把他写作"忽鲁克"可汗。

9　岱总可汗，本书以前都写为 Daisung Khaghan，惟有这里（第一八〇页第六行）写成了 Daisun。见前第二十五节。

10　阿噶巴尔沁·济农（Aghbarchin jinong），岱总可汗之弟，在前第二十五节中，本书都把他写作"阿卜乞尔臣"（Abgirchin）。参照同节注3。

11　唐兀惕是指今甘肃、青海一带藏族说的。

12　吐蕃就是今天的西藏、明代的乌斯藏。蒙古语 Töbed 似是 Töben（吐蕃）的复数形。

13　安多，原文（下卷第一八〇页第七行）作 Emdüwe。按《成吉思汗传》第六十一页上第九行并《喀本源流》第四部第二十五页改正为 Amdowa，读作 Amdoo，就是今青海、西康一带的安多藏族。

14　沙喇卫郭尔，原文（下卷第一八〇页第七行）作 Shiruighur〔Shiruyighur〕。按《成吉思汗传》第六十一页上第十行及《喀本源流》第四部第二十五页第三行改为 Shir-Uigur〔Uyigur〕。这似乎是指现在居住甘肃、青海祁连山脉的西喇古尔人（又称"黄蕃"）说的。他们是回鹘的遗族，现在维吾尔族的分支。《蒙古源流》说："〔阿拉坦汗〕六十八岁，岁次癸酉〔万历元年，一五七三〕行兵……将

乞巴（Airagh［Ayiragh］-Sanggir-Chaskib）、斡克罗布木·朝
尔札（Oghlobum-choarja［chorja］）、亦思答克林·色楞·答尔
（Isdaghring-sereng-dar）等三个勇士[15]，向他们征收贡赋。

　　袭击瓦剌，杀死札拉满·图鲁（Jalaban-Törü）收服了以他表
哥为首的一部分百姓[16]。

　　攻击汉国，破坏〔他们的〕城市，汉国大明可汗非常害怕，
就纳了贡赋（alba tatalgha），而且还给了阿勒坦可汗顺义王（Sui
［Süi］Wang）的称号[17]。

---

上下沙喇卫郭尔二部落……尽行收服。"沈增植氏注解说："安定四卫之亡，《明
史》以为正德亦不剌之寇，不知乃嘉靖俺答之兵也。此可补《西域传》者。明诸
司职掌礼部，主客郎朝贡诸国，西域有撒立一畏吾尔。《明史稿》：定安卫、阿端
卫皆在甘州西。其地本名撒里一畏兀儿，广袤千里，东近甘州，南接西蕃，居无
城郭，以氈帐为庐舍。盖汉之婼羌。撒里一畏兀儿即此沙喇一卫郭尔也，今谓之
撒剌回子。《元史·速不台传》：太祖征河西，速不台从渡大碛以往，攻下撒里一
畏吾、特勒、赤帑部。《圣武记》：甘肃有撒拉回子，亦谓之黑帽回。"（《笺证》卷
六第二十一页下二十二页上）

按本节注7，可知蒙古人有用黄色（Shira）称畏吾儿族之习惯；但那是广义的，
这里所说的是狭义的。

今日肃南裕固族自治县就是为他们后裔设立的。

15　关于这三个勇士，一时无法查出他们的来历。鲍登（C. R. Bawden）在他英译
　　Altan Tobchi 第一九四页注六中，也曾论到这三个人名的写法。《蒙古源流》说，
　　他们是："阿木多（Amdo）喀木（Kam）之阿哩·萨玛尔·齐斯奇巴（Arigh-
　　Samar-Chiskiba）、喀噜卜·伦布木（Karab-Lombom）、萨尔唐·萨哩克·克卜
　　（Sartang-Sarig-Keb）之三诺颜。"按"阿里克"就是《源流》所说的"阿哩克喇
　　嘛"。其第二人之"朝尔札"也是喇嘛的尊称。沈增植氏对这些人地名有注解可参
　　考，但也有疑问（《笺证》卷六第二十二页上）。

16　阿勒坦可汗征瓦剌一事，在蒙古历史上是一件很重要的事。自从他远征之后，今
　　日外蒙古的大部分，才入了喀尔喀族之手。同时瓦剌（即卫拉特）族的活动，也
　　就被限制在阿尔泰山脉以西的地区。

17　顺义王，原文作 Sui Wang，是顺义王的讹转。《蒙古源流》说："行兵中国，侵凌
　　骚扰，明人大惧，遣使阿勒坦汗，给与'孙王'之号，并给金印讲和。阿勒坦汗

六十六岁，岁次辛未〔隆庆五年，一五七一〕与大明隆庆共摄大统。"（《笺证》卷六第二十一页下）《明史·鞑靼传》说："〔隆庆五年〕，诏封俺答为顺义王，赐红蟒衣一袭。……"（卷三二七第二十七页上）《玄览堂丛书》（第一册）收有隆庆五年五月《北狄顺义王俺答谢表》，语极谦顺，与《源流》及本书所说的态度正成对比。

## 第三十六节

# 札萨克图·图们可汗，附阿勒坦可汗及第三世达赖喇嘛的传记

### （下卷一八〇页第十二行至一八五页第三行）

其后，札萨克图·图们·可汗（Jasaghtu Tümen Khaghan）坐了大位，宏扬宝法，攻伐自古有仇的汉国[1]，把远征汉国遭遇敌兵

---

1 札萨克图·图们·可汗就是《明史·鞑靼传》里所说的"土蛮"。《蒙古源流》说："库登汗……生子图们·台吉、达赉·巴噶·达尔罕（Dalai Bagha Darkhan）·岱青·台吉（Daiching Taiji）二人。图们·台吉己亥〔嘉靖十八年，一五三九〕年生。岁次戊午〔嘉靖三十七年，一五五八〕，年二十岁即位。岁次丙子〔万历四年，一五七六〕，年三十八岁，往见盘结腰刀之噶尔玛喇嘛〔Karma Lama〕，遂授禅教，聚集六万人，传示大政……遂称为札萨克图汗，共致大国统治太平。由珠尔齐特〔即女真〕、额里古特（Erigud〔Erigüd〕）、达奇果尔（Dakighur）三部落，取其供赋，俾大众安戢。在位三十五年，岁次壬辰〔万历二十年，一五九二〕，年五十四岁殁。"（《笺证》卷六第十二、十三页）可知在图们的时代，蒙古可汗再度皈依佛教，遂使蒙古大众均以佛教为其信仰。同时也说明当时的女真仍向蒙古纳贡。

关于图们可汗侵明之事，《明史·鞑靼传》说："其年〔嘉靖三十五年，一五五六〕，土蛮再犯辽东。……〔三十七年，一五五八〕土蛮亦数寇辽东。……四十一年〔一五六二〕夏，土蛮入抚顺，为总兵黑春所败。冬，复攻凤凰城，春力战二日夜，死之。海、金杀掠尤甚。……明年〔一五六四〕，土蛮入辽东。……

288

时，曾出过力的阿郎乞（Alanggi）[2]封为"答儿罕"。

当札萨克图·图们〔可汗在位的〕铁羊儿年〔辛未，隆庆五年，一五七一〕赛因·格根·阿拉坦·可汗忽然生了法心，在木楚（Mchowa）地方的德格喇嘛（Sdeg Lama）[3]来的时候，可汗就向他询问〔这事〕。他把能识一切索诺木·札木苏（Bsod-nams rgya-mtso）[4]亲身的〔法〕旨心意等等，都详密的奏告可汗，于是可汗无量的信心，就像夏天的湖沼一样，满溢出来。因为要使〔佛法〕在北方大地〔蒙古〕振兴，就叫奏事人"大元护卫"（Dayon Kiya）[5]奉金册和大量的布施前去邀请。

---

隆庆元年〔一五六七〕…… 三卫勾土蛮同时入寇，蓟镇、昌黎、抚宁、乐亭、卢龙皆被蹂躏，游骑至沭河，京师震动，三日乃引去。……〔隆庆五、六年，一五七一、一五七二年〕东部土蛮数拥众寇辽塞，总兵李成梁败之……守备曹簠复败之于长胜堡。神宗即位，频年入犯。万历六年〔一五七八〕，成梁率游击秦得倚等系敌于东昌堡，斩部长九人，余级八百八十四。总督梁梦龙以闻。帝大悦，祭告郊庙，御皇极门宣捷。七年冬，土蛮四万骑入锦川营。梦龙、成梁及总兵戚继光等已预受大学士张居正方略，并力备御，敌始退。自是敌数入，成梁等数败之……敌畏之，少戢。成梁遂以功封宁远伯。"（卷三二七第二十一页下至二十七页下）

2  阿郎乞（Alanggi），人名。《成吉思汗传》第六十一页第六行作 Nananggi。《喀本源流》第四部第二十五页十一行作 Nananggir。

3  《胜教宝灯》称他为 Mdso-dge a-sen（见日译本第二二七页）。

4  索诺木·札木苏即第三世达赖喇嘛，也有人写作"索南嘉措"的。按藏语的正音应该是 Bsod-nams rgya-mtsho。
rgya-mtsho 是"海洋"之意，或者这就是阿勒坦汗给他上"达赖喇嘛"（Dalai Lama）尊号的原因。按黄教创始者宗喀巴大师弟子根敦珠巴（Dge-hdun grub-pa）在黄教系统上，或理论上，认为是达赖一世；但自阿勒坦汗赠达赖喇嘛法号之后，才成为这一系教宗的正式尊号。他在阿勒坦汗死后，曾来蒙古焚化其遗骨。他生于嘉靖二十二年（癸卯，一五四三），万历十六年（戊子，一五八八）在蒙古圆寂。请参照《胜教宝灯》第三代达赖喇嘛的传记（日译本第二一七至二四五页）。

5  "大元护卫"（Dayon Kiya），官名，就是"大元国可汗的护卫"之意。

　　经〔他〕禀告之后，那称为呼图克图·观世音·菩萨转世、塔木齐特·木齐巴·索诺木·札木苏（Tamchidmchiba Bsod-nams rgya-m'cho）的达赖喇嘛（Dalai Lama）以及呼图克图·瓦齐尔·巴尼（Khutughtu Wachir Bani）[6]转世的察木多·喇济隆·呼图克图（Tzamdoo Rjirong Khutughtu）[7]等，许多有智慧的僧伽都来了。〔阿拉坦可汗〕前去到青海湖（Köke Na'ur）迎接达赖喇嘛。见面之后，〔喇嘛〕把一切都详细的传下〔法〕旨，并派最上供养喇嘛"都勒巴"（Kdulba，法师?）却吉·桑布（Chos-rje bzang po）[8]前来〔蒙古继续宏法〕。

　　〔索诺木·札木苏〕在蒙古〔历〕的十一月二十六日自哲蚌寺（Hbras-Spuns）[9]起身前来。在往这边来的路上，在一个像白海螺的山崖旁边的宝藏中，得到一个大〔法〕螺。从那里再往这边走的时候，那山地的封主，率二百名骑士，前来拜叩。〔他们〕在两只带锁的箱子上放好钥匙，在它的上边〔又〕放了白锦[10]，献给

6　"呼图克图"是蒙古语"有福者"之意，是清代喇嘛的尊称。瓦齐尔巴尼（Vajrapani）是佛名"金钢手"菩萨。

7　察木多（Tzamdoo），即今西康藏区之中心昌都。清康熙五十八年，有敕封察木多·呼图克图，为"大阐黄教·额尔德尼·诺们汗"之事（见《清代边政通考》，第一九五页），可能就是他后来的转世。鲍登氏在他英译 Altan Tobchi 第一九五页注五中，把 Rjirong 写为 Rjedrun。《成吉思汗传》第六十二页下第九行及《喀本源流》第四部第二十五页末行均作 Irchairong。
　　按《成吉思汗传》和《喀本源流》除上述两位喇嘛之外，尚有文殊·呼图克图（Manchushiri Khutughtu）一人。

8　《胜教宝灯》称他是律师苍结·桑布（Rtison-hgrus bzan-po）。

9　哲蚌寺与色拉、甘丹两寺，是拉萨的三大寺，是喇嘛教的最高学府。按《胜教宝灯》索诺木·札木苏离哲蚌寺的时日是丁丑年〔万历五年，一五七七〕蒙古历十一月二十六日。

10　蒙古、西藏献白色锦绸——"哈达"（Khadagh）一方，是表示吉祥和致最上的敬意。

〔喇嘛〕，倾听观世音菩萨的法戒。在〔黄〕河（Chuwa）[11] 源头的百姓，献了三千两黄金和其他物品，并有一千多人当了僧侣。这时在〔喇嘛〕所坐的石头靠背上，自然的形成了四臂观世音菩萨的〔法〕身。

从那里再向这边走，护法神显出神通，使蒙古的诸天、鬼魅，和有马、驼或猫头的〔诸灵〕都发誓皈依了〔佛法〕。

从那里再往这边走，鄂尔多斯的彻辰·鸿·台吉（Sechen Khong〔Khung〕Taiji）[12]、土默特的达颜·诺延（Dayan Noyan）等率三千骑士前来叩拜，并奉献了金银缎匹等物。彻辰·鸿·台吉看见了四臂观世音菩萨的法相。

格根·〔阿拉坦〕可汗自己，为了使疆土以内的黑暗化为光明，为了吉照，身穿白衣 [13] 带领一万个随从，和自己的伴当全体去欢迎喇嘛，大张宴会。〔作为〕叩拜的礼品，呈献一百五十两的白银"曼陀罗"（Mandali），用一只大金碗盛满珍玉，二十匹白黄红绿〔等色〕的缎子，十匹白马，一百头备鞍子马匹〔和〕金银锦缎布匹等物。

彻辰·鸿·台吉经固什·巴克什（Güshi Baghshi）[14] 的通译，禀告〔喇嘛〕说："借着上天的力气，统辖了蒙古、吐蕃〔和〕汉

---

11　藏语称江河曰 chu。

12　彻辰·鸿·台吉是阿勒坦汗之兄、衮·必里克·济农之孙，其父名诺延·达喇·鸿·台吉，系济农之第四子，明人称为"吉能"者。

13　蒙古人以白色为吉祥、纯洁、幸福的象征，所以称正月为白月。《马可波罗游记》上也有忽必烈可汗于元旦朝贺时御白袍的记载。张德辉《塞北纪行》也有同样的记载。

14　固什（Güshi），喇嘛的尊称，是由"国师"一语转成的；但今已成为普通的尊称，并不再有"国师"的本意。巴克什（Baghshi）是"师尊"之意。此人真实姓名不详。

土，借着薛禅可汗、八思巴喇嘛的恩功，使佛教得以宏扬；〔但是〕自妥欢·帖木儿〔可汗〕之后，佛教断绝，大犯罪愆。现在既有如日如月的喇嘛〔和〕可汗二人相遇的因缘，〔我〕愿力行十善!"〔这样〕诚恳的发下了宏愿。

当喇嘛正在发下秘旨的时候，〔阿拉坦〕可汗失了一会儿知觉，在梦呓中说："以往八思巴喇嘛建造寺庙的时候，我是薛禅可汗，你是八思巴喇嘛，你曾使那寺庙有了神灵；〔但〕那以后，我迷失路途，到哪里去了呢?"喇嘛就传〔法〕旨，按照护身之神有五个源流的征照，用五色丝绒结成金刚法结，加盖〔法〕印，用一只宝碗，盛满五谷的种子，赠给可汗。

〔可汗〕奉给索诺木·札木苏·达赖喇嘛"瓦齐尔·达喇"（Wachir Dara）[15]的尊号。〔喇嘛〕赠给格根〔阿拉坦可汗〕"法王大梵天"（Nom-un Khaghan Yeke Esr-ün Tenggeri）的尊号。

图们·札萨克图可汗〔和〕喀尔喀的瓦齐尔·赛因可汗（Wachir Sayin Khaghan）都是佛教的奠基人。

格根·〔阿勒坦〕可汗的儿子是僧格·图古隆可汗（Senge Dögüreng [Dügüreng] Khaghan）。由他的儿子苏密尔·台吉（Sümer Taiji）所转世的，是蕴丹·札木索（Yondan Jmch'o [Jamtsho]）[16]。〔蕴丹·札木苏〕的父亲是苏默尔·台吉。母亲是合撒儿的后裔、大元·微青·诺颜（Dayon Oiching Noyan）的女儿巴里干·卓拉

---

15 瓦齐尔·达喇（Wachir Dara, Vajradhara），即毗纽奴持金刚，也是持金刚者之意。

16 蕴丹·札木索即第四世达赖喇嘛。十四岁时迎至西藏。丙辰（万历四十四年，一六一六），在甘丹寺圆寂。当他掌教宗之时，喀尔喀土谢图汗阿巴岱往谒，请派硕德高僧来蒙宏法，自是外蒙古黄教振兴。

（Barighan Jola）。〔她〕怀着胎的时候，能从肚子里，清清楚楚听见〔唵嘛呢叭咪吽〕六字真言的声音，房出彩虹，〔天〕降花雨，有种种〔佳〕兆。十个月之后，在土牛儿年〔己丑，万历十七年，一五八九〕转世，降生为达赖喇嘛。铁兔儿年〔辛卯，万历十九年，一五九一〕土默特的可汗前来会面。赠给一百件细砖茶[17]作为饮料。蒙古六大部的百姓也奉献了无数的财产。

宗喀巴〔Jung Kaba〕[18]的〔黄〕教像太阳一般在蒙古发出光辉。从那时，北方的诺颜们，对黄教僧众的供奉，〔大为增加〕。从〔藏土的〕哲蚌（Brasbong）等三〔大〕寺[19]，和许多寺庙，都派使者前来，继续〔宏法〕，叫它在这永存的大地之上兴盛起来。

格根·〔阿勒坦〕可汗以珍宝金银铸造西方释迦牟尼佛像，继兴绝灭的佛教，整顿崩毁的社稷，正像古代薛禅可汗一般，在五色四裔的外邦，树立了美名佳誉。

---

17 原文（下卷第一八四页第十行）作 chaghajing chai。按 chaghajing 是瓷碗或蒙盅之意。chai 是茶。

18 宗喀巴（Jungkaba，Tson-kha-pa），元顺帝至正十三年（一三五三）生于今青海塔尔寺一带藏区之地。初就学于萨迦寺。嗣以旧教多重法术，而戒律不严，遂提倡宗教改革，严持戒律。旧教原重红色，宗喀巴之新教则重黄色，因此称他改革以后的新教为黄教。宗喀巴于明永乐十七年（一四一九年）在西藏甘丹寺（Dge-ldan）圆寂。请参照《胜教宝灯》宗喀巴传（日译本第一九四至二〇二页）。关于他的生卒年代另有二说：一为一三五七至一四一九年；另一说为一三七八至一四四〇年。

19 见注9。

# 第三十七节

# 布延·彻辰可汗

## （下卷一八五页第三行至第六行）

在那以后，布延·彻辰可汗又宏扬宝教经法，获得岱总可汗失去的印玺，使太平的大国更巩固，使广大的国民更安乐。布延·彻辰可汗的儿子莽和克·台吉（Mongkhagh〔Mungkhagh〕Taiji），〔他〕没即汗位就殂殁了。[1]

---

1 《蒙古源流》说："〔札萨克图·图们汗〕生子布延台吉等兄弟共十一人。长布延台吉，乙卯年〔嘉靖三十四年，一五五五〕生，岁次癸巳〔万历二十一年，一五九三〕，年三十九岁，即位。大众称为彻辰汗，以政治佛教致大国于太平。岁次〔癸〕卯〔万历三十一年，一六〇三〕，年四十九岁殁。"（《笺证》卷六第十三页下）

在《明史·鞑靼传》中没有提到他的名字，惟说："〔万历〕二十五年〔一五七九〕冬，炒花纠土蛮诸部寇辽东，杀掠无算。明年夏，复寇辽东。总兵李如松远出捣巢，死之。"（卷三二七第二十九页下）这时土蛮已死，所指当为土蛮之子布延·彻辰可汗。

294

# 第三十八节

# 林丹·呼图克图可汗及其子嗣

## （下卷一八五页第六行至末行）

莽和克·台吉的儿子是林丹·呼图克图可汗¹。林丹·呼图克

---

1 《蒙古源流》说："莽和克·台吉……生子陵丹·巴图尔·台吉、桑噶尔济·鄂特罕·台吉二人。长子陵丹·巴图尔·台吉，壬辰年〔万历二十年，一五九二〕生，岁次甲辰〔万历三十二年，一六〇四〕，年十三岁即位。大众称为库图克图汗，从迈达哩·诺们汗、卓泥·绰尔济等承受秘密精深之灌顶，扶持经教。……在位三十一年，岁次甲戌〔崇祯七年，一六三四〕，年四十三岁以寿终。"（《笺证》卷六第十四页上下）
明人的记载中，因他的尊称是呼图克图汗（Khutughtu Khan）就称他为"虎墩兔"。《明史·鞑靼传》说："虎墩兔者，居插汉儿地，亦曰插汉儿王子，元裔也。其祖打来孙始驻牧宣塞外……徙帐于辽……四传至虎墩兔，遂益盛。……明年〔万历四十三年，一六一五〕，插〔汉儿〕部数犯辽东，已掠义州，攻陷大安堡，兵民死者甚众。……四十六年，我大清兵起，略抚顺及开原，插部乘隙拥众挟赏。……泰昌元年〔一六二〇〕……虎〔墩兔〕乃扬言助中国，邀索无厌。……崇祯元年〔一六二八〕，虎墩兔攻哈喇嗔……诸部，皆破之，遂乘胜入犯宣大塞……因定岁予插金八万一千两，以示羁縻。……明年秋，虎〔墩兔〕复拥众至延绥红水滩乞增赏，未遂，即纵掠塞外，总兵吴自勉御却之。既而东附大清兵，攻龙门。未几，为大清兵所击。六年〔一六三三〕夏，插汉闻大清兵至，尽驱部众渡河远遁。是时，鞑靼诸部先后归附于大清。明年，大清兵遂大会诸部于兀苏河南冈，颁军律焉。而虎〔兔墩〕已卒，乃追至上都城，尽俘插汉妻孥部众。"

---

图采用的名号是："有洪福的成吉思·大明·薛禅，胜过各方敌人的岱总，诸天之天，宇宙的皇天上帝（Khormosta），转金法轮的诺们可汗。"[2]〔他〕降下善旨，把许多佛经译成蒙文使〔佛法〕发扬光大[3]。

林丹·呼图克图可汗的儿子是额哲·孔果尔（Eji Khogghor）[4]，他的儿子（？）是阿布鼐·王（Abunai Wang）[5]。阿布鼐·王娶了女真（Jürchid）巴尔斯·车臣可汗（Bars Sechen Khaghan）[6]的女儿

---

（卷三二七第三十一页上至三十三页下）《清史稿》（关外本）《太祖本纪》说："天命四年〔一六一九〕……蒙古察哈尔林丹汗使来，书辞多嫚，执其使。……五年庚申春正月，上报书林丹汗，斥其嫚，执我使臣，上亦杀其使。……十年十一月庚戌，科尔沁奥巴告有察哈尔之师，遣四贝勒皇太极及阿巴泰以精骑五千赴之，林丹汗遁。"《太宗本纪》说："天聪二年〔一六二八〕……二月……以往喀喇沁使臣屡为察哈尔多罗特部所杀，上率师亲征……败之。……九月……征外藩兵，共征察哈尔……获人畜无算。冬十月……还师……五年……十一月……察哈尔侵阿鲁一西拉一木轮地，贝勒萨哈廉、豪格移师征之，会察哈尔已去。……六年……三月征察哈尔。……四月……上率大军西发。……察哈尔汗林丹闻我师至，大惧，驱归化城富民牲畜渡河西奔。……八年……闰八月……察哈尔噶尔马·济农等遣使乞降，言其汗林丹病殂，汗子及国人皆欲来归。……九年……二月……命多尔衮、岳托、豪格、萨哈廉将精骑一万，收察哈尔林丹汗之子额尔克·孔果尔·额哲……兵至西喇一朱尔格……遂抵……额哲所居。其母率额哲迎降。……贝勒多尔衮……以获传国玉玺闻。"

2 这是喇嘛上给林丹汗的尊号。"诺们·可汗"是法王。

3 现存蒙文佛经，多半是林丹汗时代所翻译的。蒙文《大藏经》的翻译也是在他的时代（见《胜教宝灯》日译本第二五八页）。从佛经翻译之后，蒙文才正式定形，同时文字的传播也随佛教的振兴而普及各地。因此有人称之为蒙古佛教文艺复兴时代〔N. Poppe《蒙古文法》（*Grammar of Written Mongolian*）第三页〕。

4 额哲·孔果尔（Eji Khongghor），《清史稿·公主表》太守第二女条下额驸事略称："额哲，博尔济吉特氏，察哈尔林丹汗子，号额尔〔克〕·孔果〔尔〕。尚主，封察哈尔亲王。〔顺治〕六年，卒。"

5 阿布鼐·王，《清史稿》同表同条附载称："额哲弟阿布鼐亦尚主，生子布尔尼。主薨后，布尔尼以叛诛。阿布鼐亦坐死。诏仍收葬主坟园。"

6 女真的巴尔斯·车臣可汗（Jürchid-un〔ün〕Bars Sechen Khaghan）就是清太宗。

固伦公主（Gürün-i Güngji）[7]。由阿布鼐·王可敦公主所生的是布尔尼·王（Burnai Wang）[8]和罗卜桑·台吉（Lobsang Taiji）[9]。

---

"巴尔斯"是虎。"车臣"是贤明，也就是元代"薛禅"一语。但一般多称他为"博克多·车臣·可汗"，意思是圣贤可汗。

7　固伦公主（Gürün-i Günji），《清史稿·公主表》太宗第二女条称："孝端文皇后生，〔名〕马喀塔。初封固伦公主。顺治十三年，进固伦长公主。十六年，封永宁长公主，复改温庄长公主。天聪十年正月，下嫁额哲。……〔额哲〕卒。额哲弟阿布鼐亦尚主，生子布尔尼。主薨后，布尔尼以叛诛……玉牒不列。"按"固伦"，满语"国家"之谓。

8　布尔尼·王（Burnai Wang）是林丹汗之孙、额哲之侄、阿布鼐之子。其母为清太宗之次女固伦公主。康熙十四年〔一六七五〕三月，乘江南的"三藩之乱"，联合昭乌达盟奈曼旗的王爵札木山（Jamsan）等举兵叛清；但其他蒙古王公不肯参与。五月，清圣祖命信郡王鄂札为"抚远大将军"，大学士图海为副将军讨之。布尔尼战死。五月，察哈尔左翼四旗降，余军亦溃。清廷封赏"助顺"蒙古王、贝勒沙津（Shashin）以次各晋爵；罚"助逆"奈曼等部；废除察哈尔蒙古王公自治的封建制度，改为八旗总管制，隶属于以满人充任的察哈尔都统的管辖之下，并且把察哈尔的众民，由义州一带迁至今张家口外的地方。

9　罗卜桑·台吉（Lobsang Taiji）在察哈尔叛清失败之后，恐亦遭难，下落不详。

# 摘 要

# 可汗们的世系与各部各旗的关系

## （下卷一八六页首行至一九〇页第四行）

**顶礼僧伽！**

# 一、成吉思可汗祖先的世系，并诸子诸弟及九将军之子嗣

印度最初的可汗玛哈·苏玛迪（Makha Samadi）[1]的黄金子嗣，延续了若干世代之后，生了吐蕃的忽主衮·散达里图·可汗（Küjügün Sandalitu Khaghan）[2]。那以后生了上天之子孛儿帖·赤那

---

[1] 玛哈·苏玛迪（Makha Samadi），《蒙古源流》说："蒙古语则谓之鄂拉兰讷·额尔古克德克森·哈汗（Olan-a Ergügdegsen Khaghan）……是为众所推尊之汗。"（《笺证》卷一第四页）

[2] 忽主衮·散达里图·可汗（Küjügün Sandalitu Khaghan），字义是"以颈项为座位的可汗"，即《蒙古源流》所说的"尼雅持·赞博汗"（《笺证》卷一第十四页）。

（Börte-Chino）。以后生了朵奔·篾儿干（Dobun Mergen）。

朵奔·篾儿干亡故以后，〔其妻〕阿阑·豁阿（Along Ghoa）[3]没有丈夫，生了孛端察儿（Bodonchar）。长生天之子孛端察儿〔的来历是〕，长生天变化形状临到他的身上，使她怀孕生了乞兀惕（Ki'üd）[4]氏族的孛端察儿。

孛端察儿的儿子是合必赤·把阿秃儿（Khabchi Ba'atur）。他的儿子是巴乞儿·把阿秃儿（Bakir Ba'atur）[5]。他的儿子玛哈·土敦（Makha Tüdün）[6]。他的儿子是合赤·曲鲁克（Khachi Külüg）。他的儿子巴尔思·升豁儿·多克申（Bars Shongkhor Doghshin）[7]。他的儿子屯必乃·薛禅（Tombinai Sechen）。他的儿子合不勒可汗（Khabul Kha'an）。他的儿子把儿坛·勇士（Bartan Ba'atur）。他的儿子是也速该勇士（Yesügei Ba'atur）。

〔也速该勇士〕的儿子，是由诃额仑母亲（Ögelen Eke）生的圣成吉思可汗（Boghda Chinggis Khaghan）。他的儿子是拙赤（Jochi）、察阿歹（Chaghadai）、斡歌歹（Ögedei）、拖雷（Tolui）这四位子嗣。

圣主的〔儿子〕拙赤的后裔，在托克木克（Toghmogh）[8]。察

---

3　阿阑·豁阿，按《秘史》的拼音当作Alan Gho'a，本书此处作Along Ghoa，本书上卷第九页作Alon Gho'a。

4　乞兀惕（Ki'ud〔Kigüd〕），即乞牙惕（Kiyad）讹转。

5　巴乞儿·把阿秃儿（Bakir Ba'atur〔Baghatur〕），此人名不见《秘史》；但见本书上卷第十七页十一行。

6　玛哈·土敦（Makha Tüdün），即《秘史》所说的篾年·土敦（Menen Tüdün）。

7　巴尔思·升豁儿·多黑申（Bars Shongkhor〔Shongkhur〕Dogshin），即《秘史》的伯·升豁儿·多黑申（Bai-Shongkhur Doghshin）。

8　托克木克（Toghmogh），原文下卷第一八六页十三行误作Tomogh。这一个地名屡

---

*299*

阿歹的后裔在俄罗斯察罕可汗（Chaghan Khaghan）[9]〔的地方〕。据说那察阿歹可汗要前来图谋不轨，瓦齐尔·薛禅（Wachir Sechen）迎上前去施毒。他就和瓦齐尔·薛禅二人〔一同〕死了。斡歌歹没有子嗣。拖雷的后裔是蒙古的可汗。

合撒儿的后裔失剌汗（Shira Khan）开始做科尔沁（Khorchin）部的"诺颜"（noyan）。现在有科尔沁右翼图什业图（Tüshiyetü）亲王等[10]五旗，左翼卓里图（Jorightu）亲王等五旗[11]，计十旗[12]。另外有阿鲁—科尔沁（Aru Khorchin）一旗[13]、乌拉特（Orad［Urad］）三旗、四子部落（Dörben Keüked）、茂明安（Mau-Mingghan）[14]

---

见不鲜，似乎是指中亚一带地方或今俄境土耳其斯坦地方说的。

9　察罕·可汗（Chaghan Khaghan）是蒙古人对帝俄沙皇的称呼。

10　清张石州《蒙古游牧记》卷一"科尔沁右翼中旗"条说："奎·蒙克·塔斯·哈喇（Küi Möngke Tas Khara）〔合撒儿之裔〕曾孙翁果岱（Onggodai），翁果岱子奥巴（Oba），世为察哈尔诺颜〔即隶属于蒙古正统的可汗之谓〕。天命十一年〔一六二八〕，以奥巴先诸蒙古来降，妻以庄亲王舒尔哈齐女孙，授'和硕额驸'，封'土谢图汗'。子巴达礼（Badari），崇德元年〔一六三六〕叙功封'札萨克和硕土谢图亲王'，去汗号，诏世袭罔替，掌右翼五旗事。"

11　《蒙古游牧记》卷一"科尔沁左翼中旗"条说："……奥巴叔父莽古斯（Mangghus）以女归太宗文皇帝，是为孝端文皇后，追封'莽古斯和硕福亲王'，妻封'福妃'。孝端文皇后崩，莽古斯子宰桑（Jaisang［Jayisang］），宰桑之长子乌克善（Ügshin）请以女弟为继室，是为孝庄文皇后，追封'宰桑和硕忠亲王'，妻封'贤妃'。乌克善封'卓哩克图亲王'。"但这卓哩克图亲王是不管旗的闲散王公之一，管旗的札萨克，是乌克善之弟满珠习礼的子嗣达尔汉〔即答儿罕〕亲王。

12　这十旗是：右翼科尔沁中、前、后三旗及札赉特（Jalaid）、杜尔伯特（Dörbed）各一旗；左翼科尔沁中、前、后三旗及郭尔罗斯前、后二旗。这十旗的诺颜都是合撒儿的后裔。今属内蒙古哲里木盟。

13　阿鲁科尔沁一旗属内蒙古昭乌达盟。

14　乌拉特三旗，俗称中公、西公、东公三旗，地在阴山山脉迤北。茂明安旗在乌拉之东，今以该旗白云敖包（Bayan Oboo）铁矿著名。其地在百灵庙之西。四子部落亦称四子王旗，在百灵庙之东。以上五旗均属内蒙古乌兰察布盟。

等这十六旗是合撒儿的后裔。里面还有辅佐岱总可汗（Daitsung Khanghan）归顺的若干科尔沁百姓和"诺颜"们。

别勒古台的子嗣，自札撒克图可汗（Jasaghtu Khaghan）开始做万户（Tümen）的"诺颜"。这就是两个阿巴嘎（Abagha）和〔两个〕阿巴哈纳尔（Abakhanar）等四旗[15]〔的祖先〕。

合赤温（Khachiun）的儿子阿勒赤歹（Alchitai）、图鲁根·诺颜（Tülügen Noyan）、兀忽格·忽里也勒（Üküge Küriyel）[16]等〔的子嗣们〕是黑军〔Khara Cherig〕[17]。和二翁牛特（Ongni'ud［Ongnighud]）〔旗〕的王"诺颜"[18]们。其中色尔和先锋（Serkeg Khadighuchi）、图尔吉总管（Torki Amban）等，也是合赤温的后裔。

斡惕赤斤〔原文作Ochigin，即Odchigin〕的子嗣是格格台（Gegetei）。现在不知他的后裔是谁。有的历史说〔他们〕是忽儿

---

15《蒙古游牧记》卷四"阿巴嘎部右翼旗"条说："元太祖弟布格·博勒格图〔之裔〕。……祖额尔德尼·图们（Erdeni Tümen），号札萨克图·诺颜。……父布达什哩（Budashiri），号车臣·札萨克图。都思噶尔（Tosghar），初号巴图尔·济农。"与本书所记参照研读，可能得到下列的一个结论：
在额尔德尼·图们曾用过札萨克图·可汗或诺颜的尊称。他的后人曾用济农作为尊号。同时在额尔德尼·图们的时代，把他的部属编成了一个Tümen一万户。
阿巴嘎左、右二旗，阿巴哈纳尔左、右二旗均属于内蒙古锡林郭勒盟。阿巴嘎，字义是叔父，阿巴哈纳尔是叔父们。

16 阿勒赤歹（Alchidai），见《秘史》第二四二、二四三、二五五等节。他是《元史·宗室世系表》合赤温大王位，济南王按只吉歹。其余图鲁根·诺颜（Tülügen Noyan）、兀忽格·忽里也勒（Üküge Küriyel）二人不详。

17 黑军（Khara Cherig），见前三十三节注95。通常是指汉族军队而言；但不知此处究竟是指何种军队所说的。应另行考证。

18 翁牛特左、右二旗，今属昭乌达盟。地在赤峰围场之间。据该旗人及《蒙古游牧记》卷三昭乌达盟翁牛特部队，均称该旗诺颜为成吉思汗末弟斡惕赤斤之裔。惟亦有蒙文史料称为属于合赤温一系者，本文已于前第二十九节注6中论之，请参照。

鲁特（Kürlüd）的诺颜们。

九位将军们的后裔如下：

札剌亦儿氏木华黎（Jalayir-un Mukhalitai）的子嗣们在鄂尔多斯。

阿儿剌惕氏孛斡儿出（Arlad-un Boghurchi）的后裔是布儿海·王（Burkhai Ong）[19]。

主儿斤氏孛罗忽勒（Jürgin-u Boroghul）的后裔是在乌古新（Ügshin）的齐答兀特（Chida'ud［Chidaghud］）的"塔布囊"们。

速勒都思氏锁儿罕·失剌（Suldustai-yin Sorkhan-Shira）的后裔在畏兀惕（Uighud）[20]。

兀良罕氏者勒篾（Uriyangkhan-u Jeleme）的后裔是兀良罕的诺颜们[21]。者勒篾之弟速别额台·勇士（Sübegetei Ba'atur）曾为圣成吉思可汗的子嗣效力建功。

主儿赤惕的超·蔑儿坚（Jürcid-un Chou-Mergen）是主儿赤惕的"诺颜"们。

塔塔儿的失吉·忽秃忽（Tatar-un Shigi Khutugh）的后裔仍在塔塔儿[22]。他的儿子是失巴克·帖木儿（Shibagh Temür）、妥欢·帖木儿（Toghon Temür）两个人。他的后嗣是格格台（Gegetei）。

---

19 布儿海·王（Burkhai Ong），当然不是本书第二十五节所说的合撒儿之裔布喇海·王。不知是《明史·鞑靼传》中所说的"卜儿孩"否？

20 这里所说的畏兀惕，不是指畏吾儿族说的，是指右翼三万蒙古勒津（满官嗔）的属部畏吾儿（或威兀慎）部说的。

21 这就是明代的兀良哈，是三卫中的朵颜卫，也是现代内蒙古喀喇沁三旗的滥觞。

22 这里所说的"塔塔儿"，曾见本文第三十二节注6。

别速特氏者别（Besüd-Jebe）的子嗣保管圣主的胡琴，在鄂尔多斯万户。他的名字是拉琴的忽失儿台（Küshirtei）。

斡亦剌惕（Qirad，即瓦剌）的哈剌·乞鲁（Khara-kirü）[23]的后裔仍在斡亦剌惕。

## 二、达延可汗的子嗣

达延可汗十一个儿子的子嗣：

图鲁·博罗特的儿子是博迪·阿拉克可汗和阔阔齐台·诺颜（Kököchitei Noyan）。〔其孙〕札萨克图可汗。他的子嗣是现在察哈尔的"诺颜"们[24]。

乌鲁斯·博罗特没有子嗣。

巴尔斯·博罗特的儿子，是默尔根·哈喇·济农、昆都楞·可汗（Köndülen Khaghan）、阿勒坦可汗、拉布克·诺颜（Labugh Noyan）、纳琳·诺颜（Narin Noyan）、布齐坦·豁济乞尔台吉（Buchitan-Khojigir Taiji）、塔喇海台吉（Tarakhai Taiji）[25]。这七个人的后裔是：博硕克图·济农可汗（Boshoghtu Jinong Khaghan）。他的儿子是哈尔古楚克·台吉（Kharghuchugh Taiji）。

---

23　哈剌·乞鲁之名，不见《秘史》，但散见于其他蒙文史书之中。

24　康熙间，察哈尔布尔尼亲王叛清失败，清廷废止察哈尔的封建制度和王公。所以自那时起察哈尔不再有（封主）了。

25　本书在此处脱落了一个人名，兹按《蒙古源流》补加"塔喇海·台吉"一名（《笺证》卷六第十五页下）。

阿尔斯·博罗特的儿子是斡难（Onon）、布济乞尔（Bujigir）
两个人。斡难的儿子是僧格（Sengge）和孛尔克沁（Boroghchin）。
布济乞尔的儿子塔尔台诺颜（Tartai Noyan）。他们的后嗣是多
伦·土默特（Dolon Tümed）和鄂尔多斯的诺颜们。

阿勒楚·博罗特的儿子，是喀尔喀·忽喇克齐·台吉（Khalkha
Khuraghchi Taiji）。他的儿子是屯必乃·台吉（Tumbinai Tayiji）。
敖汉（Aukhan）、巴林（Ba'arid）[26]的"诺颜"们，是阿勒楚·博罗
特的后裔。

瓦齐尔·博罗特的儿子，是克什克腾（Keshigten）的达
里·台吉（Dari Taiji）和五部喀尔喀的台吉们[27]。

阿勒·布兀喇（Al-Bu'ura）的儿子是阿珠（Aju）和失剌
（Shira）两个人。他们的子嗣是察罕·塔塔儿（Chaghan Tatar）的
诺颜们。

青·台吉的儿子是董锡（Tungshi）和青里（Chingli）两人。
他们的子嗣是哈剌·塔塔儿（Khara-Tatar）的诺颜们[28]。

格呼图（Geretü）没有子嗣。

兀鲁特·台吉（Urud Taiji）的后裔是乌拉特（Urad）[29]的龙·
诺颜（Lung Noyan）。

---

26 原文（下卷第一八九页第四行）作Baghurid，系Bagharid之讹，即Ba'arin的复数
形。巴林，《秘史》作"巴阿邻"。
27 五部喀尔喀是指外蒙古七部喀尔喀以外的喀尔喀说的。在清初以后，他们不再使
用此名，所以现在在内蒙古没有五部喀尔喀的名称了。
28 察罕·塔塔儿是白塔塔儿，哈喇·塔塔儿是黑塔塔儿。这两部落现已不存，沿革
不详。
29 乌拉特（Urad）部属是属于哈撒儿系的，见前节注14。

札赉尔·台吉（Jalair Taiji）的子嗣是七部喀尔喀的"诺颜"们[30]。

以后〔他们〕又分开，各占百姓〔国土〕而居。默尔根·哈剌·济农在鄂尔多斯。阿勒坦可汗在土默特。昆都楞可汗在喀喇沁。拉布克·诺颜在乌古新。纳琳·诺颜在察罕·塔塔儿。博迪达喇（Bodidara）在永谢布。

达延可汗的后裔：现在这五十"札萨克"（Jasagh）[31]之内，两个巴林（Ba'arin）、两个札鲁特（Jarud）、敖汉（Aukhan）、奈曼（Naiman）、克什克腾（Keshigten）、两个乌珠穆沁（Üjümüchin）、两个浩齐特（Khauchid）、两个苏尼特（Sünid〔Sönid〕）、东土默特（Jeün Tümed）、归化城土默特（Köke Khota-yin Tümed）、六个鄂尔多斯（Ordos）[32]这二十一旗〔的"诺颜"〕都是达延可汗的子嗣。

在达延可汗的后裔之内，还有许多归附并且辅佐圣主太宗[33]的，如兀鲁特（Urud）[34]、札鲁特、喀喇沁、克什克腾、察哈尔等部的许多百姓。

喀尔喀七旗的"汗""诺颜"等都是达延可汗的子嗣。

---

30 这是指外蒙古喀尔喀部旧有的七"札萨克"说的。他们是后日四汗部的前身。

31 "五十札萨克"之说，并不多见。清代通常说内蒙古四十九札萨克。这里所说的是包括归化城土默特一旗在内说的。后来因叛变之故，清廷废止这旗的封建制度，所以就成了四十九旗。

32 鄂尔多斯今为七旗，计左翼中、前、后三旗，右翼中、前、后、前末四旗，均属伊克昭盟。其中，右翼中末旗，是乾隆元年（一七三六）增设的（见《蒙古游牧记》卷六"伊克昭盟鄂尔多斯右翼前末旗"条）。田清波（A. Mostaert）神甫因此断定这一部书是在一七三六年以前写的（见哈佛版原书田清波氏的序文第十页）。

33 即清太宗。

34 兀鲁特（Urud）一部，现已不存。

**305**

# 附　录

## 喀喇沁部的世系[1]及其与满清的缔盟

### （下卷一九〇页第四行至一九二页第六行）

又有另一部历史说，巴尔斯·博罗特[2]的儿子是昆都楞可汗[3]。

---

1　《元史·土土哈传》说："〔父〕班都察……尝侍〔世祖〕左右，掌尚方马畜，岁时挏马乳以进，色清而味美，号黑马乳，因目其属曰哈剌赤（Kharachi）。"又说："初，世祖既取宋，命籍建康、庐、饶租户为哈剌赤户。……二十八年，土土哈奏：'哈剌赤军以万数，足以备用。'……于是率哈剌赤军万人北猎于汉塔海，边寇闻之，皆引去。"后来到明代的史料中多称为"哈剌嗔"。本书下卷第一〇七页第二至五行处说永谢布、阿速惕、喀喇沁三部为一个万户，属于右翼三个万户之一。阿速惕（Asud）是明初阿鲁台所属的一个部族，原是盐海和里海迤北的一个部族。本节说旧喀喇沁包括撒儿速惕（Sarsud，即北高加索人）和阿速惕两部人。哈尔古特—喀喇沁包括归顺的蒙古人和汉人。这与《元史》的记载相近。前者的两个部族都是钦察的邻人。后来在这一部族中，曾出过左右蒙古全局，废立可汗的权臣孛来（《明史·鞑靼传》第九至十一页）。到阿勒坦汗的时代，才隶属是他的弟弟昆都楞可汗，驻牧于张家口外之地。后来为察哈尔部袭溃，与朵颜卫的兀良哈合流。兀良哈的贵族因系喀喇沁部的女婿，遂以"塔布囊"自称，而以喀喇沁为其部族的称号。这便是今日内蒙古卓索图盟的喀喇沁三旗的先世。

2　达延可汗之第三子巴尔斯·博罗特（Bars Bolod）。"巴尔斯"是"虎"。"博罗特"是"钢"。即明人史料中的"吉囊"或"赛那浪"（Sayin-alagh）。

3　昆都楞可汗（Köndülen Khaghan），"昆都楞"是"横"字之意，就是明人史料中的俺答之弟"昆都力·哈""老把都儿台吉"和《顺义王俺答贡表》文中的"都督

306

昆都楞可汗的儿子是白忽台可汗（Bailkhutai Khaghan）[4]、岱青·台吉（Daiching Taiji）、锡剌（Shira）、宾图（Bingtu）、鄂特衮·楚胡尔（Odghun-Chükür）、兀者特（Üched）等[5]。

〔长子〕白忽台可汗的儿子是可汗·阿海·超思乞卜（Akhai-Choskib）。他的儿子拉思乞卜（Laskib）。他的儿子是诺尔布·胡尔木锡（Norbu Khurumshi）。诺尔布的儿子是巴楞（Barang）。

次子岱青没有子嗣。

三子锡拉（Shira）之子阿拜（Abai）。阿拜"诺颜"的陵墓在亦马图（Imatu）。他的儿子是朝克图（Choghtu）、岱·答儿罕·布尔哈图（Dai Darkhan Burkhatu）。朝克图的儿子召勒宾（Jolbin）。他的儿子是布林（Bürin）和札木养·贡栋（Jamyang-Güngdüng）。岱·答儿罕·布尔哈图的儿子是班春（Banchun）。他的儿子巴德玛松（Badmasung）。

四子宾图无嗣。

五子鄂特衮·楚胡尔的儿子是布延·阿海（Buyan-Akhai）。他的儿子是必拉希（Birashi）。他的儿子是多尔济（Dorji）。他的儿子是必里格（Bilig）。

六子兀者特没有子嗣。把他的女儿嫁给了延丹（Yangdan）。

可汗〔一系〕都是属于乞牙惕（Kiyad）族孛儿只斤（Borjigin）氏。撒儿速惕·阿速惕·喀喇沁（Sarsud-Asud-Kharachin）的大

---

同知把都儿"。

4　白忽台可汗（Bailkhutai〔Bayikhutai〕Khaghan），似即明人史料中的"白洪大"；但称之为老把都儿长子黄·把都儿之子。

5　本处所说昆都楞可汗诸子多与明人所记者不同，俟他日专文考之。

臣和辅佐人员等都是旧来的百姓[6]。孛罗努特·喀喇沁（Boronud Kharachin）是来归顺的蒙古人和汉人。所以〔也〕称为哈尔古特·喀喇沁（Kharghud-Kharachin）。

原来察哈尔、喀喇沁两部就不和。

以后喀喇沁的拉思乞卜（Laskib）、布延·朝克图（Buyan-Choghtu）、布尔哈图（Burkhatu）等，在国家泰平的时候，派了一个名叫乌勒济台（Öljitei）的人到满洲太宗"博克多"（Boghda）那里，去说"满洲和喀喇沁，我们两个同心和睦，把国政合在一起吧"。这事被察哈尔听见了，认为"喀喇沁与满洲合在一起，必定成为大害"。因此更趋恶劣。察哈尔与喀尔沁之间〔的局势〕，也就陷入了这种状态。

那以后，喀喇沁又派鄂米·车臣（Omi-Sechen）去见太宗"博克多"。"博克多"[7]派一个名叫都歹（Düdei）的人和鄂米·车臣一同到喀喇沁去，降旨说："满洲、喀喇沁我们两个把国政统合起来。〔你们〕派一个好人，与都歹同来。"喀喇沁就派了敖巴里·车臣（Obali-Sechen）[8]〔前去〕。

"博克多"就派镶蓝旗的旗主费扬古·吉札·贝勒（Fiyanggu

---

6 喀喇沁既包括这些北高加索一带之民族，可能与明人史料中所说的黄毛兀良哈有些关系。关于黄毛兀良哈，和田清氏在《论达延汗》一文之"北方诸部落"一节中，曾引译语说："北曰兀良哈，甚骁勇，负瀚海而居，虏中呼为黄毛，予尝见一降者，黄鬓鬈鬈，发如植竿，其睛亦正黄，轻锐矫健，莫与伦比。"（《东亚史研究（蒙古篇）》第四七七页）

7 博克多（Boghda, Boghdo）是圣者之意。

8 这一人名，本书第一九一页第十三行作 khuilai，第一九二页首行作 Obalai。兹按后者译之。

Kija Beile〔Beyile〕)[9]、车臣·巴克什（Sechen Baghshi )[10]、阿希·答
尔罕（Ashi Darkhan）、诺木图·札儿忽赤（Nomtu Jarghuchi )[11]
等与敖巴里·车臣一同对天刑白马，对他杀青牛，献祭叩拜，为
两国同心和睦，立下誓言，于是喀喇沁的诺颜们就举国归附了
大清[12]。

誓约书的词句〔如下〕：

"我们满洲、喀喇沁两国为要同心和睦，对天刑白马，对地杀
青牛，在一只碗里盛上酒，献祭叩拜，把国政合在一起！"

---

9　费扬古·吉札·贝勒似即清太祖第十六子费扬果，《清史稿·列传五》有传，惟过
　　简单，无从查考。
10　车臣·巴克什，"车臣"是"聪明"之意，"巴克什"是"老师"，但这里是"军
　　师"之意。请参照本文第三十三节注83。《清史稿·太宗本纪》有"改'巴克什'
　　为'笔帖式'，其尚称'巴克什'者仍其旧"一语（见关外本本纪二第九页上）。
11　"札儿忽赤"是"断事官"之意。见第二十九节注10。
12　可能这是引起林丹汗攻击喀喇沁部的直接原因。《明史·鞑靼传》说："崇祯元年
　　〔一六二八〕，虎墩兔〔即林丹汗〕攻哈喇嗔及白言台吉、卜失兔（Boshigtu）、土
　　默特汗诸部，皆破之，遂乘胜入犯宣大塞。"（卷三二七第三十二页下）关于这一
　　场战争，和田清氏曾作《论土默特赵城之战》考证之（《东亚史研究（蒙古篇）》
　　第八八九至八九七页），可参考。

# 总　结

（下卷一九二页第六行至第十行）

　　称为《黄金史》（*Altan Tobchi*），提纲领的，把古代可汗的根源，从印度、西藏叙述到蒙古最初的圣成吉思可汗、其孙忽必烈·薛禅可汗，再经达延可汗，降至林丹·呼图克图可汗的史书，至此终了[1]。

---

1 《成吉思汗传》第六十二页下、《喀本源流》第四部第二十七页均有类似这一段的结构，但极简短。

# 发愿文

## （下卷一九二页第十一行至一九三页末行）

啊！持守佛教的（Shashin dhara）托钵僧（ayagh kha takimligh）[1]，固什喇嘛（Güüshi Lama）[2]罗卜桑·丹津（Blo-bzan bstan-jin）[3]为了使伟大的国民能够继续读阅起见，谨谨慎慎的，凭借若干史书，把令人景仰的"呼必勒罕"（Khubilghan）圣可汗的源流写完了。因此愿众生皆享善福，延长寿命，快乐平安！愿上天和可汗们的神灵，多赐保祐，消除罪愆，财物丰盛，粮谷丰登，福寿并进，太平安乐，吉祥福泽绵长！

---

1　ayagh是"碗"或是"钵"，takimtigh是"受供奉的"，两字放在一起是"托钵受供奉的"之意，即是汉文书的托钵僧。喇嘛可受两次戒，初次名gesel-ün sakil，再次称为gelüng-ün sakil。受过这第二次戒的，藏语称为"葛隆"（gelüng），蒙古语称为ayagh kha takimlig。

2　固什·喇嘛（Güüshi Lama），是说明著者在喇嘛僧中的地位。Güüshi似由汉字"国师"转音而来。此字至晚近，已不具有那种崇高的敬意，而只是对精通佛典之人所加的称谓。例如，入据青海的固始汗的"固始"一语，正是此字，也是因他深明佛经而加的尊号。参照本书第三十六节注14。

3　罗卜桑丹津是本书的编著者，请参看本书第一部《〈蒙古黄金史〉与〈蒙古秘史〉之关系及其异同》第一节《黄金史》题解"。